财务管理的本质

应对复杂商业环境的财务管理方法论

吴建斌 / 著

中信出版集团｜北京

图书在版编目（CIP）数据

财务管理的本质：应对复杂商业环境的财务管理方法论 / 吴建斌著 . -- 北京：中信出版社，2022.5（2022.6重印）
ISBN 978-7-5217-4149-0

I. ①财… II. ①吴… III. ①财务管理 IV. ①F275

中国版本图书馆 CIP 数据核字（2022）第 047576 号

财务管理的本质——应对复杂商业环境的财务管理方法论
著者：　　吴建斌
出版发行：中信出版集团股份有限公司
（北京市朝阳区惠新东街甲 4 号富盛大厦 2 座　邮编　100029）
承印者：　宝蕾元仁浩（天津）印刷有限公司

开本：880mm×1230mm 1/32　　印张：18　　字数：358 千字
版次：2022 年 5 月第 1 版　　印次：2022 年 6 月第 2 次印刷
书号：ISBN 978-7-5217-4149-0
定价：88.00 元

版权所有·侵权必究
如有印刷、装订问题，本公司负责调换。
服务热线：400-600-8099
投稿邮箱：author@citicpub.com

目 录

推荐序一　聚焦复杂商业环境下的企业集团财务管控　VII

推荐序二　强化财务战略和财务管控，推动企业高质量发展　XI

推荐序三　新财务，大战略　XIII

推荐序四　本书出版恰逢其时　XVII

推荐序五　财务战略是企业大战略中的关键　XXI

前　　言　重写本书是使命使然　XXV

第一章　厘清财务概念，揭示财务管理本质

公司财务初探　003

概念厘清：公司愿景、公司目标及财务目标　016

学科认知：财务管理与财务管理学　026

规范认知：会计准则与会计政策　030

岗位认知：总会计师与财务总监　038

职能认知：财务职能与管理会计实践　044

报表认知：会计三大报表的基本内涵　050

利润认知：会计利润、财务利润和管理利润　058

第二章　高举财务战略，驾驭财务管控全局

公司财务战略定位　065

公司财务战略的概念和内涵　069

公司财务战略构成的因素、分类和一般特性　075

公司财务战略的重要作用及业务价值链　081

财务活动中的战略性和非战略性问题　085

财务战略和战略财务的区别　088

公司财务战略管理的基本要求　091

第三章　围绕价值创造，前瞻与落实并重

价值创造是财务管理的核心之一　097

财务价值创造的理论和体系　102

价值创造理念下的财务工作　111

做好股权筹资和债权筹资的选择　119

做好集团投资决策　128

做好投资布局　135

做好企业并购　143

做好税务工作的思路　153

　　　　做好市值管理之投资者关系 161
　　　　做好资产重构和价值发现 170

第四章　聚焦房地产企业管理实践，破解财务难题
　　　　房地产行业的未来趋势研判 179
　　　　负债率管理 190
　　　　信用评级与筹资成本的关系 202
　　　　可用的筹资工具 212
　　　　实现高周转的做法 222
　　　　现金流管理 232
　　　　用"三收三支"控好现金流 244
　　　　建立与持续变革跟投机制 250
　　　　高质量发展与实现"均好"十二条 259

第五章　塑造财务关系，诠释财务逻辑
　　　　完善集团财务管理制度的逻辑 273
　　　　高瞻远瞩构建合适的财务管理体系 280
　　　　用心处理与公司各级领导的关系 288
　　　　与战略管理部门协同共进 294
　　　　把法务和董事会秘书部门直管起来 299
　　　　动态掌握公司产权树形结构图 307
　　　　正确进行筹资活动管理 315

做好财务资源配置管理　329

明确财务对投资的要求　336

财务工作对职业操守的要求　350

第六章　强化财务思维，求解管控方案

财务负责人的组织变革路径　357

让财务保持弹性　374

对财务及财务数字要有极高的敏感度　384

动态使用财务杠杆　392

坚决反对超融是公司的一项财务纪律　402

做好财务风险防范工作　416

不可忽视的财务线条管理法　426

财务人员的财务表达技巧　431

做好财务工作的内在逻辑关系　437

做财务负责人要有崇高的责任感　442

第七章　运用财务共享，推进数字化转型

中海集团的 ERP 系统发展之路　451

用财务共享倒逼组织进步　458

阳光集团财务共享中心的建立和实践成果　463

数字化时代催生财务管理改变　470

财务数字化转型的一般框架　486

第八章　尾声：我的财务战略观

成为优秀财务管理者的秘诀　497
推动财务战略管理上新台阶的前瞻思考　515

参考文献　517

附　录　阳光集团建立财务共享中心的工作纪实　519

后记一　做一个敢于"跨界"的财会人　529

后记二　期待本书对您真的有用　535

推荐序一

聚焦复杂商业环境下的企业集团财务管控

改革开放 40 多年来，我国的经济实力和综合国力大幅提升，企业集团的大力发展和日益强大发挥着不可替代的作用。作为企业集团管理重中之重的财务管控，既要对接集团战略，又要管控好资源配置和价值创造等核心工作。因而，不论是实务界还是学术界，对于企业集团财务战略和财务管控的探索和研究始终是财务管理最为活跃的重要领域之一，相关论著非常丰富，建树颇多。

《财务管理的本质》一书，以其对复杂商业环境下财务战略的深邃思考和独特见解，以及对财务管控的透彻分析及智慧应对，无疑丰富了现有企业集团财务管理的研究和实践。

现代企业集团大都有着各自清晰的发展战略，进而制定与之相适应的财务战略，所以财务战略既从属于企业战略，又具有相对独立性。作者认为，在复杂商业环境下公司财务战略应以实现公司战略目标为引领，以企业价值持续创造为动力，且应融入企业的业务价值链，实现业财融合。作者还以房地产企业为例，提出了财务战略需具有系统性、支撑性、导向性、层级性、动态性、全面性等特点。对于如何加强财务战略管理，作者提出了财务战略管理的逻辑起点应该是公司目标和财务目标的确立，只有高举财务战略，才能驾驭财务管控工作的全局；只有塑造良好的财务关系，合理诠释财务逻辑，才能高瞻远瞩地构建合适的财务管理关系，确立适合公司自身的财务管理边界，以高质量配置公司财务资源。

关于财务管控的实践，作者分享了很多他在中海集团、碧桂园、阳光集团[①]三家超大型企业担任财务负责人期间的实战经验，比如关于在阳光集团进行的财务组织变革和人事调整的案例，体现了很强的财务思维和探索财务管控方案的能力，对于解决该类问题具有很好的示范效应。案例完整展示了作者"老中医"式的工作方式，耗时8个月，连发8个沟通文件，望、闻、问、切，找到公司财务管理工作的突破口，实现了组织变革，塑造了一支优秀的财务管理团队，理顺了一个千亿级企业集团的财务管控工作，强化了财务工作的价值创造能力。

作者的财务管控经验极其丰富，其中关于企业负债水平的管理很有特色。作者曾经历1998年亚洲金融危机和2008年金融危机，当下又遇到了史上最严房地产调控和房企融资限制，可谓是见识过大风大浪。现在不少房企已经是资金链吃紧，流动性出现了很大问题。作者虽然具有在境内外资本市场融资的

[①] 即阳光控股有限公司及相关地产板块，本书统一用"阳光集团"。——编者注

高超水准，但一直清醒地认为：公司要制定负债率水平的铁律！首先要对负债率做出正确的决策。这就是说，对于那些企业老板直接进行负债率决策的企业，财务负责人要避免同步过激，同时要善意制衡，理性履职。其次要反对筹资超融，合理、适时地调节财务弹性。最后要做好现金流管理，强化风险意识，坚持长期主义。

值得称道的还有作者在会计信息化和数字化方面的探索。作者虽是会计专业科班出身，但也是企业会计信息化建设的先行者和数字化转型的探索者。早在20世纪90年代初，作者就负责推进中海集团信息化建设工作，出版了《会计电算化——理论与实务》专著，后来还参与和推进了中海集团的工程动态管理系统开发，形成了企业自己的ERP系统，该项成果于2003年获得了国家科技进步二等奖！他在碧桂园工作期间，主导和推进了公司财务共享服务中心的建设，近年来更是强力推进了阳光集团财务共享中心的建设，促进了公司地产、建筑、商业和物业等板块的业务发展。书中呈现了阳光集团财务共享中心建设的全过程及遇到的各种各样的问题。这些决策过程及建设经验分享对读者探究企业数字化转型也具有重要的参考价值。

总之，《财务管理的本质》一书，是作者近40年集团公司财务战略筹划及财务管控实战经验的总结与管理感悟。作者将自己在三家世界500强企业集团的财务实践与感悟和盘托出，坦荡如砥，读来醍醐灌顶，别具一格，是难得的财务高管宝典！全书内容丰富，充满真知灼见！对运筹于当今复杂多变商业环境的企业集团财务管理专业人士来说，阅读这本书将会受益匪浅。

衷心希望这本书能得到广大读者的喜爱！

刘勤　中国会计学会会计信息化
专业委员会主任、上海国家会计学院副院长
2022 年 2 月 12 日

推荐序二

强化财务战略和财务管控，
推动企业高质量发展

当前，我国经济已进入高质量发展阶段，"十四五"规划和2035年远景目标纲要指出，要加快建设数字经济、数字社会、数字政府，以数字化转型整体驱动生产方式、生活方式和治理方式变革。数字化转型战略成为企业"十四五"规划的重要战略。数字化转型的目标是智慧企业，要从存量优化和增量创新两个方面推进卓越运营和模式创新，其本质是价值创造，重点是财务转型。

财务管理是企业经营的核心和命脉，作为最早的财务软件厂商，浪潮是财务数字化转型的见证者和参与者：在信息化时代，率先推出国内首个C/S大型财务管理软件，在国内第一次提出"集团财务"概念；进入数字化、智能化时代，定义了"财务云"，提出管控服务型财务共享模式，并与东方电气、中国交建、中国铁塔等共同建设了业财税一体化的财务共享中心，成为国内的标杆。结合服务企业信息化30余年的经验，浪潮认为财务数字化转型是企业数字化转型的重要突破点。

近年来，不论企业界还是学术界，对财务战略和财务管控的探索和研究始终非常活跃。《财务管理的本质》一书，是吴建斌总对近40年集团公司财务战略筹划及财务管控实战经验的总结与感悟。书中提出，公司财务战略以实现公司战略目标为引领，以企业价值持续创造为动力，且应融入企业的业务价值链，实现业财融合。财务战略管理的逻辑起点应该是公司目标和财务目标的确立，只有坚持财务战略，才能驾驭财务管控工作的全局；只有塑造良好的财务关系，合理诠释财务逻辑，才能高瞻远瞩地构建恰当的财务管理关系，确立适合公司的财务管理边界，从而高质量地配置公司财务资源。

吴建斌总历任中海集团、碧桂园、阳光集团三家超大型企业财务负责人，创造性地提出"财务线条管理法"，拥有丰富的财务管控经验。书中给出了房地产行业未来趋势的研判、房地产企业"过冬"术、利益最大化做法、房地产企业实现高周转的做法、房地产企业现金流管理等破解房地产企业财务难题的真知灼见。正如作者所言，书中介绍的"很多做法很具体，拿来就可用"。相信对致力于成为企业优秀首席财务官的人士来说，阅读本书将受益匪浅。

祝贺一本好书付梓问世！

王兴山　浪潮集团执行总裁
2022年3月2日

推荐序三

新财务，大战略

当今世界正面临百年未有之大变局，中国正处在"两个一百年"历史交汇点上，2021年十三届全国人大四次会议表决通过了《中华人民共和国国民经济和社会发展第十四个五年规划和2035年远景目标纲要》(以下简称《纲要》)，开启了全面建设社会主义现代化强国第二个百年奋斗目标的新征程。2022年3月，国务院国资委印发了《关于中央企业加快建设世界一流财务管理体系的指导意见》(以下简称《指导意见》)，提出了"1455"框架，即围绕一个目标，推动四个变革，强化五项职能，完善五大体系。旨在指导企业立足新发展阶段要求和数智时代变革大势，加快提升财务管理能力水平，赋能企业实现高质量发展。

大数据、人工智能、移动互联网、云计算、区块链、物联网、5G等新一代信息技术的蓬勃发展，对全球经济发展、社会进步、人民生活带来重大而深远的影响。财务云、电子发票等新技术也对财务理论与实务带来了前所未有的挑战。因此，我们必须把握好数字化、网络化、智能化的发展机遇，充分吸收新技术赋予的新能量，及时实现财务战略转型，由高速度扩张向高质量发展转变，由管控型财务向赋能型财务转变，由以核算场景为基础向以业务场景为核心转变，由流程驱动向数据驱动转变、由业财分离向业财融合转变，由守护价值向创造价值转变。

2021年8月5日，阳光集团执行董事、全球合伙人吴建斌先生通过微信给我发来他的新作《财务管理的本质》书稿，请我写序，我非常高兴。建斌总是西安交通大学的杰出校友（毕业于原陕西财经学院会计学专业）、兼职教授，著名会计学家杨宗昌教授的得意弟子，亦是我引以为傲的师兄。能够先睹建斌总的新作，我深感荣幸，便欣然允诺。当天我就浏览了全书的基本内容，并被书中宏大的格局、创新的理念、丰富的内容等深深地吸引。这本书系统梳理总结了建斌总近40年来对房地产企业财务工作的深入思考，可谓我国房地产企业应对目前大变局的"及时雨"，对广大读者也大有裨益。

本书有五大亮点。

一是对症下药。《纲要》明确指出，"实施房地产市场平稳健康发展长效机制，促进房地产与实体经济均衡发展"。但是，目前我国一批房地产企业遇到了前所未有的财务困境，入选2021年《财富》世界500强的房地产企业龙头中国恒大集团出现了严重的债务危机，恒大物业和恒大地产两只股票从2021年10月4日开始暂停交易。作为财务界的"老中医"，建斌总结合自己在中国三家世界500强企业担任财务高管的经历，从财务战略视角为企业开出了药方，相信对我国房地产企业走出困境具有重要的参考价值。正如建斌总所述，"这就是重写这本书的使命"。

二是知行合一。建斌总十分崇尚我国明代著名哲学家、教育家王阳明的"知行合一"理念。《财务管理的本质》作为13年前他出版的《财务智慧》一书的姊妹篇，并不是一本财会专业或工具类别的书，而是汇集了来自企业财务实战并解决财务战略问题的看法和思路。建斌总一直推行"大财务"理念，并先后在中海集团、碧桂园、阳光集团大胆实践。实践效果很好，一次又一次地证明了他的财务战略观的真正价值。财务管理是企业的投资、筹资、营运资金和利润分配的管理，其理论成熟，体系完整，好学易懂，但关键是要知行合一，活学活用，解决问题。这一点在全书体现得淋漓尽致。

三是道术一体。老子曰："有道无术，术尚可求也。有术无道，止于术。"建斌总所著的《财务智慧》一书着重讲述财务之"道"，《财务管理的本质》则更强调财务之"术"。"道"是思想，"术"是方法，道术合二为一才是正道。本书充分体现了建斌总的十大财务战略观：第一，要有坚持财务五性（系统性、完整性、专业性、前瞻性、实战性）原则的悟性；第二，要有坚实的会计财务基础；第三，要有丰富的跨界和跨圈层经验；第四，要有清晰的财务线条、认知思维和做事逻辑；第五，要正视各种矛盾，并有解决矛盾的办法；第六，要有先进的财务价值创造的行动理念；第七，要有把有限财务资源配置到最有需要的项目上的主张；第八，要有站在全局谋发展的洞见能力；第九，要有大力培养财务复合型人才的迫切愿望和行动；第十，要有超强的推动信息化、数字化建设的能力。上述财务战略观是辩证法、哲学性与艺术性的完美融合，正好与《指导意见》不谋而合，必将启发人们建立科学的财务战略观。

四是数字转型。为了迎接数字时代，激活数据要素潜能，加快数字经济发展，《纲要》单列第五篇"加快数字化发展，建设数字中国"，确定了七个数字经济重点产业、十个数字化应用场景。本书第七章"运用财务共享，推进数字化转型"正好对接国家数字化战略，详细介绍了建斌总推进和领导中海集团信息化建设长达27年的心路历程，推进建设碧桂园集团财务共享中心三年的具体做法，推进阳光控股集团信息化建设、财务共享中心建设及数字化转型四年的经验总结。数字经济越发展，智能财务越重要。相信书中相关经验对我国房地产企业财务数字化转型具有重要的借鉴价值。

五是文笔优美。建斌总是我国财务领域的知名专家和作家，曾荣获2006年"中国总会计师年度人物"奖、2009年"中国财务价值领军人物"奖、CGMA全球管理会计2019年度中国财界领袖大奖等，具有深厚的文字功底，出版过五部长篇财经小说、一本散文集及五部摄影专辑，著有三部管理专业书。本书再次展现了建斌总的综合优势，将财务管理与人文思想有机融合，全书行云流水，妙笔生花，金句频出，给人启迪。畅读此书，一方面赋能财务道术，另一方面陶冶文学情操，的确是财务人生的体验与享受。

田高良　西安交通大学管理学院副院长
2022年3月1日

推荐序四

本书出版恰逢其时

非常高兴收到了建斌总的《财务管理的本质》的书稿,我也非常荣幸能为此书撰写推荐序。

自20世纪80年代起,建斌总长居香港,任中海集团和中海地产高管,服务中海地产近30年,其间经历过1988年、1998年和2008年的三次金融危机;此后他曾于碧桂园工作三年,2017年至今则服务于阳光集团。他有着丰富的房地产企业财务管理、投资、法务、运营及数字化建设经验,其理论和方法也自成体系,由他执笔完成这样一本书,最恰当不过。

地产行业的财务管理模式离不开行业大势。从宏观形势来看,"控地产、保产业"已然成为主基调,未来中国经济增长的核心动能将从地产逐步切换至高科技产业,政策、资源都将加速向科技产业倾斜。对地产行业而言,无疑面临着前所未有之大变局。

总结而言,地产行业目前面临四个典型变化:第一,从高周转规模为王到稳健制胜;第二,从投拓为重到经营为王;第三，从产品复制到匠心产品；第四，从销售至上到财务至上。

面对上述变化，房地产企业财务管理也开始呈现出全新的面貌，主要表现在五个方面。

角色上：财务从最后一关的"守门员"向全过程的"裁判员"转变。从过往的经验来看，如果将企业视为一支携手奋战的球队，传统财务部门就是负责"最后一道防线"的"守门员"。随着房地产企业经营重心的转变，财务的位置开始逐渐前移，从"事务型、后端化、账务核算"向"价值型、管控前移、经营辅助"过渡，财务部门也从原本的"守门员"升级为审视和参与业务全过程的"裁判员"。

形式上：财务从"分布式的财务管理模式"向"集中式的中台管理模式"转变。过去，房地产企业囿于环境、技术等原因，在财务上往往采用分布式的管理模式，弊端显而易见。随着数字化转型概念在财务领域的兴起，中台管理模式应运而生。财务中台是企业集中式管理模式在财务管理上的最新应用，其目的在于，通过一种有效的运作模式来解决大型集团公司财务职能建设中的重复投入、效率低下、标准不统一等问题，提供数据分析和业务洞察，实现能力复用和业务支持。

范围上：财务从"侧重内部流程"向"生态链上下游财务数据全方面打通融合"转变。过去的公司财务主要聚焦于企业内部各类财务活动和数据的统计管理，数字化技术的应用更注重内部财务数据计算准确率的提升，以及财务职能人均效率的升级，此时的财务管理更多是一个企业级的封闭式财务统筹模式。随着数字化技术在财务领域应用的进一步扩展，企业财务管理的触角已经伸向了供应商、合作商、客户、政府部门等外部生态伙伴，形成了开放式、生态圈化的协同共享模式。

方法上：财务从"全面预算"向"全过程动态运营监管"转变。以前的财务管理模式是年初定目标，基于全面预算管理框架，将目标层层拆解，责任到部门，年末看结果。现在，地产调控政策持续升级，地产行业面临的不确定性加强，年初制定的目标往往随着项目的推进而变得不再准确，因此，过往静态的全面预算管理体系已经不符合行业的需求，全过程的动态运营监管、过程中动态实时纠偏变得至关重要，如此才能确保利润目标的真正达成。

技术上：财务从"经典管理体系的信息化系统管理"向"全面业财融合的数字化运营"转变。随着财务数字化变革进程的快速推进，"业财融合""业财一体化"等财务数字化运营理念深入人心。首先，实现了业务处理与财务处理的高度集成，充分保证了财务数据的及时性和准确性，提升了各部门核算的透明度；其次，打通了业务运营和经营管理的体制差异，通过财务数据，决策者可以提前感知业务运营管理中的薄弱环节和潜在风险，从而有效防范经营管理风险；最后，打破了经营决策和业务落地之间的沟通壁垒，在财务核算中融入业务视角，真正实现了决策、执行、业务、资源的协同共享。

房地产企业财务管理角色和模式在剧变，但如何落地、如何完成财务管理从理论视角到实操的实质性跨越，地产行业普遍都在探索之中。就在此时，建斌总把自己在财务管理方面沉淀数十年的经验及理解撰写成书，可以说是解了行业燃眉之急，对地产行业的发展而言也极具里程碑式的意义。这本书内容丰富、结构严谨，实战案例多，理论颇有高度，具有极强的可读性和可操作性。此书不仅像一本战法指南，也像一本哲学书，很多观点直击人心，直接解决问题，又有辩证的统一，让人爱不释手，对公司创始人、高管及财务从业者、数字化从业者都具有重要的指导意义。

这本书的出版恰逢其时，在此衷心感谢建斌总。

高宇　明源云创始人

2022年2月27日

推荐序五

财务战略是企业大战略中的关键

2020年以来,新冠肺炎疫情给社会经济发展带来巨大挑战,当今世界正经历百年未有之大变局。现代企业财务正面临一个多元、动态、复杂的管理环境,企业的财务管理不能只是资金、财务、税筹管理等的方法,而必须要结合战略管理和价值创造的原理与方向。

公司战略,最早被美国学者钱德勒定义为"确定企业基本长期目标、选择行动途径,以及为实现这些目标进行资源分配"。后来,随着社会科技的快速发展和经济文化的变革,战略被赋予了动态的含义,既有刻意安排的规划性战略,也有临时出现的应变性战略。而在企业管理中,往往是应变性战略最难以把握,财务战略亦是如此:如何为企业战略提供资金支持,如何在动态变化中分配资金,如何面对来自投资人、相关利益者等各方的阻力,如何实施有效的内部控制和约束,如何应对政策税收的新要求,等等。

我认为,所有企业战略的达成,都离不开财务战略的配套和支持，财务战略在企业大战略中发挥着必不可少的作用。如果把企业运营的从无到有比作万丈高楼平地起，那么万丈高楼可以屹立不倒的基础设计，靠的是财务战略的保驾护航。战略不只是计划"我们正在走向何处"，也要关注"计划是否继续有效"，这就要求企业管理者对全局的、长期的发展方向正确把握。有效的财务管理不一定能让经营转败为胜，但无效的财务管理必然会导致优秀的经营战略一无所获，甚至让某些企业毁于一旦。

吴建斌先生在书中提到一个观点，我非常认同，他说"优秀的首席财务官非常稀缺"。优秀的首席财务官不仅能把握企业的关键财务指标，比如资金回报率、良好的现金流、利润和预算规划等，更能应对快速变化的环境和各种突发挑战，既有宏观性，也有现实性；既有前瞻性，又有应变性。

作为一名注册会计师，我就职于专业服务工作的时长已逾35年。多年来，我见证了无数中国企业的成长和壮大，也见证了许多企业的坎坷、波折。有些企业没有挺过难关，我认为主要就是没有可持续经营的能力，而有效的财务战略正是确保可持续经营能力的重要组成部分。习近平总书记在"十四五"经济社会领域专家座谈会上的讲话提出，新冠肺炎疫情以来，"国际经济、科技、文化、安全、政治等格局都在发生深刻调整，世界进入动荡变革期。今后一个时期，我们将面对更多逆风逆水的外部环境"，我国已进入高质量发展阶段，"国内外环境的深刻变化既带来一系列新机遇，也带来一系列新挑战，是危机并存、危中有机、危可转机"[①]。我理解在这样的变革环境下，应该对企业的财务战略提出更高的要求。

"取法乎上，得乎其中；取法乎中，得乎其下。"吴建斌先生写作的这本《财务管理的本质》，无论是对企业管理者，还是对财务从业人员，都会有巨大帮助。作为第一批读者之一，我想说的是谢谢吴建斌先生的慷慨分享。

诚挚祝贺本书出版发行。

谢佳扬　安永大中华区战略与发展主管合伙人
2022 年 1 月 27 日

[①] 《以辩证思维看待新发展阶段的新机遇新挑战》，《人民日报》，2020 年 8 月 26 日，https://baijiahao.baidu.com/s?id=1676039268221740328&ivfr=spider&for=pc。

前 言

重写本书是使命使然

步入2021年,房地产行业发生了翻天覆地的变化,许多房地产企业苦不堪言,有些甚至面临灭顶之灾。

某天夜里,一家大型房地产企业突然"躺平"的惨烈状况令我彻夜难眠。在行业大变局之下,企业财务战略显得尤为重要,健康的财务管理体系是企业成功突围的关键之一。我从事地产企业的财务管理工作已逾30年,曾将地产企业生存发展壮大需具备的财务战略观凝聚在十多年前出版的《财务智慧》一书中。

如今,新形势下,思前想后,我决定结合自己多年的财务管理经验将这种财务战略观进行升级:一是让我的财务理念得以延续;二是将我近十年来从事财务管理工作的新感悟、新做法和实战经验,与在地产企业从事财务工作的同行共享。

一

从2009年算起,13年来,中国和世界都发生了巨变,从大力推进"走出去"战略到现在，中国企业已成为世界生意场上一股不可忽视的重要力量。在2021年《财富》世界500强名单中，中国（含中国香港）上榜公司135家，其中有8家地产企业，依次是中国恒大、碧桂园、绿地控股、万科、保利集团、融创中国、龙湖集团和华润置地。13年来，我的工作也发生了很大变化，工作单位从中央企业到民营企业，工作地点从香港到顺德再到上海，个人修养方面还增加了对国学的鉴赏力。本次升级整理，写作量巨大，但我乐在其中。

　　几年前，我到上海工作时，有一位浙江省宁波市的房地产企业负责人对我说，因为读了我的《财务智慧》，他这位财务"门外汉"快速掌握了些许财务技能，这对他的企业发展发挥了重要作用。他还要求企业的每一位管理层员工读这本书。

　　2021年5月，我参加阳光集团召开的2020年度股东大会时，一个股东特意告诉我他是我的粉丝，很早就读过我的《财务智慧》并受益匪浅。

　　于我而言，至今仍有读者喜欢《财务智慧》，令我激动不已。著书的目的是给有需要的人看。若能给人以启迪，哪怕只启迪一个人，对作者来说也是一种肯定和鼓励。

　　三年前，我就有计划对《财务智慧》进行扩充。为什么要扩充这本书？因为当时的写作蓝本是中央企业，又以香港视角的经验为主。2014年4月以来，我先后在两家"超级民营企业"任职，一家是粤系的，另一家是闽系的。这两段经历使我对财务管理有了全新且更加深刻的认识。

　　两年前，我带着我的想法找到一位商学院的老师，还认真地建立了三人升级小组，但颇为遗憾的是，三个月后他们告诉我，他们无法承担这项任务。究其原因，不是他们没有时间、缺乏财务知识或写作能力，而是他们缺乏实战经验。

当前，中国房地产市场面临大变局，房地产企业遇到了前所未有的资金周转困难，不少房地产企业"躺平"做深呼吸调整，而有的也许再也起不来了，甚至有专家认为一半以上的房地产企业将消失。房地产企业的高质量发展之路该如何走？对此，我有不少想法、感悟和建议，这也是扩充这本《财务智慧》的目的。

二

《财务管理的本质》这本书，是《财务智慧》的姊妹篇，依然不是一本会计核算、财务管理专业或工具类别的书，而是提供了一系列来自企业财务实战并解决大财务问题的看法和思路。

我一直推行"大财务"理念。此理念始于我管理中海集团财务工作期间，后加盟碧桂园、阳光集团也继续大胆实践，运行效果良好。

我的"大财务"理念落地、生根、开花、结果，给企业带来了应有的变化——企业变好了，财务理念才有存在的价值。

财务是一门全球熟知的语言，理论成熟，体系较为完整，很多人稍加学习就会懂，但关键是活学活用、解决问题。我认为，成功的财务管理者除了需要具备财务知识、能力，还要有正向的、积极的价值观。例如，做事之前先做人。如果一个财务管理者的专业知识很强，但其无德行、无威望，那肯定是做不好管理的，也没有机会晋升为高级管理者，更不用说集团高层了。把这些因素综合在一起，糅合使用，便是我所推行的财务智慧了。

财务管理是一门艺术，这门艺术充满智慧，其内核是运用财务知识、技能、中国文化元素推动及解决企业发展中的战略问题、财务问题，使股东投资、企业内生价值最大化。

与此同时，千万不要误以为谈到智慧似乎就是"高大上"的，其实不然，智慧更多是指应有的常识、应有的逻辑，以及应有的心态。正如《道德经》中的"道"：无处不在，无处不有。

三

本书将深入探讨财务战略话题。

相对于财务智慧这个"道"而言，财务战略更多强调"术"。

老子曰："有道无术，术尚可求也。有术无道，止于术。"孙子曰："道为术之灵，术为道之体。以道统术，以术得道。"

道是思想，术是方法，道术合二为一，才是正道。有道无术乃魂不附体，有术无道乃体不附魂，道术结合乃魂体统一，如此方有成功之可能。

财务管理可分若干级，大类可分初级财务、中级财务和高级财务。如果再细分，每一级财务又可分成若干级，比如初级财务+、初级财务、初级财务-。之所以这么划分,是因为不分级往往说不清楚大家在讨论什么。

同样都是财务总监,有人是在小企业担任此职,有人是在中型企业担任此职,有人是在大企业担任此职。所以,即使同为财务总监,差距也可能会很大。差别意味着管理半径、管理难度及解决问题的复杂程度不同,方法也不同。

改革开放40多年来,中国经济飞速发展,房地产业也进入高速发展阶段,一部分优秀的地产企业迈进或将要迈进资本市场。因此,房地产企业对优秀财务管理者的需求在不断加大,但优秀的首席财务官非常稀缺。

优秀的首席财务官是有基本品质要求的,抓手是财务工作及其派生出来的许多分支工作,还需具备配合相关职能工作的能力。所以说,财务工作具体又宏观,既要有现实性,又要有前瞻性,还要有技巧。财务工作的关键任务,一是业务、财务、资金、税务工作一体化,二是在管理过程中创造价值。财务工作可以涉及很多点和面,也可以围绕单一资金管理展开,但万变不离其宗,"宗"就是财务战略管理。

资金是一个企业的血脉,每天都在流动,有进有出,有盈有亏。资金是连接投资人、股东、管理者、员工等一切相关利益者和投资、运营等业务的纽带,能让彼此十分紧密地联结在一起。

极端一点儿说,企业管理的核心之一是资金管理。

价值创造将是房地产企业财务管理的创新点、驱动力、燃爆点,倒逼财务工作有创新思维、方法和手段,倒逼组织成为一个价值创造型组织,让企业在同样的资源配置下变得更加成熟、伟大、卓越。

从数十年的财务管理工作中总结提炼而成的"我的财务战略观"是指,财务管理不是简单意义上的财务会计工作,不是事无巨细地记录、分析和反映,而是辨析公司在运营过程中遇到的重大财务问题,以及有效解决这些重大问题的能力、方法和工具。例如,资金从哪里来?用什么方法来?用到哪里去?这些都是公司决策者和财务部门每天要面对和回答的问题。

四

随着人工智能、云计算、大数据的出现、应用和普及,90%以上的原有财务、会计基础工作将被机器取代。财务管理要适应这种变化,对数字化时代的到来要采取积极拥抱的态度,要有百米冲刺的行动。技术方面的重大突破,是财务变革的又一次契机,若能站在时代潮头,带着财务战略管理的基本技能和逻辑,狠抓财务工作,就能找到推动与赋能企业发展的最佳路径。

我倾全力将我所认知和感悟到的财务管理经验和观点变成文字。

《财务管理的本质》多达数十万字,有图有表,但绝不是一本结构复杂、内容晦涩的书,而是一本来自实战,读起来既专业又轻松的书。

五

本书一共分为八章。

第一章是厘清财务概念，揭示财务管理本质。这一章主要强调，我们必须掌握一些基础的财务概念，并了解它的真实存在和本质。书中所讲的内容也许会颠覆平时一些似是而非的概念及其内涵，但站在企业经营的角度，就能看明白一些事情的本质。

第二章是高举财务战略，驾驭财务管控全局。这是本书引入的最为重要的财务管理话题。企业管理的核心是财务管理。如何做好财务管理？若能从财务战略理论和现实的视角入手，不断寻找管理的制高点，然后仔细布局运作，就能找到解决问题的最佳办法。

第三章是围绕价值创造，前瞻与落实并重。财务管理的核心是价值创造，财务工作就是要围绕价值创造展开并向纵深方面落实。与此同时，这一章还着重提出做好七个方面的价值创造工作的思路和方法，具有前瞻性的指导意义。

第四章是聚焦房地产企业管理实践，破解财务难题。最近几年，房地产行业风云变幻，很多地产人比较悲观，为了释疑解惑，我和明源云制作了相关的音频课程，以财务视角从八个方面谈了我的看法。这一章就是音频的文字内容。

第五章是塑造财务关系，诠释财务逻辑。在这一章中，我整理了十个重要的财务关系事项。财务工作很讲究实操性。实操即实战，没有实战经验哪里敢谈实操呢？在这一章，我将尽最大可能诠释我完整的财务技能及思维逻辑。

第六章是强化财务思维，求解管控方案。财务工作无论广度还是厚度都足以让我们一生实战，一辈子感悟，在变化中求得最佳解决方案。这一章，我整理了十个方面的重要财务管控事项，并分享我的财务实操技能和思维逻辑。

第七章是运用财务共享，推进数字化转型。我推进和领导中海集团信息化建设超过20年，推进建设碧桂园集团财务共享中心三年，推进阳光集团信息化建设、财务共享中心建设及数字化转型已达四年，这一章包含了我在推进信息化、数字化建设过程中的体会、做法和对数字化转型的理解。

第八章是尾声：我的财务战略观。这一章是本书的结论篇。通过梳理，我把主要观点提炼出来，形成一个完整体系，便于读者理解和指正。

第一章

厘清财务概念，揭示财务管理本质

万事万物皆有其运行规则。财务工作连接着企业运营的每一个环节，企业财务管理在每一个场景的应用都充满着智慧。深刻领悟财务管理规则，掌握这些规则，运用好这些规则，其实也就揭开了财务的本质，从而可以有效地解决企业发展过程中遇到的和财务有关的问题。财务是一门知识，我们必须从掌握基础概念开始，了解它的使用和本质。

公司财务初探

本节问题：
1. 什么是公司？什么是组织？什么是法人公司？
2. 什么是财务？什么是公司财务？什么是公司财务工作？

我们经常会听到有人说他从事财务工作。在现实中，任何形式的企业只要开门做生意，通过创业实现梦想，其中必然会有几个人从事财务工作。那么，公司组织形式都有哪些？到底什么是公司财务？

公司组织形式

很多事情只有从基本概念说起，才能说得清楚。企业是商品经济和社会分工发展到一定阶段的产物，含义比公司广，公司是企业的一种形式，为了避免有咬文嚼字之嫌，本书的公司和企业是统一的，因此有时可能写作公司，有时可能写作企业。

公司是指依照当地法律条件和法定程序设立的以营利为目的的法人企业。其包含以下几点原则：第一，公司必须依法设立；第二，公司设立的目的均在于营利，只要明确一个组织是一家公司，那么其创立的根本目的就是通过经营来赚钱，以此区别于福利社团组织等；第三，公司要运营就必须具备法人资格，《中华人民共和国公司法》（以下简称《公司法》）规定，有限责任公司和股份有限公司是企业法人。

按照中国内地的法律，公司按股东对公司债权人所负的责任分为无限公司、有限公司、两合公司、股份公司等。《公司法》规定，公司是指依照该法在中国境内设立的有限责任公司和无限公司。公司属于企业的范畴。所谓企业，泛指一切通过整合各种资源向顾客提供产品或服务，以谋取经济利益的经济组织。按照企业财产组织方式的不同，企业在法律上又可以分为三种类型：第一种是独资企业，即由单个主体出资兴办、经营、管理、收益和承担风险的企业；第二种是合伙企业，即由两个或两个以上的出资人共同出资兴办、经营、管理、收益和承担风险的企业；第三种是公司制企业，即依照《公司法》设立的企业。

在中国香港，为了方便管制，新《公司条例》将公司划分为私人股份有限公司、公众股份有限公司、有股本的私人无限公司、有股本的公众无限公司和无股本的担保有限公司。为了进一步管制，《公司条例》又对上市公司、集团内的私人公司、集团内的上市公司、控股公司和附属公司另做了详细的安排。

清华大学经济管理学院宁向东教授在他的《宁向东讲公司

治理：共生的智慧》一书中说，企业本身是一系列资源的集合，股东提供资本，管理者提供智力，员工提供劳动……每个人提供了资源，自然都会有相应的利益诉求，而治理的目标就是要平衡好这些利益诉求。

这就意味着所有组织或个人若想通过投资运营实现赚钱的目的，都要依照当地法律首先申请、注册成法人。当获得相关部门批准，领取了营业执照之后，公司才算设立，才可以从事运营活动，否则任何收取他人费用的行为都属于非法经营。一个组织或个人如果心存侥幸非法运营，那这个公司是没有任何生命力的，不可能做大，也不可能成为"百年老店"，更不可能为世人尊重。

随着社会经济的活跃和全球化进程不断深入，公司的组织形式呈现出多样化、复杂化，有时即便是同一家集团的员工，也不一定能说清集团的组织形式。身为财务人员，如果不负责公司的股权架构工作，也不会了解组织形式的全貌。

例如，一家企业在西安创立，随着业务拓展，旗下衍生出几百家子公司、分公司、合伙公司。因管理需要，它将管理总部迁到上海，并在上海创立了若干子公司。截至某年某月某日，这家企业的大部分业务在境内运行，小部分在境外运行；大部分在所谓的"体内"，小部分在"体外"；大部分在上市范畴，小部分在非上市范畴。集团旗下的公司有的是有实际业务的，有的是壳公司，有的是平台公司……为了精细化管理，还可继续分解下去，越分解越觉得很复杂，越分解越觉得不可思议。我考察过一家合作公司，没有一个人能说清楚公司旗下到底有多少家公司、公司的业务分布是怎样的、每家公司发挥了什么作用。由此可见，"公司"一词已经变得复杂了，不那么易懂了，更不那么一目了然了。

因此，如何设立公司，设立什么样的公司，在哪里设立公司，公司放在"体内"还是"体外"，要不要成为上市公司……都需要认真考量，更需要从战略的角度去思考、去设计。

另外，在设立公司的时候，股东之间的股权如何分配也是一门学问，需要从战略和公司治理角度去考虑。否则，随着公司一天一天做大，内涵价值提高，一旦股东之间在发展方向、产品定位等重大问题上出现严重分歧，"谁说了算？"的问题就会变得重要而且尖锐起来。所以，在公司创立初期，哪怕注册资金很少，也要明确股权分配方式，万不可马虎决定而为日后埋下隐患。

公司财务

公司注册创立之后，即展开经营活动。为了保证正常经营，一般要设立股东会、董事会、管理班子，下面要设立若干职能部门，如发展部、人力资源部、投资部、财务部、市场部等。至于一个公司到底应该设立多少个职能部门，很难一开始就说清楚，而是应随着业务发展根据需要而变化，这种变化可能是增加个别部门，也可能是减少个别部门。组建部门时，可以考察并参考具有类似经营业务的公司的做法，但无论怎么决定，必须有一个主管财务的领导和进行财务会计处理的部门。有一句话说得很到位，"基础不牢，地动山摇"。这说明，公司从来离不开财务，财务因公司运行而产生。从另一个方面来说，如果有一天公司不存在了，财务部门也就没有存在的必要了。但是，当一家公司运营出现问题，比如被迫清盘，其他人都可以拍拍屁股就走，财务部门却还得运行，因为要对公司资产进行清算。有时清算时间长达数年，直到所有问题无论好坏都画上了句号，财务工作才能结束。

那么，财务到底在做什么？

财务本身也有狭义和广义两个概念。从狭义来说，财务就是在公司安放几个人，赋予一定职能，帮公司记好账、算好账，管好资金流入，控制好资金流出，跑跑银行，再做一些简单分析。在公司创立初期，因为规模小，财务和会计要做的工作大体相同，而且效率较高。从广义来说，现代公司财务是指企业在生产经营过程中客观存在的资金运动及其所体现的经济利益关系，具体体现在银行、证券公司和公司内部财务等方面。与银行和证券公司的关系体现在筹资和投资活动中，表现为资本的筹集、配置等活动；而在公司内部，财务体现在资本的管理、运营和创造价值等活动中。公司财务的具体职责不仅包括会计簿记、财务报表的编制，也包括参与公司投筹资、分红、资源分配的决策等。

说得通俗一点儿，财务就是管钱。那么，管什么钱？为谁管钱？钱多好还是钱少好？把钱管到什么程度钱能生钱？

做过公司财务负责人的人都知道，企业的钱分为很多种。我们常见的钱的来源包括股东资金、银行筹资和资本投入创造的价值。股东资金可能富余，也可能一直匮乏；从银行可能获得筹资，也可能一分钱都融不到；资本可能创造价值，也可能不创造价值。研究财务战略的人都知道，财务战略有一个终极表述，那就是研究资金从哪里来，钱用到哪里去。这说明资金是公司最为重要的资源，像血液之于人体运动。因此，财务关注的是财务资源从哪里来，又将分配到哪里去，这一来一去之间充满着机会和挑战。从这个角度来说，财务就是管理资金的运动和状态。

企业生命周期和寿命

伊查克·爱迪思（Ichak Adizes）博士是爱迪思学院（Adizes Institnte）创始人、"爱迪思方法"的开发者。他在其著作《企业生命周期》中提出企业会经历 10 个阶段：孕育期、婴儿期、学步期、青春期、壮年期、稳定期、贵族期、官僚早期、官僚期、死亡。这一理论如今已被广泛接受。

美国《财富》杂志报道过这样一组数据：美国中小企业的平均寿命不到7年，大企业的平均寿命不足40年；而中国中小企业的平均寿命仅2.5年，集团企业的平均寿命仅7~8年；美国每年倒闭的企业约有10万家，而中国有100万家，是美国的10倍。在全球，寿命超过100年的企业，日本有2万多家，美国有1000多家，中国有10余家，且都是六必居、王老吉、东来顺这样的老字号。

公司财务与公司会计的区别

在中国改革开放之前和初期，财务往往被狭义地认为是会计的同义词。有相当一部分员工，甚至公司领导，都不能区分财务工作和会计工作，干脆混着说。长此以往，逐渐发展成财务部门和会计部门合署办公。财务等同于会计，会计等同于财务；财务即是会计，会计即是财务。很多公司出于关心且凸显两个职能的等价性，干脆设立了财会部。因此，财务与会计像是一对孪生兄弟，一起出生，一起成长。它们的关系是如此密不可分，经常成双成对地出现。可是，财务和会计实际上有着较大区别，公司发展初期时，两者混在一起没什么问题，但当公司发展壮大后，再混在一起，对公司发展就十分不利了。

公司财务与公司会计至少有八个方面的区别。

1. 概念内涵和外延不同。公司财务是在一定的整体目标下，组织公司的资产购置、处置、投资、筹资等活动，处理公司内部和外部的财务关系，属于公司的决策支持系统。而公司会计是以货币为主要计量单位，按照一定的会计准则，通过对交易或事项的确认、计量、记录、报告，提供有关单位财务状况、经营成果和现金流量等信息资料，并对公司经营活动进行完整、连续、系统的核算和监督的一种后台职责，属于公司的信息系统。

2. 要解决的问题不同。公司财务的基本职能是通过分析、预测、计划、决策和控制，进行公司财务资源的合理配置，侧重于对公司资金的筹集、运用和管理，以获得尽可能大的投资回报、资金效用和价值创造。而会计的基本职能是通过记录、计算、编制报表等，对公司当前及历史经营状况进行客观、公允、专业、全面的描述和报告，侧重于核算和监督。

3. 专业依据不同。财务是依据企业的基本现状、发展目标和管理者的意图，结合现行法规、规范和工具，制订企业的财务规划及内部财务管理办法。财务人员既需要追求公司利益最大化，又要防范公司经营风险的发生。而会计则是依据相关法规、会计准则、会计政策等规范，结合企业的实际情况，按照选择的核算方法和反映标准来对企业的交易及会计事项完成核算和监督工作。

4. 面向的时间段不同。财务工作立足当下，面向未来。它基于一定假设，在对公司历史资料和当前经营状况进行分析以及对未来情况预判的基础上，形成一些重要观点以便参与公司决策；会计强调对某一时间点或某一期间公司经营状况的真实情况的合理反映，也就是说，它坚守历史的真实，以过去的交易或事项为依据，呈现公司的客观情况。我们常说的用数字说话，对会计来说就是坚持一是一，二是二，既不夸张，也不缩小。这里强调的数字就是会计核算的结果。

5. 目的和结论不同。财务工作的目的在于使企业的投资收益最大化、财富增长最大化或价值最大化，其结论相对而言是"活的"，不是唯一的。它没有极限值，只有恰当的、合理的、见仁见智的结果。由于每个人的经验、取舍、偏好乃至情绪的不同，得出的结论可能差异较大。财务工作难就难在要依据经验、判断、工具及推理，对不确定性的未来做出决策，甚至提出一些路径引导或推动企业进行变革。而会计则是要依据既定的准则，保持一贯性，得出公允的结果，具有强烈的刚性，并不会因为管理层和决策层的喜好而改变。

6. 影响其结果的因素不同。财务目标实现的程度主要受企业经营环境变化、筹资成本变化、投资报酬率变化、派息政策变化，以及资本结构和决策者的决策结果等因素的影响；而会计结果主要受选择的会计政策和会计基本假设，以及当地税法等政策法规修订的影响。

7. 使用对象和分类不同。财务分为出资人财务和经营者财务。这里的出资人是指独立于经营者之外的投资者、债权人，既包括现实的出资人，也包括潜在的出资人，如尚未出资但准备对某单位进行投资或借款的人。出资人往往关心被出资单位对外提供的财务会计资料，而经营者在按要求对外提供财务会计资料的同时，更关心内部管理会计资料。会计包括财务会计和管理会计，财务会计的报表资料是对外的，管理会计则是对内的。

8. 对从业人员资格的要求不同。财务从业人员要具备会计知识，看得懂会计报表，能运用财务分析工具建立合理的数学和财务模型，还要动态掌握资本市场的状况以选择最佳的筹资方式和时机，在参与投资方面要结合公司发展战略及投资回报的测算来合理配置资源，等等；财务人员需要对公司的发展战略与核心价值有明确认识，对资金的时间价值有深刻认识，对经济周期和资本市场有敏锐的洞察力，在风险的把控和追求财务目标最大化之间有能力获得平衡。如果是公司财务总监，这些能力还需要进一步提升。而会计从业人员要求具备较全面的会计学知识，比如懂得会计科目的设置和运用、记账原理、成本核算、固定资产核算、资产清查、应收应付清理和财务共享中心的运行等，会计人员必须具备做事客观、准确（至少达到确保小数点之后两位数字的精确），坚持原则，遵守国家法规，接受会计准则和规章制度的约束和相关部门的监管，又不失灵活的基本素质。

以上八个方面，可以帮助我们明确财务和会计之间的区别，这样在构建组织架构时，可以做到心中有数；在分配工作时，可以做到游刃有余。在此分享一点我的实践经验，在用人方面，会计从业人员转为财务从业人员较容易，但财务从业人员转为会计从业人员则相对会困难一些，除非财务从业人员有很好的会计知识和经验。

2021年年初，我突发奇想，想进行一轮轮岗安排，当我试图把金融部负责人调换到报表组时，遭到了大家的反对，因为金融部负责人干不了会计报表工作，而会计报表负责人却能从事金融部的工作。这便是一个有力例证。

公司财务和公司会计的联系

公司财务与公司会计是相互作用、相互支持的，有着非常紧密的必然联系。为了方便管理，公司一般会依据不同的职责分设两个职能部门，但合并在一起办公，给它命名为财务管理中心，由公司财务负责人分管。公司财务和会计之间的联系主要体现在以下五个方面。

1. 财务主体和会计主体作用的对象都是公司资金的循环与周转，都是经营数字的结果呈现，都是对价值形态进行良好的管理。这明显不同于营销、设计、人力资源、行政管理、信息化管理等部门的工作特质。

2. 会计是财务的基础，财务是会计的延伸。会计工作就像一个加工厂，通过特定的流水线工艺，从收集原始凭单到分类处理，定期产生会计报表。财务人员使用这些会计报表信息，从不同的角度进行分析，以便形成预测、计划、决策和控制点。会计信息如果不准、不全或是质量不好，会直接影响财务工作的质量。

3.财务与会计在岗位设置上常常是交叉的，甚至是重叠的，很难分清它们之间的界限。在国有企业中，总会计师等同于财务总监，财务总监等同于总会计师，很少有公司在高层决策层面同时设有总会计师和财务总监的岗位。

4.会计从业人员必须掌握有关的财务知识，熟悉单位内部的财务管理规定、预算管理规定、资金管理规定等。同样，财务人员必须懂得会计事务与会计原则，能看懂会计报表，并能熟练分析和运用相关会计信息资料。

5.如今，在企业投资并购项目时，会计人员也开始参与必要的成本分析、财务分析，于是出现了著名会计师事务所从业人员深受企业欢迎的情况。事实上，会计人员转到财务岗位的情况十分普遍，转岗过程十分顺畅，被转岗人员也很开心。由于会计人员有扎实的会计基础工作经验，在做税务筹划时往往得心应手。从节约人力资源的角度出发，将这两部分人合二为一也是一种自然而然的结果。

所以，概括来说，大家不要将财务和会计的概念绝对化、对立化，不要将两者生硬地区别开，而是要视情况灵活处理。

如果一味地教条看待、固执执行，不仅解决不了问题，反而会将简单的问题复杂化。如果能清晰掌握它们之间的区别和关联，然后利用得当，对职能工作会有巨大帮助。我认为，公司财务和公司会计是动态的，是一脉相承的，是随着内外因的变化而变化的。若认识到位，安排合理，就能有效地推动职能工作。

概念厘清：
公司愿景、公司目标及财务目标

本节问题：
1. 公司愿景与公司目标有何差异？能否举例说明？
2. 公司愿景、公司目标、财务目标之间的关系是什么？如何设定财务目标？

公司财务目标、公司目标及公司愿景同根同源。

研究认为，公司财务目标和公司目标、公司愿景应始终保持一致，三者之间的关系如同人的身体和影子——形影不离。随着三个目标的确定，公司战略和财务战略管理所关注的具体行为准则和行动方向也就确定了。

公司愿景

公司愿景是公司战略家对企业的发展前景和方向的高度概括，能够激发员工的热情。愿景是一个组织的领导者用来统一组织成员的思想和行动的有力武器。公司愿景由核心理念和未来展望两部分组成。核心理念是企业存在的根本理由，是企业的灵魂，反映了企业精神和凝聚力，激励员工永远进取；未来展望则代表企业追求和努力争取的东西，它随着企业经营环境的变化而变化。核心理念与未来展望在一定条件下会发生转化，由此构成企业发展的内在驱动力。

我研究过很多国内外知名企业，它们在创立初期也并没有太清晰的战略和愿景，只有一些具体行动，这些行动多数是摸着石头过河。当企业发展到中期，通过总结，才逐步有了详细的计划、战略、愿景（如图1-1所示）。

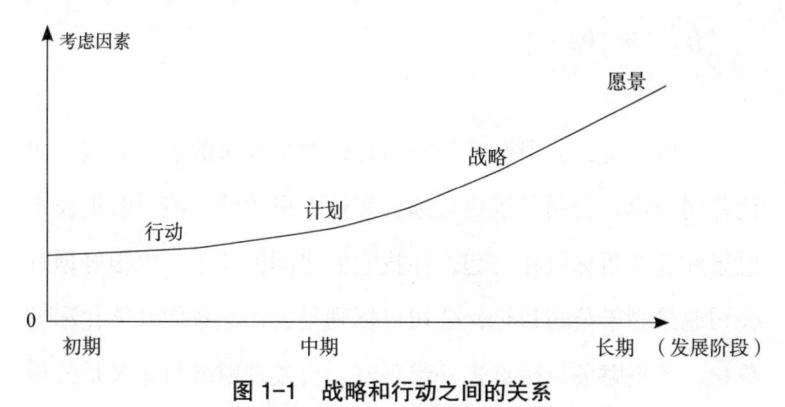

图1-1 战略和行动之间的关系

很多卓越的企业都有自己很响亮的愿景。这里讲的响亮不是喊口号，不是过度渲染包装，而是有很清晰的认知、内涵和定位。下面介绍了一些卓越企业的愿景。

麦当劳：因为热爱，尽善而行。

索尼公司：为包括我们的股东、顾客、员工，乃至商业伙伴在内的所有人提供创造和实现他们美好梦想的机会。

　　通用电气：以科技及创新改善生活质量，在对顾客、员工、社会与股东的责任之间求取互相依赖的平衡。

　　福特公司：汽车要进入家庭。

　　IBM：建立一个更加智慧的星球。

　　华为：丰富人们的沟通和生活。

　　丰田汽车：为社会提供"移动自由"。

　　阿里巴巴：分享数据的第一平台；幸福指数最高的平台；"活102年"。

　　也就是说，公司愿景是公司目标的最高级的表达方式。相比公司目标，公司愿景更长远，表达上更柔情一些。若把公司愿景和公司目标放在一起，寻找它们之间的关系，也很好理解，公司愿景高于公司目标，公司目标则是公司愿景的具体化和形象化。若把财务目标拿来一起观察，会发现财务目标又是公司目标的具体化和形象化。

　　公司愿景似乎等同于公司理想，但它是无法量化的。公司愿景是一个组织的宏伟愿望，和公司使命一致，是对公司未来的构想，它决定了一个企业的高度。公司目标是可以量化的，可以把任务具体化，并加以实现。财务目标更是如此。所以说，随着公司目标、财务目标的实现，就能够创造量化的价值，最终达成公司愿景。这三者之间的关系是，公司愿景高于公司目标，公司目标大于财务目标。

公司目标和财务目标

很显然，公司目标和财务目标是统驭和从属的关系。

假设公司目标为 A，那么财务目标就为 A1，产品目标为 A2，依次类推，有可能将公司目标划分到 An。将 A1 到 An 各类目标进行汇总，就是完整的公司目标。在公司目标中，财务目标排名靠前，也是利益相关者最为关心的事项，是其他目标无法比拟的。

财务目标是公司目标的量化指标。在现实中，财务目标往往和公司目标一致。换句话说，公司目标一旦确定，财务目标就基本确定了。

公司目标对财务目标具有主导性、控制性，反过来说，财务目标对公司目标具有支撑性、制约性。由此可见，两者的关系非常紧密（如图 1-2 所示）。

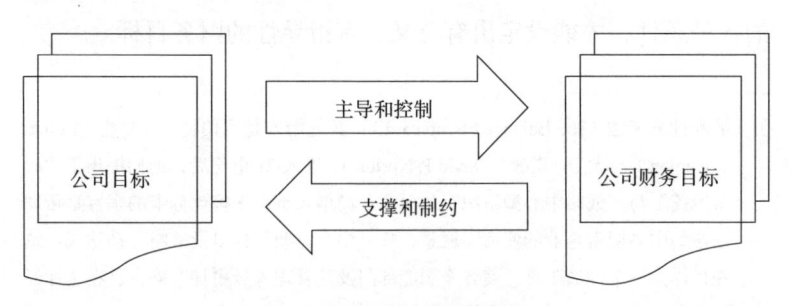

图 1-2 公司目标和财务目标的关系

按照利益兼容法的阐述，公司不能仅从财务或商业方面来确定公司目标，还要结合实际情况确定多项指标。也就是说，公司目标单用财务指标描述是不充分的、不全面的。当今，许多企业用平衡计分卡[①]描述公司目标。事实证明，这是一个有效的工具，其中也包括了财务目标及财务指标的地位和作用。

　　明确公司目标也就明确了企业的总体发展方向，明确了财务目标，也就为财务战略管理提供了具体行为准则。只有公司目标和财务目标都明确了，才可以框定财务战略方案的边界，排除偏离企业发展方向和财务目标要求的战略选择，并将财务战略管理尤其是财务战略限定在一个合理的框架之内。

　　既然公司目标有长期和短期之分，那么财务目标也有长期和短期之别。长期财务目标的实现，建立在每个短期目标完成的基础上。由此可得出一个结论，不同时期的财务目标可能是相同的，但大部分时间是不同的（如图1-3所示）。在具体设定每个时期的财务目标时，必然受制于那个时期的公司目标，以及企业当时的经营环境、内部资源等。只有研判清楚变化之后的各种条件，才能设定出有意义、有指导性的财务目标。

[①] 平衡计分卡法（the Balanced Scorecard）：其创始人是罗伯特·卡普兰（Robert S. Kaplan）与大卫·诺顿（David P. Norton）。进入21世纪后，他们提出了"战略地图"与"战略中心型组织"的概念。简单来讲，平衡计分卡的宗旨是帮助企业的中高层就企业的使命、愿景，长、中、短期目标以及战略行动达成一致，并且作为一个沟通工具，使各个职能部门及其管理人员更加明确自己在企业经营发展战略中的权责，确保战略得以落地。

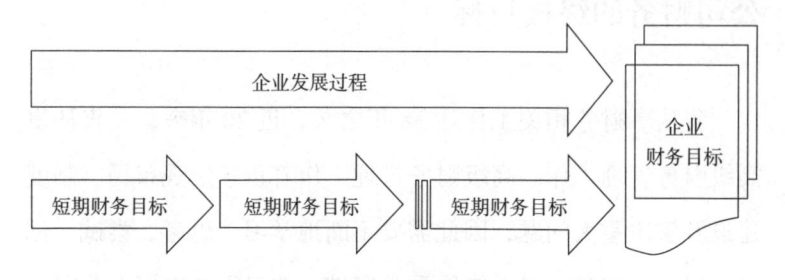

图 1-3　企业财务目标和短期财务目标的关系

房地产行业曾经历一段多种红利支持下的"黄金岁月"——房价飞涨，房地产商们赚得钵满盆满，大量银行资金流入房地产行业。如果此势头不遏制，也许会引发一场刺破房地产泡沫的金融危机。2018年以来，政府毅然采取了多项抑制房地产行业的政策，比如推出"五限政策"——限售、限价、限购、限贷、限签，来给房地产行业降温，促进其平稳发展。2020年，为了促进房地产开发商走高质量发展之路，两部委联署推出了强行降低负债率的政策。由于这些政策出台，加上政府部门强有力地落实，房地产行业才逐渐回归理性发展。随着这些变化，房地产企业的年度财务目标也发生了相应变化。归纳来说有三点：第一，销售增长速度大幅下调。过去每年以30%~50%的增长为目标，现在的目标仅为5%~10%的增长幅度。第二，净负债率要求下降。过去不控制净负债水平，现在要求净负债水平下降。第三，向管理要效益。过去挣钱容易，而管理粗放，现在挣钱难了，倒逼企业推行精细化管理。

公司财务的终极目标

我从事财务相关工作达38年之久，近20年来，一直从事高级财务管理工作。高级财务管理工作着重于宏观布局、制度建设及解决重大问题，因此需要不断地学习、思考、尝试、创新，以寻求在某一点上取得重大突破。在对香港中资企业财务战略问题进行专题研究时，我找到了问题的答案。

公司财务的终极目标是在实现公司战略目标的前提下，努力实现五个"确保"。

1. 确保做到公司任何发展阶段所需资金和资金来源之间的动态平衡。公司自创立之后，会经历不同的发展阶段，每个发展阶段对资金的需求是不同的。如何确保不同发展时期的资金需求得到有效满足？这实际上是一个比较困难的问题。资金是企业赖以生存的生命线。如果资金链断了，企业就会面临银行逼债、员工讨薪、供应商要钱、业务处于停顿的困境。而作为财务人员，一定要把现金流管好，千万不能发生现金流断裂的情况，要做到未雨绸缪，防患于未然，保证资金流动顺畅。

2. 确保实现筹资成本较低。无论资金来自股东、银行，还是企业内部自筹，都是有成本的。这是财务管理中最为重要的一个概念。因此在进行筹资洽谈时，一定要尽可能降低筹资成本。总体来说，筹资成本低，相对的利润就会高。对于股权筹资和债权筹资要区别对待。这两种筹资的出发点不同，计算筹资成本的方式就不同。所以这里讲的成本，不仅是一般意义上的利息支出，还包括筹资所得资金的机会成本。进行筹资时，要比较每一个筹资方案的得与失，而不是简单粗暴地拍拍脑袋。决定筹资成本高低的主要因素，包括总体经济环境、证券市场冷暖、资金市场资金是否富裕、企业内部的经营状态与还款能力，以及筹资规模，甚至还包括管理者的心理预期。

3. 确保实现资金结构的合理性。资金结构是指企业各种资金的来源和占比之间的关系，包括长期资金结构和短期资金结构。这里主要指前者，即长期权益资金和债务资金的比例，以及权益资金的构成比例。这是财务人员长期关注的重要课题之一。选择何种筹资方式，资金结构合理与否，可通过分析每股收益的变化来衡量，即能提高每股收益的资本结构是合理的，反之则是不合理的。每股收益的高低不仅受资金结构的影响，还受销售水平的影响。处理以上三者的关系，可以运用筹资的每股收益分析方法。每股收益分析是利用每股收益的无差别点进行的。每股收益的无差别点是指每股收益不受筹资方式影响的销售水平。根据每股收益无差别点，可以分析判断在什么样的销售水平下适合采用何种资金结构。最佳资金结构，应当是可使公司的总价值最高，而不一定是每股收益最大的资金结构。同时，在总价值最大的资金结构下，公司的资金成本也是最低的。在财务领域里，这里提到的资金结构及无差别点均可通过公式计算。

4.确保实现资金使用效果较好。公司筹资解决后，就会融到适当数额的资金，但如何把有限的资金使用好，为企业创造更大价值，这同样重要，甚至更重要。事实上，由于所处的环境不同、行业不同，在管理资金使用方面，企业很难制定一个统一标准，但需要以提高资金使用效率为目标，并通过分析对比，结合企业目标、企业增值链、管理者的想法，不断修订企业资金配置的标准，然后加强对预算、成本开支、资金流动性和资金投资等的管理。很明显，要提高资金使用效果，需得到整个公司的重视。资金使用效果变好了，企业就能实实在在地创造高于筹资成本的价值，如此坚持下去，公司就有了良性循环，就有了创造美好未来的机会。更进一步来说，公司就能活下去，还能为社会带来更多的贡献。

5.确保投资战略实施能为企业创造更大的价值。每一个企业的经营活动都是从投资开始的。投资就是资产构成的重要部分。很多时候，企业只做两件最为重要的事情：筹资与投资。事实上，只有不断投资，企业才能不断发展。所谓投资，是指企业为获取收益、增加财富，或为谋求其他利益，运用现有资产或资金获得另一项资产或权利的经营活动。广义上的投资包括权益性投资、债权性投资、期货投资、房地产投资、固定资产投资、存货投资、企业合并等。而狭义上的投资一般仅包括权益性投资和债权性投资。作为企业管理者，应更多地从广义投资视角思考问题，这会让我们的思路更广、眼界更开阔。既然投资是资金和资产的交换或转移，那就意味着有投资风险。当然，把筹集来的现金放在银行而不使用，也是有风险的。为了降低风险、产生更大的价值，企业一般都要设立投资标准与决策机制。此外，当我们站在战略管理的角度来看时，选择投资方向则显得十分重要，它是整个投资活动的起点。选择企业投资方向，指企业依据其发展战略，围绕其投资动因，并结合实际状况来确定其投资要素进入的特定生产或服务领域。确定企业投资方向的问题，也就是确定企业究竟在哪个生产经营范围内进行投资，为形成何种生产或服务能力而分配运用其经济资源的问题。而不同投资方向的确定，对企业投资的效益来说影响会大不相同。现在企业的投资机会相对较多，但能否因为投资而使公司增值，那就很难说了。很多经历过投资失败的人告诫我们，企业战略就是选择不做什么。这也许是对的。

学科认知：财务管理与财务管理学

本节问题：
1. 财务管理与财务管理学是一回事吗？
2. 财务管理俗称理财，那么"理"和"财"分别是什么意思？

财务管理是基于企业生产经营过程中客观存在的财务活动和财务关系而产生的，它是利用价值形式对企业生产经营过程进行的管理，是企业组织财务活动、处理财务关系的一项综合性管理工作。

财务管理俗称"理财"，这里的"理"指的是管理，"财"指的是资金。所以，财务管理就是对资金的管理，即对资金的筹措、使用、回收、分配，以及由此而发生的各种经济关系的管理。

也就是说，财务管理是一个完整的循环活动过程，一般包括财务分析、财务预测、财务计划、财务决策、财务控制、财务监督、财务检查、财务诊断等环节。这些环节中的活动是企业管理的"关键点"，是控制和管理的核心。

企业创立之后，股东注入了资本，于是资本伴随着企业创立、成长、成熟、收缩、关门或再成长等发展期在不停地周转，其间资本会表现为不同的形态，其中最突出和活跃的资本形态是资金。资金是企业的"血液"，循环往复地"流动"。资金活，生产经营就活，一"活"带百"活"，一"通"则百"通"。如果资金不流动了——像湖水一样，就会"沉淀"和"流失"，就会丧失增值的机会。说得直白一点，资金就是企业的生命线。正因为如此，资金管理成为企业财务管理的核心，亦是一种客观存在的事实。

为了做好财务管理工作，发挥财务管理的专业作用，每家公司都设有财务管理部门，具体的管理工作就交给这个部门。实际上，若公司处于发展阶段，该部门一般会设立几个专业小组或一组多岗，比如收银组、出纳组、预算组、付款组、报表组等；当公司规模开始扩大，原小组无法承担当前业务量，再坚持下去只会影响业务发展时，该部门会升级为财务管理中心，原来的小组做出适当合并，以产生若干个职能专业部门；当公司成为一家集团公司，或又是跨国公司时，也许还要设立境外管理部。

比如，阳光集团在2017年经营规模达到600亿元，预测规模很快会达到千亿以上，这时组织架构就要按照千亿规模去打造，经反复研究，管理者们决定在"财务管理中心"下设立五大部门，分别是金融部、并购及税务部、报表管理部、证券部、财务共享中心。随着这一架构逐步到位，各项工作才得以落实，为后续发展提前奠定了坚实基础。

从财务管理上升成为财务管理学经历了以下几个阶段：

1950年之前为传统财务管理阶段，即筹资财务管理阶段和内部控制财务管理阶段；1952年到1970年为综合财务管理理论阶段，也称投资财务管理阶段；1970年至今，是当代经济学界各种流派比较多的时代，也是财务管理发展史上最繁荣、最辉煌的时期，也称现代财务管理理论阶段；自1978年推行改革开放政策以来，中国式的财务管理学得到了蓬勃发展，也形成了独特的学科体系。

从学科的产生与发展看，管理学是从经济学中分离出来逐渐成为一门独立学科的科学；财务管理学从属于管理学，也是从管理学中分离出来的一门学科；财务管理学与会计学之间有着天然的渊源关系，以至于有时很难分清它们之间的关系；财务管理学和金融在英文中同用"Finance"，两者在很多方面有交叉。

从我国企业的发展状况来看，不仅公司业务会继续扩展，很多企业还会走出国门融入全球供应链。由此可以断定，中国式的财务管理学理论将会迎来空前发展的繁荣时期。在这个阶段，财务管理学将会深度利用科技成果、中国哲学、中国经营管理实战案例加以完善，以解决中国企业发展过程中遇到的问题。其中有三个可能性：第一，利用互联网科技，使经营业务、职能工作与财务管理一体化；第二，充分应用财务数学模型、管理框架、固化工具，实时完成多角度分析和预测结果，以实现数字化革命，迅速影响决策；第三，传统的组织架构和职能将会被丢弃，新的组织架构和职能将会出现，因此，专业分工要重塑，职责范围要重新定义，许多新岗位将出现，这些都会极大地影响现代财务管理学的内涵和外延。一场学科革命正在发生。

  一言以蔽之，财务管理、财务管理学都在发展之中，也许每过几年又会增加一些新内容。而只要人类商业活动还在继续，其发展就永无止境。这就是事物发展的必然。

规范认知：会计准则与会计政策

本节问题：

1. 什么是国际会计准则？为什么要制定国际会计准则？中国采用国际会计准则了吗？

2. 会计准则和会计政策有何区别？每家公司都有自己认可的会计政策吗？

近年来，随着经济全球化的快速发展以及金融衍生产品的不断涌现，国际财务报告解释委员会对国际会计准则不断进行重大改革。这种改革还将持续下去，正应验了"变才是不变"的真理。

随着业务事项无限复杂化，收入、支出及利润不能进行直观的计量，是资产还是负债难以甄别，甚至也难以界定归属于资产的哪一项，但又必须回答这些问题，没有妥协的余地，其实很多时候国际会计准则制定者在制定解决办法时也很头疼。这就是当今的现实。

会计准则、会计政策对企业经营成果的影响巨大。

很多人只喜欢看经营成果，而不喜欢看形成经营成果的会计准则、会计政策是如何确定的。我们可以把会计准则、会计政策定义为反映经营成果的前提和假设，离开这些前提和假设来看经营成果是盲目的，甚至可能对决策造成严重误导。

前面提到过，会计工作和财务工作所依据的会计准则、会计政策是相同的。会计工作是按照会计准则、会计政策编制会计报表，财务工作则是依据会计报表结果分析业绩表现。正因为如此，在看企业的经营成果时，首先应该浏览它的会计准则和会计政策。财务负责人和管理者需要养成这个好的习惯。当然，此习惯的形成需要经历许多事，所以说，经历就是财富，是走向成功的保证。

会计准则

国外会计界关于会计准则的认识也是不统一的。我国会计界对国际会计准则的承认和加快对接也只是这20多年的事情。由于国家治理对有关信息的需要不同，我国对国际会计准则的接受程度也是有选择的，目前中国部分企业的会计准则和国际会计准则已经基本同步了。

比如，同属一家公司，若在内地A股市场和香港市场同时上市，两地每年对投资人公布的资产负债表、损益表会有一些差异，但差异已经非常小了。这是因为两地的会计准则已经实现等效认证。这家公司如果在美国上市而不是在我国香港上市，也许又是另外一个经营成果。

从学者或价值分析的角度来看，这种研究是有意义的，是必要的，并不影响我们了解会计准则真实的本性。大体上我们可从两个方面来理解：从广义方面理解，会计准则是从会计理论到会计方法和程序的一种指导方针；从狭义方面理解，会计准则是尽可能恰当地进行会计工作的规范，即指导会计实践的指南。具体来说，会计准则就是关于资产负债及其变化（量）如何确认、计量、记录和揭示的规范。

国外研究者判定会计准则时主要有两个原则：一是指导会计人员尽可能在恰当地处理会计事务时有一个统一的认识；二是使会计信息的指导具有一定程度的一致性和可比性，便于财务报表的使用者更好地利用会计信息。

依个人经验来看，会计准则是由会计权威机构发布的，引导从业人员采用，是公司在进行会计核算、报表编制时所采用的基本准绳。

站在国际层面，世界有国际会计准则，各国也有各自的会计准则。近年来，这些会计准则在不断趋同，这得益于国际化进程以及全球经济一体化的加快和融合。

比如美国财务会计准则委员会（FASB），在国际会计准则委员会（IASC）改组前后，对《国际会计准则》的态度是完全不同的，从不支持《国际会计准则》在美国资本市场上的应用到积极支持美国会计准则（GAAP）与国际准则趋同。多年前，国际会计准则理事会（IASB）与 FASB 正在合作进行的项目包括购买法程序、财务业绩和收入的确认等。其合作受到了包括欧盟在内的国际社会的普遍欢迎，从而也极大地推进了各国会计准则与国际准则的趋同化进程。

英国对《国际会计准则》的支持态度一向要比美国积极，2000 年 IASC 改组后，英国作为欧盟成员国和 IASB 的会员，理所当然地支持本国会计准则与国际准则的趋同。

欧盟是世界上最早积极表态支持与《国际财务报告准则》接轨的一个政府间的国际组织。2001 年，欧盟建议所有已在欧盟国家上市的约 7000 家公司（包括银行和其他金融机构）最迟不超过 2005 年按照《国际会计准则》编制合并财务报表，并建议在 2007 年之前将这种要求扩展到所有拟在欧洲上市的公司。此外，欧盟还允许欧盟成员国自主决定是否要求本国的非上市公司采用《国际财务报告准则》编制合并财务报表或单独的财务报表。欧洲议会于 2003 年投票通过上述立法草案，因此该草案现已成为欧洲法律，被要求在各成员国中执行。欧盟委员会 2005 年 3 月公布的调查结果显示，已有 22 个国家要求或允许上市公司在单独财务报表中采用国际财务报告准则（IFRS），有 28 个国家（其中的 5 个国家有一定的范围排除，如小企业、除银行外的企业等）均要求或允许非上市公司在合并财务报表中采用 IFRS。

在日本，IASB 与日本会计准则理事会（ASBJ）在 2004 年 10 月正式启动了旨在使《国际财务报告准则》和日本会计准则之间差异最小化的共同项目，以最终实现双方准则的趋同。2005年9月，国际会计准则理事会与日本会计准则理事会举行第二次准则趋同联席会议。会议讨论了概念框架、套期会计、资产移除义务等项目，并就上次会议所讨论的存货计价、分部报告、投资性不动产、关联方披露和外国子公司会计政策的一致性等议题确认了取得的进展。国际会计准则理事会主席对双方的合作给予了很高评价。

还有一些国家建议或决定采用《国际财务报告准则》，如加拿大建议允许在加拿大上市的外国公司采用《国际财务报告准则》；俄罗斯（包括许多前苏联国家）也要求从2004年起，所有的公司采用《国际财务报告准则》。以往《国际会计准则》在推广过程中遇到的最大阻力，就是来自各主权国家及其准则制定机构的反对，而现在这一问题已经获得成功解决。从以上各国会计准则趋同化的现状可以看出，《国际财务报告准则》应用的趋同化在未来将会有更大的发展空间。

在中国，为了与《国际会计准则》进一步趋同，财政部于2014年发布了38条企业会计准则，其中有16条是在原来会计准则基础上修订的。2017年以来又对收入、租赁、债务重组、非货币性资产交换、政府补助、金融工具确认与计量、金融工具列报等准则进行了修订；2020年还制定和发布了保险合同准则。同一时期，财政部还发布了一批"企业会计准则解释"，以应对企业会计准则执行中出现的新问题，全面贯彻实施企业会计准则，持续推进会计准则趋同与等效；并根据实际工作的需要适时地发布了一批"其他规定"，如《规范"三去一降一补"有关业务的会计处理规定》《碳排放权交易有关会计处理暂行规定》《永续债相关会计处理的规定》《新冠肺炎疫情相关租金减让会计处理规定》等。目前，企业会计准则、企业会计准则解释、其他规定等构成了企业日常会计工作所依据的重要规范。可以看出，新准则的内容不是《国际财务报告准则》的简单直译，而是结合中国经济的客观环境和发展特点之后的工作成果。

由此看来，用同一把尺度、统一准绳核算所有上市公司账目，让所产生的会计报告更具有可比性，这在中国已经变成了现实。《国际会计准则》的主要服务对象是上市公司。上市公司财务报表的使用者越来越多，这包括了公司股东、股权投资人、债券投资人、基金经理、监管部门、政府机构、供应商、银行、管理者等。如果会计准则能在不久的将来达到全球基本统一或完全统一，这将是会计界、投资人的一件幸事。不可否认，全球从业者都在期盼这一天早日到来。

投资人一定要明白一个事实，传统产业如制造业、房地产业，采用现有会计准则所编制的资产负债表、损益表是基本能反映公司价值的。但对于轻资产公司、高科技公司，现有会计准则所编制的两大报表的结果，也许只能反映公司价值的三成，另七成是无法反映出来的，主要因为两大报表是按照原始成本法计量的。

会计政策

会计政策是指企业在进行会计核算和编制会计报表时,受到国家政策法规、行业及管理层需要的影响,所采用的具体原则、方法和程序。只有在对同一经济业务所允许采用的会计处理方法存在多种选择时,会计政策才具有实际意义,这就意味着,会计政策天然存在一个可选择的问题。比如,一个公司在合并报表的时候可选用权益法,也可选用比例法,至于到底选用权益法好还是比例法好,关键要看管理者的目的是什么。

企业所选择的会计政策将构成企业会计制度的一个重要方面。上市公司选用的会计政策还会清楚全面地公布在每年的年报上,如果下一年度有关政策做出了调整,也需要特别公布。会计政策要有相当的稳定期,一般情况下不允许随意修订。有些企业时常因为业绩未能达标,要求会计人员从修改会计政策着手。若会计人员不能坚持原则而做出修改,这将是非常严重的问题。在审计时,若企业聘请的审计师没有发现这一变动,后果是非常严重的。

企业如何选择合适的会计政策

总结来说,会计准则和会计政策的确定和发布都是为了规范会计行为,两者在内容上没有实质性差别。对于上市公司而言，前者属于原则导向，来自财政部发布的准则，后者属于公司依照公司法、会计准则、公司章程，并结合管理者需要和负责公司的注册会计师商议而定的。

企业如何选用合适的会计政策是有窍门的。

有一家企业，旗下有两家上市公司，一家是从事房地产投资和开发的，另一家从事建筑总承包业务，它们选择了不同的合并报表的会计政策。由于房地产投资和开发属于资金密集型行业，对公司的资产负债率看得非常重要，为了避免将联营公司的资产、负债汇入合并报表，选择采用了权益合并法。建筑总承包业务完全不同于房地产投资和开发业务，投资者对它的资产负债率关注度并不高，反而关注它的经营规模及市场占有率情况，所以选用了比例合并法，因此，有关联营公司的资产、负债、营业额则按比例汇入综合报表。这仅仅是一个例子，说明选择会计政策是有技巧的。

我们在选择合适的会计政策技巧时，一般可以考虑以下三个前提：第一，管理者的诉求；第二，会计准则的可选择性；第三，政策法规的规定。

上市公司不做假账，这是管理层的底线。一旦做了假账，后果将是十分严重的。不过，选择会计政策是合规的，必要的选择也是一种技巧。

岗位认知：总会计师与财务总监

本节问题：

1. 都是财务负责人，为什么职务名称不同？

2. CFO 有的译为"财务总监"，有的译为"首席财务官"，你怎么看？

10 年前，全球四大会计师事务所之一的——普华永道对亚太区 400 名 CFO 进行调查之后指出，中国企业的 CFO 在企业中尚未体现出真正的作用，大多数 CFO 的职能仍停留在传统的记账阶段。因此，普华永道提出：CFO 不仅要了解财务，更要进行财务的有效管理，并参与和主导企业的战略和经营决策，这样才能促进企业创造更大的价值，保证企业建立长久的竞争机制。

多年来，很多人把总会计师、财务总监和 CFO 画了等号，特别是国有企业。在传统会计意识仍然浓厚的今天，许多人甚至认为总会计师高于财务总监、CFO。其实，总会计师、财务总监、CFO 是三种制度并存的结果。它们之间有关联，但字面表述不同，各自的历史渊源、本质、在公司治理中的地位及职责定位等也存在差别。

总会计师

　　总会计师的提法，源自苏联的计划经济体制。

　　当时这是一个既对国家负责，又对厂长（经理）负责的职位。进入市场经济之后，我国企业一般都是在对公司总经理负责这一含义上定位总会计师的职责。国务院1990年发布的《总会计师条例》对总会计师的定位是"总会计师是单位行政领导成员，协助单位主要行政领导人工作，主要对单位主要行政领导负责。凡设置总会计师的单位，在单位行政领导成员中，不设与总会计师职权重叠的副职"。

　　中国《总会计师条例》明确规定国有独资和国有资产占控股地位或主导地位的大、中型企业必须设置总会计师职位。这意味着总会计师制度是中国经济管理的重要制度，它的建立是企业经营管理、经济核算的自然需要。总会计师是总经理的理财助手、经营参谋，由总经理提名，通过一定程序任命，与经营者利益完全一致。总会计师代表企业管理层，是经理级财务管理人员，由总经理任命，对总经理负责。目前，这个职位仍在国有企业中使用并将长期存在。

　　简单来说，总会计师是一个行政级别的职位，代表着权力和职责。

财务总监

财务总监制度起源于西方国家。

二战前后,西方国家的国有企业有了一定发展,随着公司运营的不断深化,由于所有权与经营权的逐步分离,这些高级管理人员作为经理层在目标、利益、行为等方面与所有者存在很大差异,当双方利益不一致时,经理层往往会通过选择会计政策、会计方法、会计程序等来维护自身的利益,导致所有者的利益受到或多或少的损害。

为了解决这个问题,西方国家通常会建立财务总监制度,目的是监督总经理及经理层,以有效避免"内部人控制"的现象,保护所有者的利益,并满足所有者对企业经营监控的要求。这一制度日益成熟,并逐渐被企业认可。如今,所有上市公司都设立了财务总监岗位,中国的企业也不例外,但是不同性质的企业对财务总监岗位及其职责的界定仍存在巨大差异。尽管如此,不同性质企业对财务总监的认知正在逐步统一,也预示着这个岗位越来越被重视。

首席财务官

首席财务官(Chief Financial Officer,CFO)源自美国等一些西方国家的企业,最早出现于20世纪70年代。

CFO是地位极为重要的公司高级管理者，在公司治理中扮演着重要角色，他们也会同时进入董事决策层和经理执行层，以股东价值创造为基础，参与公司战略规划和管理。CFO的重要职责是通过信息、控制和资源配置等管理活动实现企业的战略目标和长期发展。因此，CFO应是公司战略的管理者之一，代表出资方对企业实施外部资本控制，并向股东和董事会负责。

现代财务负责人应具备的素质和能力

以上三种称呼产生在不同的背景之下，有着鲜明的时代烙印，发挥着各自不同的作用，也达到了不同的目的。

如今面对快速发展的时代，各种形式的中国企业应运而生，三种说法并存是可以理解的。但同时可以看到，在经济快速发展的城市，如上海、深圳、香港，财务总监制度的使用更为广泛。有的企业的"财务总监"相当于国有企业对总经理负责的"总会计师"，有的企业的"财务总监"则是指"财务部门负责人"，也有个别企业的"财务总监"相当于首席财务官。"财务总监"有的对董事会负责，有的对总经理负责，有的对分管财务的副总裁负责，还有的是对监事会负责。有一些公司设置了总会计师或财务总监职位，却不是设在董事决策层，而是设在执行层。在排位方面，总会计师或财务总监时常遭遇尴尬，因为他们常被排在经营班子的末位，要么不让总会计师进入高管层面，要么让财务总监向总会计师汇报。因此，我们需要不断探索和研究，寻找把这三个名称有机结合起来的最佳解决办法。

无论是总会计师、财务总监还是首席财务官，都是财务从业者向往的职位。其实，这个职位也有普通员工和优秀员工之分，不能说在这个位子上就一定是优秀员工，而只能说因为某种机缘巧合而站在这个位子上。有些企业的财务负责人是因为在企业熬了很多年，靠论资排辈坐上这个位子的，当然这类企业的财务部门本身就不重要。不可否认，能站在这个位子上的从业者，绝大部分都是优秀员工，他们都是财务负责人。

由MBA最新核心课程编译组编译的《财务总监》一书对传统意义上的"账务人员"转变为现代企业财务总监提出了一些具体要求，在此转变为对现代财务负责人的要求：

1. 现代财务负责人应及时更新知识，树立竞争观念、经济效益观念、时间价值观念、财务攻关观念，并有良好的个人形象。

2. 现代财务负责人应该具备全面的素质和能力，即要具备良好的道德素质——作风正派，有敬业精神，对企业忠诚；要具有广博的知识面，即要具备微观和宏观经济学，必须熟练掌握会计知识，掌握相关专业和所在国家或地区的各种法规。

3. 要具备五种能力，即组织和协调能力、分析判断能力、参与决策的能力、沟通与交流能力、用人及培养人的能力。

4. 要具备一定的领导才能，即首先要担负起自己的职责，为高层的决策做好参谋，为决策项目实施提出资金管理，利用好会计资料，实行财务监督且保障资金安全，不仅要提出问题而且要提供解决问题的方法；其次要给下属成长的机会；最后需有效地与人交往，即应当学会有效地组织与安排各项工作，掌握与人沟通的技巧，树立必要的威信。

5.妥善协调好企业运作的各种财务关系，比如与政府部门、投资者、债权人、业务相关企业、内部职能部门（如会计部、营销部）或领导及员工都要建立良好关系。

以上五点，都是现代财务负责人应该具备的基本素质和能力。

大家可以想象一下，如果我们的财务负责人都能达到或接近以上要求，那么企业将是充满机会和希望的。从业者要坚持努力训练，静心修炼，努力获得应有的素质和能力，这才是聪明的做法、进步的做法、实现飞跃的做法。

期待每一个财务普通员工都能变成优秀员工。

职能认知：财务职能与管理会计实践

本节问题：

1. 财务职能有哪些？财务职能和财务工作有什么区别和联系？

2. 什么是管理会计？它的职能和作用是什么？在数字化时代，如何让管理会计走得更远？

从财务目标出发去认识财务职能，也认识管理会计的重要性，是一个必然的、科学的、明智的选择。

财务职能首先取决于企业管理的需要，取决于财务管理的需要，并因为需要而主动解决问题，以推动企业在有限资源下实现价值最大化。

财务职能

当我们从工作成效出发，以价值创造为动力，对财务职能的定性就一目了然了。我认为，财务职能有以下14个重要方面是不能忽视的。

1. 参与战略和投资决策。

2. 制定和实施财务管理制度及游戏规则。

3. 组织和编制年度全面预算。

4. 对内提供管理者需要的管理会计资料。

5. 对外提供投资人及相关利益者的财务会计报告。

6. 分析和组织筹资工作,实现成本最优化措施。

7. 安排已经决定的财务资源配置,并优化财务资源分配。

8. 制定税务方案,从节税出发,实现合法合规纳税。

9. 进行资本运营及价值管理工作。

10. 理顺集团内的资产及股权架构管理。

11. 参与或主导绩效评估工作。

12. 监督、检查财务运行状况,确保公司安全运行。

13. 建立和落实公司内部控制机制,防范各种经营风险。

14. 充分利用信息科技手段,实现财务工作与业务单元完全融合,彼此协同,使财务工作标准化、专业化、高效化,倒逼组织不断进步。

  这些职能相互关联,密不可分,适合企业的发展,并相应减少了环节和矛盾,产生了公司管理者乐见其成的效果。如果把这些具体财务职能浓缩成一句话,那就是:财务职能的根本就是价值创造。围绕价值创造开展财务工作,正是本书所倡导的新形势下的财务职能的根本出发点。

  当我们从这一实践和认识出发,财务职能就展现出了广阔空间与强大张力。如果财务工作能把这些方面做好，那就是一个引领业务发展的财务。

因此，财务负责人不要紧紧抱住固有的狭窄的财务、会计概念，把自己困在一个无形的笼中，而是要大胆走出去。外面虽然竞争激烈但风光秀丽，财务负责人要以此构建适合自己公司的财务管理新理念。只有站在战略高度把握企业全局，赋能企业全局，解决全局"牛鼻子"问题，才能成为一个合格的面向未来的财务负责人，也是企业值得期待的优秀员工。

管理会计是企业经营者的重要工具

管理会计不同于财务会计。财务会计是按照会计准则和会计政策，基于历史成本编制损益表，也基于部分资产按照公允价值编制资产负债表，在附表中也有一些非财务信息的披露；管理会计主要是通过系统性的决策、规划、控制与评价提升管理效率，将公用费用合理分摊，将财务信息和非财务信息融合，找出投入和产出之比，为公司创造价值，发挥赋能作用。

财务报告是为投资人服务的，其结果是给出资人、投资人、税务部门使用的，而管理会计报告是为企业管理服务的。管理会计的评价对象不仅仅是企业，还包括组织内个人、分支机构或业务条线。评价标准不全是财务信息，还有赖于大量非财务信息或经调整后的财务信息。管理会计就是为实现战略目标、财务目标而打破既定的专业界限而生的。

管理会计的作用与意义

一家规模不大且业务单一的企业，比如资产仅有几千万、收入不到几百万，因为人少、组织结构偏扁平化、形式单一、一眼能看透，财务会计完成的财务信息就能满足需要；但一家集团公司，比如中国500强、世界500强企业，它们的资产规模巨大，业务多元化，组织庞大，有些部门可量化收入，但多个综合部门无法量化收入，或业务之间相互交叉，为了界定和量化投入产出比及其对公司的贡献，就需要通过管理会计工具来量化分析。

一家企业为了盈利及可持续发展，就要计量收入及支出，或者虚拟收入及支出，这些要求，传统财务会计是做不到的，都要靠管理会计。这是有共识的，是管理会计存在的重要意义。

传统财务会计多集中于核算和报表之类的工作，与业务部门分离，彼此之间的关系不紧密，但现代财务虽然财务工作和业务工作仍然不在一个物理空间工作，但在虚拟世界或云的世界里，他们已经坐在一起集中办公，彼此拥有的数字及结果是一致的、即时的、无误差的。

管理会计工作再难也要推进，哪怕一开始所呈现出来的结果大家不满意，但有总比没有好。为了很好地解决问题，让大家满意，可以从以下几方面努力：第一，应在费用分摊方法上下足功夫，分摊公用费用时，可按面积、人数、收入等大家可以接受的方法进行；第二，应在组织架构上下功夫，可建立内部结算中心，用协议来界定业务单元之间的交易，定价可市场化；第三，基础数据一定要用信息技术、信息手段来完成，并赋予大数据分析和智能化处理；第四，缩小业务单元和部门划分的颗粒度，最好责任到人，为收入和费用匹配做好基础工作；第五，应在信息提供的及时性上下功夫，最好能即时提供各类数据；第六，为决策者提供数据时格式要标准化、统一化，把管理者与决策者读报表的语境、格式固定下来；第七，要不断获取尽量多的非财务信息，有必要做好内部的协调和沟通；第八，应得到最高决策人的强力支持，建立管理会计制度，与财务会计制度平行使用。

企业要建立财务共享中心，实现业务与业务、业务与财务一体化。为了做好这一工作，很多处理要标准化，要集中核算，集中收付款，做好后台，让信息化、智能化为管理层提供及时、准确、规范的财务会计报告及管理会计报告；还要找到财务会计和管理会计的共性和差异性，并由电脑自动生成。

请注意，管理会计的着眼点宜粗不宜细，要抓主要矛盾，甚至要考虑万元或亿元以上的问题，绝不可以纠结于小事情，更不能陷入学术性研究的旋涡。企业需要的管理会计是要解决战略管理、决策的大问题，而非小问题，如此定位下的管理会计才有生命力。

可参考阿米巴的核算制度——单位时间核算制：以"销售额最大化、支出最小化"的经营原则为基础，用附加价值的尺度来衡量事业活动的成果；用标准的单位时间核算表统一运作管理，及时掌握部门核算，准确地把握经营现状；基于部门职能的活动结果能准确地反映在核算表中，用附加价值的尺度来衡量事业活动的成果，成本控制根据内部购销制采用售价还原法，业绩管理要公平、公正、简约，用"业绩"和"余额"掌握业务流程。

企业作为现代经济的主体，可持续成长是做好管理会计的基本要求，与此同时，还要主动承担对环境、社会和利益相关者的责任。

管理会计实践的困难

管理会计制度、规则、做法需要不断完善以顺应时代要求，以在当下企业经营管理活动及可持续发展中发挥积极作用。

随着数字化时代的来临，要做好管理会计工作，需和大数据、数据挖掘、数据中台等数据技术相结合。当做到很好的结合时，可使管理会计发挥重要作用。也就是说，目前管理会计还是一片蓝海。如果技术应用得好，及时且得当，就可实现原来想触达却无法触达的目标。

报表认知：会计三大报表的基本内涵

本节问题：

1. 会计有三大报表，它们的内涵、外延及联系是什么？

2. 为什么很多人更愿意关注现金流量表？此表由哪三个部分组成，各自代表什么意思？

我们常说，财务会计有三大报表，分别是资产负债表、损益表和现金流量表。如果能看懂这三大报表，并从中得到启发，是非常了不起的。

在企业里，我也时常在观察，但真正看这三大报表的人不多。很多时候老板不看，非财务负责人的业务主管不看，那些和业务无直接关系的综合部门的领导更不看。财务负责人很认真地汇报月度或季度或半年、全年业绩的时候，很多人是不感兴趣的。也许他们觉得这是财务人员的事情，跟他们的职责范围没关系，也许因为听不懂，也不觉得其中有什么奥妙，更无法对它们产生兴趣。总而言之，很多人知道有这么三大报表，但并不认为与自己有关系。

按照习惯排序，这三个表依次是资产负债表、损益表、现金流量表；若论重要性，这三大报表是同样重要的，在使用时要一起使用；若出现行业下行，如近年房地产行业，看报表的顺序要调整为现金流量表、资产负债表、损益表。

这三大报表并不是企业经营和财务状况的全部，只是因为重要而要求相关人员必须阅读，若有时间，企业管理层最好阅读所有主表、附表及附注。尽管如此，若不是编制报表的人，其他人通常很难阅读出企业的真相，因为很多真相因为合并、抵消而消失得无踪无影，再加上企业时常要粉饰报表，很多人就更是看不明白了。很多时候看不明白就对了，这才是事实。

从资产负债表说起

资产负债表是企业第一大报表，企业所有人每天都要为优化这张报表而努力奋斗。

资产负债表分成左右两边（见图1-4）。右边是资金来源，包括股东投入资金、筹措资金以及经营活动所带来的利润部分的结转；用专业术语讲，它由两部分构成，一部分是负债，一部分是权益。左边是资金使用情况所形成的结果，包括形成的流动性资产、非流动性资产及无形资产。左右两部分的金额永远是相等的。

资产负债表

(截至　　年　　月　　日)

(左)　　　　　　　　　　　　　　　(右)

项目	金额（元）	项目	金额（元）
		负债合计	××××.××
		权益合计	××××.××
资产合计	××××.××	负债+权益合计	××××.××

图 1-4　资产负债表示意图

无论右边和左边处于什么状态，都是一个时点数。所以，资产负债表是反映一个企业或集团在某一个时点的资产、负债及权益情况，也叫作财务状况。会计上为了便于阅读、分析、规划，时常都是用月报、季报和年报的方式来展现。随着信息技术的不断提高和强化，会计人员已经可以做到随时随地提供资产负债表的结果。此结果就是资金运动状态的临时固化和展示。

那么，是不是所有人的所有动作每天都在影响这张报表的变动呢？而变动的直接或间接目的都是期待这张报表越来越好。至于什么是好，什么是不好，是有行业标准的。比如，会计人员会通过一系列绝对值指标和相对值指标直接揭示出来；也可以通过多年资产负债表的结果进行趋势分析，得出一条或多条曲线，就像看股市的 K 线图一样；还可以把同行放在一张表中，罗列出多项指标，进行对比。对比分析之后，公司的财务状况是朝好的方向在发展还是趋向恶化，就一清二楚了。

　　做企业不易，把企业做好、做大更不易。有的时候我们付出了巨大努力，员工工作很辛苦，资金投放也很积极，可结果却令人不满意。这都可以从资产负债表中找到答案。所以，资产负债表是一个时点结果，此结果也许是金矿，也许是陷阱。之所以这么说，是因为资产负债表上的资产大部分是用历史成本记录的，相比现实情况，它也许是正向的，也许是负向的，但其中都暗藏着公司投资战略、布局、方向等重大决策结果。如果决策为因，此资产负债表上的数字便是果。若要找果的源头，便要从事项的决策开始去寻找。对专业财务人员来说，有时就算挖地三尺也要找到源头。

　　这张报表的制作受限于会计准则和会计政策。会计准则是财政部颁布的，而会计政策是企业选择的，两者绝大部分是重叠的，但仍有少量的差异。正因为有会计准则和会计政策的约束，资产负债表的结果才存在可比性。所以，看资产负债表时，需要了解会计准则和所选用的会计政策，否则会产生一定误区。

　　当然，看资产负债表还有很多要求。比如，要搞明白资产结构、资本结构是否合理，现金占比是多还是少，资产负债率是高还是低，短期负债占比是什么情况，企业偿还债务能力是否足够，资金周转率还有没有改善空间，结合损益表观看 ROE（净资产收益率）、ROIC（投入资本回报率）处于行业什么水平……这些指标的来源电脑可以自动计算出来，就像我们到医院体检，经过抽血、验尿等各种检查后，便获得了一份体检表。所以说，资产负债表就是企业的体检表。有了企业体检表，企业就要认真对待：如果负债率高了，就要降；如果短期债务占比过高，就要调整，强化偿债能力；如果 ROE 低了，达不到行业平均水平，要找原因，然后努力改善；等等。

每当谈起资产负债表，就有很多可以讲述的要点，因为这张表太重要了。透过这张表，能看出很多事情。总而言之，要重视资产负债表所展现的结果以及对结果的运用，目的是期待资产负债表所展现的结果得到优化，以倒逼投资决策及生产经营活动的开展。

损益表的真实意义

损益表是反映企业在一定时期的生产经营成果的会计报表，有人也称它为利润表。损益表和利润表本质是相同的，但表述上略有差异。所谓利润表，是把一定时期的营业收入与其同一期间相关的营业费用进行配比，以计算出企业一定时期的净利润。

损益表反映的是企业的盈利能力。

管理者一定要知道这张表是怎么来的。会计人员都知道，要完成这张表，核心有三点：第一，采用权责发生制的记账方法；第二，遵守公认的会计准则和企业发布的会计政策；第三，只计算结算收入和匹配的费用支出。

损益表上的利润叫作会计利润。

会计利润是可以通过若干假设得到的。最大的可调整的部分在于应收、应付款的必要变化和项目人为的分段结算的处理。换句话说，会计利润是可调整的，有时根据需要稍做调整也是在容忍范围之内的。

权责发生制的记账方式不同于收付实现制的记账方式。当损益表采用权责发生制时，企业年度对外发布的损益表即使有净利润，也未必有经营性现金净结余；相反，也许损益表上反映的是亏损，但未必没有经营性现金净结余。

当掌握了这一要点，我们对损益表及其反映的期间盈亏数就有了一个正确理解和基本判断。若连续关注企业若干个会计期的损益表，比如3年、5年的损益表，我们就会对这家企业的经营状况十分清楚。

现金流量表的重要性

现金流量表是反映一家企业在一定时期现金流入和现金流出的动态状况的报表。现金流量表的数字可以概括反映经营性活动、投资性活动和筹资性活动的构成，以及对企业现金流入、流出的影响。当评价企业实现利润的真实性、财务状况改善情况时，观察现金流量表的数字要比只看资产负债表、损益表更能说明问题。

现金流量表是采用收付实现制编制完成的。无论是用直接法还是用间接法编制，结果是一致的。通过此表，你可以将现金流的动态状况看得一清二楚。

以房地产行业为例。由于房地产行业是一个典型的资金密集型行业，因此要把现金流管理永远放在首位。过去，企业快速成长且市场占有率扩大主要是靠筹资性现金流的贡献，不仅占比大，而且筹资实现速度快。但近年来，随着国家强控及要求降负债率政策的加码，企业继续用高杠杆筹资已经受到限制，在这种情况下，企业必须重视经营性现金流的管理。在筹资方面，通过银行筹资和非银行机构筹资活动变得困难重重，然而，通过供应链筹资、资产证券化融资似乎越来越有效。这正是"关了一扇门，开了一扇窗"的最好诠释。

要观察一个企业的投资价值及财务状况的根本性变化，一般而言，就是要去认认真真地研究这家企业过去多年现金流量表的结构变化。我们都知道，企业发展的核心目的首先是赚取利润，其次是赚取现金。若能做到赚取有现金的利润，才是王道。

在经营困难期，建议投资人在分析现金流量表上下功夫。

现金流量表就像一面照妖镜,能把企业探得很深、很透,其底色如何都能看清楚。当然,作为企业,若能在经营上持续重视现金流表现,特别是经营性现金流表现,也就不怕别人探究了,即使被细看了,也许更吸引投资人的注意力和兴趣。

利润认知：会计利润、财务利润和管理利润

本节问题：

1. 说起"利润"到底有多少个口径？为什么不能把"利润"统一成一个口径呢？

2. 会计利润、财务利润、管理利润三者之间的区别是什么？用途是什么？

一般而言，企业每年的经营结果要么是实现了盈利，要么是出现了亏损。某期间的经营收入减去经营支出之后，若余额为正，则为盈利；若余额为负，则为亏损。

对一家企业集团或跨国公司来说，由于经营业务多样化、交易结构复杂化、商业模式非单一化，在实际计算这一经营结果时并没那么简单直观，有时表达很复杂，让经营者难以衡量风险，也让投资人难以理解。

利润指标的口径

我从事财务会计工作许多年，经常会遇到由于个人所站角

度不同，虽然同属一个集体，可说出来的利润却不是一回事的情况。我曾经对关于企业经营成果的表达做过统计，单说"利润"这个指标，就有十几种角度或说法。它们都对，区别可能只在口径上。比如，有公司利润、合并利润、会计利润、财务利润、管理利润、税前利润、税后利润、归属于大股东的净利润、少数股东损益、利润总额、年度利润、累计利润、核数利润、未经审计利润、项目利润……如果讲利润时口径不一，就如鸡同鸭讲，严重时会发生误判或做出错误的决定。

因此，在领导要数据时，财务人员一定要搞清楚领导到底在要什么，需要达到什么目的，你能不能提供，若不能提供，是否有更好的建议。大部分领导不是专业财务人士，他们也不明白存在这么多差异，所以财务人员不能不加思考地或望文生义地就给领导提供数字。

换个角度来说，领导所采用的经营成果数据大部分来自财务人员，有时还出自财务负责人的报告。比如，国务院国有资产监督管理委员会（即国资委）每年都要考核下属企业的经营成果，多数采用的是"利润总额"的概念。国资委所说的"利润总额"是指税前利润，包括下属控股企业年度的经营成果。有这么一家企业集团，主体业务在两家上市公司，上市公司是国有控股的，对上市公司来说，只会关注归母净利润而非利润总额。为了满足国资委考核需要，需调整出利润总额。国资委考核利润总额，对国有企业来说是可行且必要的，但对国有控股企业或上市公司来说，意义不是很大，反而造成了不少误解。作为财务负责人，妥善解决这些矛盾的最为有效的方式是在提供数据时，首先要多问几句，最好和相关领导就口径讨论一下，使大家说的和想的都是一致的。

三大利润指标的内在关系

在现实中，很多人常常混淆会计利润、财务利润和管理利润，以为会计利润等于财务利润、管理利润，财务利润、管理利润等于会计利润，其实这三者的差别非常明显。

会计利润是会计人员依据会计准则及企业会计政策，通过业务分类、记账、报表合并等规定动作计算和汇总出来的。由于每家企业选择的会计政策有所不同，即使是同行之间，讲起利润时，往往都有一些不可比的情况。多年来，国际会计准则年年修改，改得大家无所适从。作为上市公司，每年都要调整上年度已经公布的数据，显得非常不严肃。2008年9月爆发了金融危机，有些人将大部分责任归咎于国际会计准则。比如，国际会计准则要求对金融资产按照市场公允价值评估入账。但当时金融资产的价值波动大，股价、房地产售价、债券价格等下跌，当企业公布业绩时，必然对这类投资资产做出必要拨备。拨备等于暂时认定的损失，必然造成期间利润大幅下跌。如果从这个角度看，会计准则产生下的会计利润大幅下跌是要为金融危机蔓延担负必要责任。2009年以来，许多企业及专家都要求对国际会计准则进行改革。说实话，由于经营者喜欢在管理企业期间粉饰业绩，在让投资者高兴的同时获取可观的奖金，所以，无论国际会计师公会选择什么样的准则，都会有人高兴、有人不开心，基于此，国际会计准则是永远没办法尽善尽美的。若抛弃那些不必要的烦恼，抽丝剥茧后，就会发现会计利润就是结算利润，比如在房地产企业，就是项目竣备后实现的利润。

财务利润来自财务学的逻辑，看中的是经营性现金流动的结果，在利润的计算和收益的确认上，奉行收益性与流动性相统一的原则。按照这个出发点，利润实际上代表现金的净流入。投资项目时，常采用IRR（内部收益率），其间的净现金流入可理解为财务利润。实际上，期间内净现金流入的数额并不等于期间的会计利润。投资项目能否实现初期确定的IRR目标，用财务利润去思考，才是统一的概念。如果用会计利润去衡量，那会产生巨大的差异。

管理利润反映企业的经营动态与当期贡献，能更好地监控经营活动执行过程。其中，收入部分一般用已达到签约标准的销售额，成本部分按签约面积、货值比例进行分摊，费用部分按销售额比例匹配。换种说法，也就是当期的销售利润。比如房地产行业，一般是项目先销售，两年之后才交付，交付之后才计算会计利润。如此做法，对年度鼓励销售而奖金与会计利润挂钩的企业来说，对当下团队并不公平，也不足以激励当下团队，于是在考核中大量引用管理利润的概念。

这三者的计算公式如下：

会计利润=交付部分收入-交付部分支出-当期费用-税金

财务利润=经营性现金收入-经营性现金支出

管理利润=已实现销售收入-匹配支出-分摊费用-税金

很显然，会计利润、财务利润和管理利润是不同的。从专业术语角度来说，会计利润采用的是权责发生制[①]，财务利润采用的是收付实现制[②]，而管理利润采用的是管理者需要的角度。若从用途来看，会计利润是给投资人看的，财务利润是给内部做项目投资及关注公司经营性现金流的部门看的，管理利润是给内部管理者看的。

---

① 权责发生制是一种会计记账方式，指收入、费用的确认应当以收入和费用的实际发生而非实际现金收支作为标准。常用在资产负债表和损益表编制上。
② 收付实现制是一种对应于权责发生制的会计记账方式，指以实际收到或支付现金作为确认收入和费用的标准。常用在现金流量表编制上。

第二章

高举财务战略,驾驭财务管控全局

"战略"一词源于军事，意指"为将之道"，其本意是对战争全局的筹划和指导。我们通常讲的"财务战略"一词源于西方。在很多财务管理教程中都会提到"Financial Strategy"一词，在我国，较多翻译为"财务战略"，因此，我对公司财务战略的定义是：以实现公司战略目标为引领，以持续创造企业价值为动力，根据当时所处的内外环境而制定的影响企业中长期筹资、投资、派息、财务管理等重大财务活动的指导思想和方法。本书第一章分析了基本财务概念的细微差异，本章则将引入财务战略这一重大话题。我认为，从财务战略角度入手，就可以找到财务管理的制高点，居高临下，着眼大局，把控全局。

公司财务战略定位

本节问题：
1. 公司有公司战略，为什么还要制定一个财务战略呢？
2. 10年前推出的"大财务"概念，是否有其意义？

在企业里，做好财务工作是实现有效财务管理的基础。而做好财务管理工作的关键是什么呢？答案是：公司财务战略。

从"公司财务战略"这一名称分析可知，"财务战略"涵盖企业管理的两个重要领域，一是财务，二是战略。财务可以理解为财务工作，如货币资金的管理、应收账款的管理、固定资产的管理，还有非日常性的管理，如投、融资。战略则是指与公司发展战略、经营战略一些重要特征联系在一起的共促企业阶段性发展的手段。

企业财务工作非常具体，比如编制资金计划、管理银行账户、做好现金收付、筹资、报表及分析等；而财务管理主要围绕企业资金管理开展工作，即对资金运动的整个过程的管理。在实践中，涉及企业管理或业务价值链的方面很多。从理论上讲，财务管理应具备五大职能，即围绕资金运动需进行计划、组织、指挥、协调及控制。财务战略是一种整体规划、一种做事方法、一种管理理念，包含财务管理和战略管理，但更关注那些对企业中长期发展产生巨大影响的要素，属于企业"牛鼻子"问题，也是企业面对的战略性议题。

"大财务"理念

我分管过三家超大型企业的财务管理工作，一直推行"大财务"理念，收效巨大。所谓"大财务"，区别于日常财务工作、会计工作一般意义上的财务内涵，是紧紧围绕公司发展战略需求，抓关键因素，着重开展有效的资金筹措及使用、法人治理结构设计、市值管理、法务及财务管理等工作，强调树立"重管理、善控制、精核算"的财务意识。此理念是我多年工作经验的总结。

经过十多年发展，这个概念已经广为应用。

有人是这么解释"大财务"的：财务负责人要站在老板角度，或站在企业角度来思考问题，可通过修编3年或5年战略规划、全面预算管理、资金管理、风险管理等手段，帮助老板或企业达成公司的战略目标。

也有人是这么解释的，即着眼于大成本、大资金、大分析、大创新、大范围、大流程、大集中的做法，实现部门之间、业务之间的横向和纵向协同，以实现资源的有效利用，追求财务活动高附加值，为企业发展赋能。

简单来说，是将会计、财务、证券、法律和战略结合在一起，构成五位一体的管理体制，集中向财务负责人汇报。这样一来，避免了部门之间的内耗或内卷，提高了工作效率，节约了费用。

推行"大财务"战略能快速有效地在重组、并购、内部整合、会计处理、价值管理等方面快速做出合适的决定，并达成目标。我在中海、碧桂园、阳光集团工作期间，对"大财务"战略的推行和实施，就很好地证明了这一观点的重要性和必要性。

北京大学光华管理学院会计系教授陆正飞对企业推行的"大财务"战略非常赞同。他提出了衡量一个成功财务负责人的标准："今天企业所要求的财务管理，既应积极支持和推动企业业务的发展，又应善于预防和控制财务风险，从而为企业的股东、债权人等利益相关者全面创造价值。"这才是一个优秀财务负责人所需要具备的，由此可见，财务管理已经不再属于传统意义上的范畴了。

"牛鼻子"财务问题

财务战略关注的是影响企业长期发展的重大财务议题，即"牛鼻子"财务问题，这些问题虽从属于战略管理和财务管理，但有所侧重和聚焦，是独立存在的。哪些财务问题是财务的"牛鼻子"问题？答案似乎见仁见智，但基本是一致的。为此，很多企业每过一段时间都会编制财务战略。财务战略编制的完成，为公司未来发展及做好财务工作建造了一座灯塔。此灯塔不仅照亮了自己，还为做好财务工作指明了前进方向。

财务"牛鼻子"问题主要包括：

1. 最合适的股东结构和股本结构设计；

2. 最佳的筹措资金方案；

3. 最优的资金投放和资源配置计划；

4. 最有效的低成本战略；

5. 最稳健的现金流管理预算案；

6. 最具竞争力的派息政策；

7. 最有活力的财务价值创造型组织；

8. 行业最先进的激励机制；

9. 最具前瞻性的资产重组和价值最大化的行动计划；

10. 构建业务新赛道的财务计划。

以上10点，因公司规模大小不同，其关注点也会有所不同。因此，当公司有了清晰的财务战略定位、公司财务目标时，它的定义、职责、作用以及管理等要素也就清楚了。若能保证这些财务"牛鼻子"问题逐一获得解决并得以实施，对公司发展将贡献巨大。

公司财务战略的概念和内涵

本节问题：

1. 公司财务战略的内涵、外延究竟是什么？为什么这个概念如此重要？

2. 关注公司财务战略议题，财务应聚焦哪些关键点？

我们通常讲的"财务战略"一词源于西方。

很多财务管理教程中都会提到"Financial Strategy"一词，在中国大陆，这多翻译为"财务战略"，在港台地区，多翻译为"财务策略"。

在英国作者卢斯·班德和凯斯·沃德的《公司财务战略》（Corporate Financial Strategy）一书中，财务战略是指企业通过采取最适当的方式筹措资金并且有效管理所筹资金的使用，包括企业所创盈利再投资或分配决策。这里所说的"最适当的方式"是由企业的全局战略和主要相关利益权衡决定的。但是，财务战略的一个主要目标应该是增加价值，而这并非总是简单尝试成本最小化就能做到的。如果企业的主要目标是通过获取可持续的竞争优势来为这些主要利益相关者实现超过可接受的、风险调整后的投资回报率，那么判断一个公司财务战略是否成功的合乎逻辑的方式就是看其对总目标所做的贡献。

陆正飞在他的博士论文基础上完成的《企业发展的财务战略》一书，是国内较早的（1999年）比较权威的专著。该专著获得了全国企业管理学界和财务管理学界专家权威（如周三多、阎达五）的高度评价，具有里程碑式的意义。该书从企业发展这一特定视角研究财务战略问题，以公司目标和财务目标分析为起点，提出了"长期资本增值最大化"应作为现代企业财务目标；从分析企业理财环境入手，指出企业发展的财务战略安排不仅要考虑企业自身的力量，也要充分顾及环境特征，企业能否采取积极的财务战略，需视预期环境变化而定，并做出对中国企业面临的未来环境总体上较有利，且能促进积极发展的财务战略；认为当前中国企业发展的财务战略的三个核心问题是适度负债、规模扩大及资金积累效率的提高；提出了中小企业应当稳健理财，保持良好的资本结构，切忌盲目分散投资，而集团企业财务体制安排应相对集权。

陆正飞认为，由于从微观上讲中国企业存在规模小、资产低效运行以及缺乏国际竞争力等问题，而从宏观上讲却又存在因同一产业投资过剩而导致的恶性竞争，以及与此相关的大量社会资源闲置而无法得到有效利用等问题，所以，从战略意义上讲，财务实力较强的优势企业可以通过并购方式实现企业规模扩张，产生协同效应，并将其作为企业发展的一种重要途径。

杨淑娥在《公司财务管理》一书中提到，公司财务战略关注的焦点是企业资金流动，特别是关注在环境复杂多变的条件下如何在整体上实现企业资金长期均衡有效的流动。因此，可以将公司财务战略定义为：为谋求企业资金均衡有效流动和实现公司战略目标，增强企业财务竞争力优势，财务决策者在分析企业内外环境因素对理财活动影响的基础上，对企业资金流动进行全局性、长期性和创造性的谋划，并确保其执行的过程。

该定义说明了以下五点：第一，公司财务战略关注点是企业资金流动，这是区别其他战略的主要特性；第二，财务战略的目标是谋求企业资金的均衡和有效的流动，以及实现企业总体战略目标；第三，强调企业环境因素的影响；第四，强调财务战略也要具备战略的主要特征，如全局性、长期性和创造性等；第五，既包括了财务战略的制定，也包括了财务战略的实施。

雍传正则在《企业集团财务战略研究》一文中提出："企业集团的生存与发展，取决于财务战略制定的优劣。财务战略是实现经营战略的基本保证，它决定着企业财务资源的合理配置与有效利用，可以促进经济效益的提高，为企业集团创造良好的生存环境与发展前景。"企业集团具有事业部制结构、矩阵式结构、多维制结构等多种组织形式，为了制定能增强企业集团凝聚力和向心力的财务战略，让各个成员企业更好地开展工作，企业集团有必要建立多个专业中心，如股权、战略、商品、技术、协议、预算、人才等枢纽中心，指导、协调和控制各成员企业的财务活动与财务关系，合理配置和提高各种经济资源的使用效率。在财务政策选择上，它要关注均衡收益与风险财务策略的选择（如回避风险、减少风险、转移风险、接受风险、资产组合等）、负债经营财务策略的选择（如综合资本成本最小化、所有者权益最大化）、营运资金管理财务策略的选择、固定资产折旧财务策略的选择、股利分配策略的选择。

因此，企业集团财务战略的实施必须做好以下工作：构建组织架构，理顺财务关系；强化竞争观念，确立战略意识；制定财务策略，规范理财行为；实施预算控制，提高资源配置效率；优化信息系统，加大监控力度；加强人才资源管理，培育高素质职工队伍；运用高新技术，提高管理水平；上下同心同德，增强竞争力。

近年来，随着人工智能、大数据、云计算、财务机器人等新兴技术的发展和应用，企业财务需要以战略目标为引领，制订具有先进性、前瞻性的财务发展规划，准确规划企业财务管理体系未来5年的发展路径和重点工作任务，以新技术、新手段、新模式、新应用为企业战略目标的实现保驾护航。

天职战略研究中心认为，除了根据企业业务经营和发展战略预测财务数字和指标，财务战略还包括三个方面，即投资战略、筹资战略和财务管理战略。其中财务管理战略要求从战略高度开展财务管理工作，使财务分析成为企业战略管理重要内容和重要手段；财务分析要为企业战略决策提供有分量的判断依据，导入财务战略分析体系，定期和不定期进行财务分析，及时向公司高级管理层报告分析结果。为日常经营和管理决策提供有效支持是财务战略的重要组成部分。

在数字化转型大浪潮下，企业财务"服务战略、服务经营、服务决策"的能力越来越重要，财务管理能力在企业核心竞争力打造过程中扮演着越来越重要的角色，因此在国家"十四五"规划之年，财务战略规划应在传统财务战略规划的基础上，充分考虑新环境、新技术、新战略对财务管理能力的要求，重点规划如何升级财务管理体系以有效支撑企业战略目标的实现。

重要结论

从以上众多的研究和定义可以看出，无论东方理论还是西方理论，无论是理论研究者还是实际操作者，都将公司财务战略的定义集中在几个关键词上：战略、筹资、股东利益、长期性、全局性、复杂性、指导性、有效性、均衡性、盈利等，很多提法大同小异。

综上所述，建立公司财务战略管理是必要的，而所建立的公司财务战略一定要符合企业发展战略（或称为经营战略）的需要，在选择财务战略实施措施时要非常重视企业外部环境及内部筹资、资金管理、投资组合、法人治理结构、相关利益者的利益以及风险控制等因素。由此可见，若满足了这些关键的共性特点，就能很好地把握公司财务战略的内核。

我对公司财务战略所做的定义如下：

> 公司财务战略是以实现公司战略目标为引领，以企业价值持续创造为动力，根据当时所处的内外环境而制定的影响企业中长期筹资、投资、派息、财务管理等重大财务活动的指导思想和方法。

公司财务战略构成的因素、分类和一般特性

本节问题：

1. 说到资金筹措只是筹资吗？股息分配政策算不算资金筹措的一个途径？

2. 当了解了财务战略特性，在使用财务战略时，如何把握这些特性？

财务战略构成的因素

公司财务战略是由哪些因素或要素组成的？

从卢斯·班德等学者对公司财务战略所下的定义不难看出，公司财务战略的关注点是如何筹措资金和如何使用资金，因而资金筹措和资金使用就成了公司财务战略最为重要的因素（如图 2-1 所示）。

在资金筹措方面。按资金来源，可划分为内部筹资与外部筹资；按是否以金融机构为媒介，可划分为直接筹资和间接筹资；按照银行属性，可划分为银行筹资和非银行筹资；按企业所有权性质，又可划分为权益资本筹资和债务资本筹资。这

几种不同的划分方式，实质上可以进行多种组合。不同组合对企业运营、股东回报的影响程度不同，风险也不同。所以，卢斯·班德特别强调，在筹资时，一定要选择"最适当的方式"。那么，什么是"最适当的方式"？他认为这是"由企业的全局战略和主要利益相关者的利益权衡决定的"。

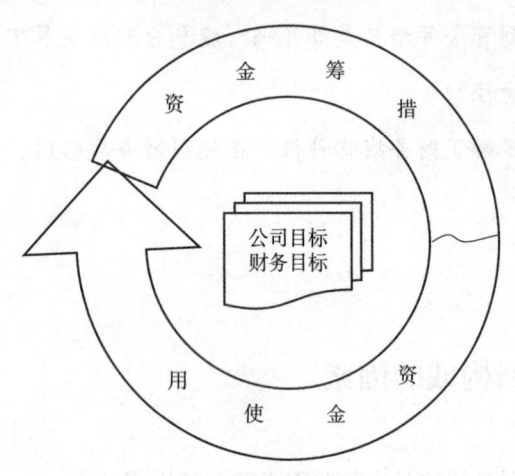

图 2-1　财务战略的两大核心因素

在资金使用方面。当企业获得了资金，甚至在企业经营过程中获得了经营性净现金流之后，如何使用资金就成为一项非常重要的管理课题。首先，企业要有科学的投资组合和明确的派息政策等。那么，如何确立有效的投资组合和派息政策呢？其出发点一定要明确，每花一笔钱就要给企业带来增值，给股东创造价值。其次，若按照利益兼容法理论要求，则需要平衡好相关利益者的利益。总而言之，在使用资金时，一定要确保其和公司目标、公司战略的一致性。

总体来说，无论是筹措资金还是使用资金，都要把增加企业价值，或者说给利益相关者创造更高的价值作为驱动因素，以此来设计筹资方案和资金使用方案。另外，企业资金筹措和资金使用是相关联的，是财务管理不可跳跃的重大课题。这就要求管理者在设计公司财务战略时，要关注企业资金的流动。

对企业来说，资金永远是流动的。所有的财务负责人，只有使企业资金保持流畅的运动，并在运动的过程中不断实现增加，也就给股东及利益相关者创造了价值，这样的资金运动才是良性的、有意义的、可持续的。

公司战略和财务战略的分类

公司财务战略从属于公司战略。一家房地产企业的老板说："战略是什么呢？就是你想做、可做、能做的交集。'想做'是能为客户创造价值；'可做'就是机会成本低，竞争还没有来的时候你还有机会做；'能做'是你有能力、有基因去做。"由于公司所处阶段不同，遇到的问题不同，公司战略一般划分为扩张型、稳健型、防御收缩型，那么财务战略在面对公司战略时也必然分为扩张型、稳健型、防御收缩型，具有不同的内容和特征。

扩张型财务战略：以实现企业资产规模的快速扩张为目的，往往需要将企业部分或大部分利润留存的同时，大量地进行外部筹资，更多地利用负债筹资。企业的资产收益率在一个较长的时期内表现出相对较低的水平。一般财务特征表现为"高负债、高收益、少分配"。

稳健型财务战略：以实现企业财务绩效的稳定增长和资产规模的平稳扩张为目的，一般将尽可能优化现有资源的配置和提高现有资源的使用效率及效益作为首要任务，对利用负债实现企业资产规模和经营规模的扩张往往十分谨慎。一般财务特征表现为"适度负债、中收益、适度分配"。

防御收缩型财务战略：以预防出现财务危机和求得生存及新的发展为目标，一般将尽可能减少现金流出和尽可能增加现金流入作为首要任务。通过削减支出等开源节流的政策，盘活存量资产，节约成本开支，集中一切可以利用的人力，用于企业的主导业务以增强企业主导业务的市场竞争力。一般财务特征表现为"低负债、低收益、少分配"。

财务战略的这三种分类，只是简单概括了财务战略选择的具体做法。在实际操作过程中，这三种分类有时很难划分得很清楚，因此不能简单化、概念化、形而上化，要明白大多情况下是你中有我、我中有你的关系，有时有些成分要偏大一些，这都需要灵活运用，随机应变，进而推进企业发展。

财务战略的一般特性

对企业来说，对公司财务战略特性的认识越深刻，越能让大家抓住问题的核心，找到问题的关键。大量研究认为，公司财务战略一般具备以下六个特性：

1. 从属性。在企业里，公司战略为最高战略，它统管全局，对其他业务战略、单项战略起到主导或引导作用。因此，财务战略必然是从属的，而且在公司战略的要求下，它需要从资金筹措和使用上支持公司战略及其他业务战略，并通过促进公司战略的实施，实现企业的短期和中长期目标。

2. 导向性。这意味着公司财务战略一经制定，企业资金从哪里来、用什么方式筹措，筹措所得资金将用到哪里，不同投资业务如何支持有关企业发展等问题实际上都已经明确，而此方案就变成了企业的行动指南。

3. 长期性。战略着重于长期性，财务战略也是这样。它不仅要解决当前面临的问题，更要着眼于未来。这正是优秀企业努力的方向，财务战略可通过资源配置、财务手段及财务理念的调整来调整经营布局，实现公司长期发展的目标。

4. 系统性。财务战略强调的是系统分析、系统设计、系统制定，即整体性。在制定整体财务战略的时候，要认真研究企业的整体战略需求以及企业当前所处的内外部环境，并要求从整体角度来协调各因素之间的关系。

5.风险性。在企业发展过程中,风险处处存在,如战略风险、经营风险、操作风险、投资风险和财务风险。通常来说,风险越大,回报越大。然而如果处理不好,很可能出现风险大但回报低的情况。所以,在制定财务战略时,一定要审视风险,并明确一旦出现风险要如何化解。

6.重大性。财务战略制定好之后,只要开始实施,对企业的影响就是巨大的,也许要求企业进行业务调整、组织再造或投资机制的改进。当然,在实施财务战略的过程中,也许环境发生了不可预知的变化,若有好的财务战略安排,企业就不会陷入困境。

以上六个特性构成了公司财务战略的主要特点。

综合多年的实战经验,我认为,财务战略作为企业集团整体战略的重要组成部分,需要具备系统性、支撑性、导向性、层级性、动态性、全面性等特点。所以,在制定或实施公司财务战略时,管理者要紧紧地把握这些特点。

公司财务战略的重要作用及业务价值链

本节问题：

1. 财务战略在业务价值链上处于什么位置，前后有什么关联？

2. 公司财务战略和财务工作是什么关系？它们是一回事吗？

在前文，我们已经探讨了公司战略和财务战略之间的关系，不难发现，公司财务战略具有相对独立性，这由财务地位、战略需要和专业性所决定。与此同时，财务战略对公司战略以及其他同级战略的制定和修订具有不可忽视的作用。

企业所处的环境永远是复杂多变的，每个时期都会有鲜明的环境特点。当今，随着全球化进程的推进，科技日新月异，企业形式不断演变，国际资金加剧流动，以及企业所处行业的竞争异常加剧，企业对财务战略设计和管理的要求日益提高。这更加凸显了财务战略的重要性。若能掌握这些影响因素，再结合企业发展目标，匹配企业内外环境的变化，就能设计出有效的、高水平的财务战略方案。

财务战略的重要作用

财务战略的重要作用表现在以下五个方面。

第一，在对企业决策层和管理层的赋能方面，让他们在认识公司目标和公司战略的同时，更加深刻地了解企业财务目标和财务战略，真正意义上发挥财务管理的作用，创造更加良好的内部环境。

第二，财务战略可以帮助企业改变财务系统的现状，包括完善企业财务管理制度、运用最新的财务理念、调配最佳的财务人员队伍，进而提高企业财务系统对未来环境的适应能力。

第三，财务战略能培植和发挥财务优势，增强企业的财务竞争能力。培植财务优势是必要的，发挥财务优势也是必要的。如何才能发挥财务的最大效应，的确是一个重要课题。

第四，财务战略还能提高企业财务素质，全方位地发挥财务的功能，从而有效地提高企业发展能力。财务功能具有很强的专业性，而且有理念、有方法、有技巧。事实上，财务和理财是当今企业很流行的话题。

第五，财务战略能为企业提供充裕资金，并为资金找到更佳的投资方向，为保证企业长久发展提供有利条件。业务价值链上，资金融于每个环节之中，资金流动以及资金供应不可以中断，否则，企业将陷入严重的危机，甚至破产。

财务战略与业务价值链

学术界对于业务价值链的研究方兴未艾。

那么,财务在企业运营过程中到底处于一个什么样的位置?曾有人做过这方面的探讨,但仅仅把财务局限在一般性的财务工作。国际知名会计师事务所普华永道在《首席财务官:公司未来的建筑师》一书中对业务价值链进行了介绍(如图2-2所示)。

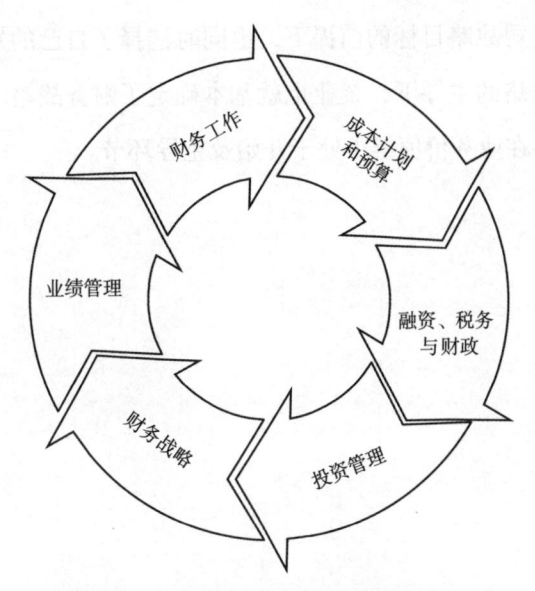

图2-2 财务战略与业务价值链的关系

该框架对不同财务流程、各种财务流程之间的关联,以及与业务价值链之间的关系,进行了简单易懂的呈现。"财务战略"以公司战略的主导和指导作为起点，开始了它六大工作的内部循环，对财务价值链上的每个环节都有影响，尤其是对"投资管理""筹资、税务与财政"的影响最大。在价值链上的另一边是"成本计划和预算""财务工作""业绩管理"。

这个价值链显然将"财务战略"和"财务工作"分列成两个独立的工作单元，也就说明"财务战略"与"财务工作"所要关注与解决的问题以及工作职责是完全不同的。

所以说，了解业务价值链很重要，起码让大家明白企业在选择了公司战略目标的前提下，也同时选择了自己的发展战略。在公司战略的主导下，企业也就基本确定了财务战略。而同时，财务战略在业务价值链中处于开始及主导环节。

财务活动中的战略性和非战略性问题

本节问题：

1. 为什么财务活动还要分战略性和非战略性议题？

2. 当一些议题归属于战略性问题，是不是意味着战略性问题比非战略性问题重要？

企业财务活动贯穿于企业经营活动的始终，但哪些是财务战略问题？哪些是非财务战略问题？这两个问题很有必要搞清楚。

过去，大家更多了解的是日常财务管理，比如库存现金如何管理，收款账龄、付款账龄如何管理，费用报销如何管理，已确定的投资资金如何解决等。从上文的描述不难发现，财务战略更关注财务职能下的大问题，如企业股本结构的合理性、筹资方案的科学性、投资布局前瞻性、派息政策的方案等，这些问题似乎都是财务管理要解决的问题。对一些中小企业而言，财务战略要解决的问题与财务管理要解决的问题本来就是一回事。根据财务战略的内涵特征，我们可以列出一些财务战略关注的内容。

从企业基本财务活动角度看，公司财务战略大体包括筹资战略、投资战略、营运资金战略和股利分派战略等。

从派生财务活动角度看，公司财务战略大体包括投资规模战略、投资方向战略、企业购并战略、分部财务战略、特殊条件（如通货膨胀、经济危机）之下的财务战略等。

从企业状况特征角度看，公司财务战略大体包括不同行业的公司财务战略、不同规模的公司财务战略、不同生命周期阶段的公司财务战略、不同组织形式的公司财务战略等。

从财务活动本身直接涉及的范围来看，公司财务战略大体包括总体财务战略（如积极或消极型战略，快速扩张、稳定发展或收缩型战略）和分项财务战略（指主要涉及某一方面财务活动的财务战略问题）。

从上述划分来看，财务战略必然涉及企业财务活动的所有领域，但这是否意味着所给出的财务战略范畴在外延上过于宽泛，则需要商榷。应该说，企业财务活动的任何领域都同时存在"战略性"的方面和"策略及战术性"的方面。尽管营运资金管理通常被人们归于"日常"财务管理的范畴，且大量工作属于甚为琐细的策略乃至技术事务，但事实上它也带有一些"战略"意义的成分，如营运资金管理中的资产组合、现金存量、短期筹资和筹资组合的协调问题，这些都会对企业长期的财务稳定甚至企业的健康发展产生深刻的影响。与此相反，一般长期投资乃至企业并购等重大财务活动，尽管它们往往会被自然地划归"战略性"财务活动的范畴,但其具体的活动过程却又必然包含着许多细节问题,比如或有负债以及负债结构的优化等,亦即"策略及技术性"的财务活动。所以,任何财务活动,事实上都同时包含战略与非战略的成分,其差异只是何者为主、何者为辅。

财务战略和战略财务的区别

本节问题：

1. 什么是战略财务？战略财务与财务战略有什么区别？

2. 财务工作的具体分类是否包括战略财务？战略财务有哪些具体工作？

当看到"财务战略"与"战略财务"这两个名称时，你会不会觉得是同一个概念？就像我们有时会说的"努力工作"与"工作努力"，听起来好像差不多一样，但仔细一比较，会发现是不同的。

现代财务工作的范畴

有的国际咨询公司将财务工作划分为战略财务、业务财务和共享财务三个部分，也有划分成战略财务、业务财务、专业财务和共享财务的，还有的把其划分为战略财务、业务财务和运营财务。

战略财务主要通过年度预算编制、管理会计报告编制、主要资产处理以及针对企业复杂交易事项处理，为战略决策提供支持。也就是说，其具体工作包括了编制预算、参与投资决策及资产处理决策，并通过战略决策、财务资源整合、组织协调、价值提升等动作发挥作用。

业务财务主要偏重业务的精准预测及业财联动发挥作用。其具体动作包括业务洞察、决策支持、资源规划、业绩管理、绩效管理及数据建模与分析。

专业财务主要偏重财务风险管理方面的工作，为风险管理的决策提供支持。其具体业务场景包括成本管控、预算管理、资金管理、财务检查、会计政策厘定等。

共享财务主要偏重应用信息科技技术，以中、后台工作为主要工作场景，通过业财融合与智能处理，达到统一标准，实现工作高效。具体包括应收款管理、应付款管理、费用报销、总账报表、流程优化等。

运营财务也叫经营财务，是在精细化管理要求下，揭示人人都是经营者、人人都要进行核算的理念。因此，我们需要围绕若干利润中心、成本中心、半成本中心来推动经营核算和财务管理。这有点像管理会计的要求，也有点像经营会计的要求。这一变化是巨大的，对现代财务管理工作提出了更高要求。

财务战略与战略财务的主要区别

在日常管理中，财务战略与战略财务这两个概念被频繁应用，如果不去认真地区分，会以为这两个概念是一样的，其实不然。财务人员受过专业训练，有清晰的数理逻辑观念，因此，他们最讲究概念之间的细微差别。颗粒度越小，越能提高工作的敏感度。如果将这两个概念混为一谈，就会让人觉得不专业。财务人员最怕非财务专业人员挑毛病，如果被无情地挑出来，有可能极大地影响财务人员的专业形象。因此，有必要把这两个概念加以区分，并明确其内涵和外延（见表2-1）。

表 2-1 财务战略和战略财务之比较

主要对比项目	财务战略	战略财务
工作分工	集团财务的"牛鼻子"事项	集团财务的日常工作
视角和重点方面	站在财务视角关注公司发展	站在公司战略看财务工作
所要解决的问题	关注和研究资本结构、税务管理、财务资源配置、投筹资方案、绩效考核等	从属战略管理需要，在规模、利润、效率、风险等方面发挥财务作用
主要管理工具	进行全面预算管理，编制管理会计报表，推进财务价值创造，抓好现金流管理等	提升财务工作及业务能力，以适应公司战略需要
考核目标	从财务入手，影响公司中长期和可持续发展	从战略入手，影响公司中长期和可持续发展

此处区分，便于本书下面章节再出现这两个概念的时候不至于混淆，或似是而非。

公司财务战略管理的基本要求

本节问题：

1. 财务战略纳入正常管理系统，企业该做什么才能有效果？

2. 财务战略管理的组织架构该怎么设置？设置时要考虑哪些因素？

公司财务战略同公司战略一样，也存在一个管理命题。

公司财务战略管理是对战略性财务活动的管理，它既是公司战略管理不可缺少的组成部分，也是财务管理的一个重要方面。公司战略管理分为战略制定阶段、战略实施阶段、战略评价阶段三大阶段，财务战略管理既要体现公司战略管理的原则要求，又要遵循企业财务活动的基本规律。

在构建公司财务战略管理框架时，可借助宫玉振所著的《善战者说》一书给出的战略管理模型。此模型来自《孙子兵法》的"五事"管理框架——"道""天""地""将""法"。此模型充满东方管理智慧，很适合中国企业参考。企业财务领域的"五事"可以这样理解："道"是指企业愿景、使命，此处可定义为基业长青；"天"是指企业所处大势，比如国际、国内形势走势；"地"是指企业业务所处行业和市场情况；"将"是指企业高管、财务负责人及财务核心团队；"法"是指企业相关制度、流程，也可以是公司组织和管理架构。

此"五事"就是五大要素，它们互为条件、相互支持，我们要综合起来看，结合起来使用。掌握如此思路之后，财务战略管理就可以发挥事半功倍的作用。

因此，我们在强化财务战略管理时至少要做到以下三点：

1.重视公司目标和财务目标的重塑。财务战略管理的逻辑起点应该是确立公司目标和财务目标。这是因为，每一个企业客观上都应该有一个指导其行为的基本目标和相应的财务目标。明确了公司目标，也就意味着明确了企业的总体发展方向；明确了财务目标，则为财务战略管理提供了具体行动准则。有了明确的公司目标和财务目标，才可以界定财务战略方案选择的边界，才能排除那些显然偏离企业发展方向和财务目标要求的战略选择。也就是说，只有明确了公司目标和财务目标，才可以将财务战略管理尤其是财务战略形成过程限定在一个合理的框架之内，才能避免探寻财务战略方案时漫无目的。

2.重视对企业环境的把握。环境分析应该是财务战略管理的重心和难点。任何财务管理都离不开环境分析，不适应环境要求的财务管理难以取得真正的成功。对财务战略管理而言，环境分析非同小可。这种"特殊性"首先表现在，财务战略管理的环境分析不是针对"过去"和"现在",而是面向未来,且往往需要尽可能延伸到较为长远的未来。作为社会的一个微观主体,企业对未来环境的分析和预测自然是颇具挑战性的。其次,从企业顺利发展的愿望出发,公司战略顺从财务战略需要保持相对稳定,然而,环境的多变性又会迫使企业对财务战略进行动态调整。所以,如何恰当地协调环境的多变性与财务战略的相对稳定性,是财务战略管理环境分析的又一难题。再次,财务战略管理中的环境分析不可能只是单项环境分析,还必须是综合环境分析;不仅要分析诸如政治、法律、社会文化、经济等宏观环境,还必须认真分析产业、供货商、客户、竞争者以及企业内部因素等微观环境。如果是一个跨国企业,还要研究国际市场的现状和未来,比如汇率的走势、资本市场的活跃程度等。最后,财务战略管理环境分析应特别强调动态分析。它虽然也关心某一特定"时点"的环境特征,但更为关心这些环境因素的动态变化趋势。如果缺乏动态分析,财务战略管理方案的调整将变得十分被动。所以,要使公司财务战略管理达到一定的高度,掌握信息十分重要。

3.重视财务战略方案的形成、实施和评价。与公司战略管理的其他方面一样,财务战略管理也并非仅指财务战略管理方案的形成,还包括财务战略方案的实施与评价。由于财务战略方案的实施过程所需采取的具体"手段",即策略和技术,多与一般财务管理相同或类似,因此,将财务战略管理的研究重点偏于财务战略方案的形成便有其适当的理由。而财务战略方案的评价，事实上只是财务战略形成动态过程的一个必要的环节。也就是说，广义的财务战略形成过程已经包含了财务战略评价。从这个意义上来说，如同其他战略管理，财务战略管理也是一个连续不断的过程。

为此，有的公司专门成立了财务战略管理办公室。该办公室有的被设为公司的一级部门，有的设在财务管理中心下面，还有的公司干脆设立了财务战略管理委员会。无论怎么设置，都需要有这个职能的存在并全方位重视这项工作。开展好这项工作，不仅对提升财务管理能力有巨大帮助，还能推动和完善公司整体的发展。

另外要强调一点，公司目标和财务目标的管理可分解为年度预算指标管理。该指标可确认公司的大小及市场地位。由于预算指标大小不同，财务战略关注点就有所不同，差别可能巨大。比如，年度销售规模100亿元的公司，与年度销售规模500亿元、1000亿元、3000亿元或近万亿元的公司，在财务战略关注议题上可能有相同之处，但绝对有不同之处。销售规模在100亿~500亿元的公司，重点可能在项目现金流管理上；500亿~1000亿元的公司，重点可能在投资布局、税务筹划、现金流和最佳运营管理上；规模在1000亿~3000亿元的公司，重点又不同了。规模到了近万亿元，可能会更多关注世界局势、国家政策变化方面。

第三章
围绕价值创造,前瞻与落实并重

多年来，因为管理需要，我和国内外多家知名咨询公司一起完成了一些促进企业可持续发展的重要财务管理咨询课题，得出的结论是：财务管理的核心之一是价值创造，财务工作就是要围绕价值创造展开，并向纵深方面落实。这一结论在现实中既明确又实用。财务创造价值具有其特殊性，一方面是参与企业的经营管理，与企业其他业务部门合作，共同为企业创造价值，另一方面是因其自身的特殊业务性质，主动地参与资本市场、进行资金筹划等管理工作，直接为企业创造价值。基于此，我提出了财务管理应做好价值创造的七个方面的工作。

价值创造是财务管理的核心之一

本节问题：

1. 什么是价值创造？什么是财务价值创造？

2. 财务价值创造的动力是什么？目标是什么？在追求什么？

企业是一个经济组织。企业组织的存活及永续发展首先要赚钱。有的企业为了在社会进步和市场发展中不走向凋零，围绕一个核心赛道开辟出了若干新赛道，不断寻求新的生命线。企业的财务负责人或财务从业者永远要记住企业发展才是硬道理，而企业发展的最大指标之一就是要创造价值。创造价值是所有部门和所有业务都要追求的目标和承担的责任。

前文讲过，财务负责人及财务从业人员归属于财务业务线，也许一开始只是因为企业创立及初期经营而产生，处在企业后台，但随着企业做大，利益相关者增多，外围竞争加剧，财务工作的职责必须得以扩展。简单来说，工作范围和做法要向外扩展，既要做好后台，还要兼顾中台和前台。比如会计核算和财务管理的打通，财务管理和战略管理、投资管理、运营管理的打通，以及财务管理和人力资源管理中绩效管理的打通。当下，企业内部的专业职能部门大有朝着相互打通、彼此协作、你中有我、我中有你的势头演变。也就是说，过去，企业内部管理更多强调的是专业化运营、专业化管理；如今，更多强调的是相互协同、相互协作，业务协同、业财一体，打破了部门界限，使部门的边界和职责越来越模糊。在数字化时代的大背景下，信息技术强力支撑这些协同协作就很容易实现了。

"业财一体化"这一提法正在以排山倒海之势袭来，是财务工作者无法阻挡的事实。传统出纳岗位、会计岗位、重复性工作岗位、标准化工作岗位将被人工智能取代，伴随而来的是效率、准确率、及时率的提高，这是投资人、老板和管理层乐见其成的大好事。实践证明，业财融合，实质就是指财务倒逼业务必须创造价值和实现价值。于是，财务领域的价值创造理念就横空出世了。由此得出一个惊人的观点——价值创造是财务管理的核心之一。

价值创造的真正内涵

价值创造这个概念与另一个概念——创造价值——看起来意思相近，但实际是有区别的。《价值》一书的作者，即高瓴资本的张磊，他和巴菲特都有一个研究市场、捕捉机会、投资未来的强大团队，他们干的是同一件事，就是发现价值，然后去实现价值。从这个逻辑来讲，他们做的就是创造价值的商业模式。创造价值，一般多用于股权或金融投资型企业。

关于价值创造，我的理解是，一个部门的存在就是它的价值的基本体现。一般情况下，完成本职工作就体现了它的价值，但我们不能满足于这一状态，要在此基础上努力完成附加值或超预期价值。有些部门表现为管理能力提升，有些部门表现为开源节流带来增值，有些部门则表现为可量化的现金结余增加。

从投资学来讲，投资一家企业是否有价值，常看这家企业的利润表现、现金流的表现，若是一家上市公司，还要看股价的表现。无论是站在创造价值还是价值创造角度，投资人都很重视这三个指标。因为这三个关键指标会影响投资回报率的测算，会影响股票的价值预期，更会影响投资人的投资决定。

财务价值创造的原动力

财务价值创造的原动力一般来自五个方面：

1. 公司发展战略的驱动力。企业竞争永远是不变的真理。逆水行舟，不进则退。不同规模的企业都有其面临的竞争环境。竞争是与生俱来的，哪一家企业都避免不了。谁都希望自己的企业高质量发展，在竞争中取胜，但现实是残酷的。所以，面对这样的情况，每家企业都会制定企业的愿景、使命和发展目标。财务部门也许还肩负着战略规划修订的责任，因此财务人员往往非常明白创造利润、现金流的重要性。基于此，财务部门就要承担起价值创造的推动和想法的落地。另外，当公司发展进入成熟阶段，在后期就要主动变革，若不变革，企业的生命周期将面临结束的挑战。此时，价值创造的具体目标就更趋向于寻求发展的第二、第三赛道。

2. 公司价值观的基因。这主要来自文化层面。企业价值观不同，对价值创造的要求就有所不同。一般而言，一家一直坚持激情满满地奋斗的企业，它的价值创造就是激情满满的。比如华为，它倡导的企业精神就是奋斗，持续奋斗。在这种价值观影响下，它的每一个细胞都会为价值创造而奋斗。因此，我们可以说价值创造就是企业家精神，就是企业家领导下的核心价值。

3. 管理层的改革精神。管理层是落实公司战略的组织，不是一个人，而是若干人。这些人有各自负责的领域，有些负责实体业务部门，有些负责职能管理部门。就职能部门来说，每个职能部门都要千方百计地落实战略要求下的职责。这就是它存在的价值，虽然只是基本要求，但价值创造就是要在这个基础上创造附加值，或者更多地创造性地工作，比如优化流程，提高效能；又如，开源节流，增收节支；再如，推动蜕变，创造未来。从这层意义上来说，价值创造就等于价值创新。

4. 时代进步的要求。时代总是向前发展，这是大道。财务人员一定要把握好节奏，在工业时代就要按照工业时代的特征管理财务，在信息化时代就要充分利用好信息技术管理财务，在数字化时代则要按照数字化时代的特质管理财务。在一个时代走向另外一个时代的时候，财务人员往往把握不准节奏，但从发展的角度来说，宁可超前一点也不能落后于时代。当下，财务价值创造要围绕数字化转型来开展。

5.组织创新的需要。要做好财务价值创造，不仅财务理念要先进，财务组织也要不断创新。基本的财务组织包括集团财务、区域财务和子公司财务；还有一种分法是战略财务、业务财务、专业财务和共享财务。这些都是组织形式，它们的选择、设立和运行并不是一蹴而就的，需要边走边看，需要随时变化。组织创新不能停留在说的层面，必须要结合实际情况随机应变。只有因时因势而变，才是一个有活力、有追求的组织。

财务价值创造的理论和体系

本节问题：
1. 传统财务管理和现代财务管理理念有什么差别？在现代财务管理理念下，组织架构该如何重构？
2. 价值创造型财务体系的关键驱动因素有哪些？

华为公司无疑是中国企业的楷模。

这一盛誉来自其多方面的贡献。其中，理论贡献也是被企业界认可的。从财务管理的视角去看企业价值，最关注两个指标，一个是利润，一个是市值。而影响利润和市值的因素很多，有些来自内部的基本面，也有些来自外部的比如风口的影响。

古典经济学的价值创造理论认为：劳动创造了价值。华为在此基础上进行了延伸，它认为：劳动、知识、企业家和资本等四要素共同创造了企业的全部价值。

$$企业价值 = 劳动 \times 知识 \times 企业家 \times 资本$$

依照这一看法，华为建立了属于华为的价值分配体系，是更加符合企业现实发展状况的，更加能促进生产力和创造力的提升。劳动、企业家、资本等三大因素的价值创造比较好理解，但知识要如何理解？在知识经济时代，知识雇用资本，当知识产权和技术诀窍的价值和支配力超过资本时，资本只有依附于知识，才能保值和增值。

财务价值创造理论

一般情况下，价值创造可分解为价值和创造。

对于一家公司而言，劳动的成果有没有价值，是由价格决定的。价格是由市场决定的。市场是由消费者组成的。消费者对你的劳动成果愿意支付什么价格，就决定了你的劳动是否有价值，价值有多高。

假设：

价值 = V

劳动 = C

价格 = P

如果你的劳动创造了价值，公式是：$V = P > C$

如果你的劳动未能创造出价值，公式是：$V = P < C$

即劳动所创造出来的产品或服务、消费者愿意支付的价格要大于你的劳动付出，但也经常有相反的情况。

这是站在公司、消费者的角度来看问题。

按传统观念看，作为公司内部的财务组织，一般不会生产产品，即使是公司非常重要的组织也不会面对消费者，那么，该如何衡量财务的价值创造呢？我们也可以推导出公式来看一看。

假设：

价值 =V

劳动付出所获得的报酬 = C

赋予任务 = P

如果劳动付出是值得的，意味着创造了价值，公式是：V = P > C

如果劳动付出不值得，意味着没有创造价值，公式是：V = P < C

这里最大的争议可能就是对V（价值）的评价。关于V，到底是谁说了算？当然是你的上级说了算。尽管未必合理，但现实就是如此。简单来说，这取决于年度KPI（关键绩效指标）考核的设定是否科学、是否可以量化。

对于财务价值创造型组织这样的现代组织来说，一般年初都会制定严格的可以量化的KPI。以我所在的集团财务2021年

KPI 为例，我们从以下四个方面进行了要求。

首先，给财务共享中心的两大 KPI：第一，系统开发要推进五化原则[①]，并遵从具体要求；第二，年度要通过提供服务收取费用，实现收支平衡。

其次，给税务部门的 KPI 之一，即在年度内，通过合法合规的税筹等手段，实现利润××亿元，节省或迟付资金××亿元。

再次，给金融部的两大 KPI：第一，年度内，筹资总额的余额要保持与上一年度的余额基本一致，略有下降；第二，年度内，综合筹资成本要降低 1%。

最后，给基金部的两大 KPI：第一，来自基金的资金池新增资金××亿元；第二，对已经投资的基金项目，确保资金回流，为股东带来××亿元利润。

这四个方面的 KPI 是财务工作年度 KPI 可以量化的部分，未能量化的部分还包括若干财务管理和控制事项，比如预算编制及过程管理、财务资源配置及管理、财务风险管理及控制等。就量化 KPI 而言，如果年终达到全年目标或超额完成目标，从公司角度看，就是实现了财务价值创造。此理念在传统财务管理体系下是做不到的，因为没有目标、没有组织、没有考核和激励，即使做了一些财务价值创造工作，得到了可圈可点的成

[①] 参见本书"数字化时代催生财务管理改变"一节。

绩，但都不是主要任务。因此，在财务价值创造型的管理理念下，创造价值就变得非常重要，而且投放资源也最大，那么，有目标、有考核、有奖励就变得顺理成章了，进而能改变过往对财务组织只会花钱不会挣钱的看法。

价值创造的财务体系

在新型财务管理理念下，财务价值创造不是凌乱和无章可循的，而是成体系的、成建制的。德勤在一份关于财务管理的咨询报告中提供了一个可供借鉴的价值创造体系的图谱（见图3-1），可以让我们打开思路。

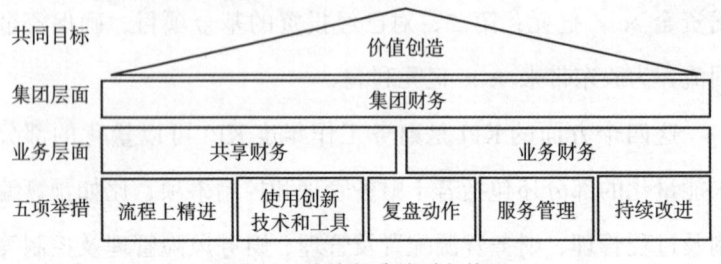

共同目标	价值创造				
集团层面	集团财务				
业务层面	共享财务		业务财务		
五项举措	流程上精进	使用创新技术和工具	复盘动作	服务管理	持续改进

图 3-1　价值创造的财务体系

集团财务立足于公司全局视角

集团财务的定位是价值创造和战略引领的部门。也就是说，集团财务的整体制度设计、组织建设、运行和考核，都要从价值创造和战略引领的视角开展工作。具体到业务方面，以财务战略为抓手，主要着力于公司战略规划和目标制定，制定战略举措并落地实施；结合财务战略需要，制定全面预算以支持及扩展业务，进行有效的资本设置和资金筹措；根据资源配置要求管理好资金调度，站在财务风险和内控管理的高度把控财务和控制经营风险，站在市值管理需要的高度处理与投资者的关系。

很明显，集团财务必须站在公司全局高度发现问题、解决问题。为此，财务要与相关部门和利益相关者保持良好的战略伙伴关系，并在很多方面进行战略协同和协作，起到领航塔或指挥棒的作用，专注于发展策略的研究、制定和管理。前文多次提到的构建"大财务"理念在这方面是可以融合的，能发挥高效协同的作用。

打造共享财务中心

集团这一级的财务工作，要以构建共享财务中心为抓手，发挥财务中台和后台的基础财务作用。此定位是要承担财务职能体系中的运营、能力体现、创新的任务。

在运营方面，与运营部门实现"业财一体化"。运营流程延伸到财务流程，财务流程延伸到运营流程，相互渗透。运营方面发生的业务和账单为前端，财务的输出则为终端，所有中间环节由电脑自动完成。财务要做的就是快速会计核算、自动成本分类、生成可以随时查询的各类报表。

在能力体现方面，专注于专业技能、知识转移和最佳实践的研究和推广，负责预算控制、资金结算、收付款管理、税务、管理会计、同行比较分析等知识密集型工作。

在创新方面，专注于专业创新能力的提升，负责创新业务，通过管理创新、技术创新和数字化转型等工作提供增值服务。

因此，财务共享中心的建立和运行，很明显是效率提升的引擎，是增值业务的催化剂，是企业增长及中长期发展的平台。也可以说，它承接了传统财务职能，并在传统职能基础上发扬光大，创造了无限的可能。

赋予业务财务新的使命

大家在业务财务这部分的看法估计不太统一，主要因为每家企业管理层级不相同。单一业务的企业集团会选用三级管控，分成集团、区域、项目或子公司；多元化企业集团在集团层面首先分成若干业务板块，然后再向下设置，有些业务板块设成三级管控，有些设成二级管控。但无论分成几级管控，落脚点都是在业务单元上，于是就有了业务财务。也就是说，哪里有具体业务，业务财务就设置在哪里。

对业务板块而言，财务最直接的做法是要支持业务发展，支持业务运行，实现业务单元的投资利益最大化。这一级的财务工作首先要做好业务计划，提供决策支持，做好服务管理。这就意味着很多时候财务人员要接受双层领导，其一，来自业务单元的考核和领导，其二，来自财务条线的专业考核和领导。财务人员要和业务单元的人员成为业务伙伴，在很多事情上共进退。

财务价值创造驱动的关键因素

前文介绍的集团财务、财务共享中心及业务财务，在理论上形成了一体化，在行政管理上也形成了一体化，理应构成强有力的财务价值体系，但是，现实的情况是若要形成合力、成为一个能战斗的集体，还需要以下五个方面的助力与配合。

1. 流程上要精进。我们常说，把管理做简单，使愿景战略化、战略组织化、组织流程化、流程信息化。但如何能做到这一点？那就是要精进，即流程要齐全、流程要高效、流程要规范、流程要与管理高度融合。

2. 要大胆使用创新技术和工具。这一点很好理解，也就是说，要积极使用现代科技成果和工具来助力企业发展前进，千万不能故步自封，裹足不前。这样才能保证价值创造的财务体系高效和专业地运行。效率高，效果好，才会有生命力。

3. 在管理上，通过不断复盘来提高洞察力。复盘后，如果发现错误，及时修正，修正错误本身就是提升；如果证明是对的，要继续沿用，并推而广之。周而复始地做这项工作，以保障选择的这一体系有效运行。

4. 要做好服务管理。建立价值创造的财务体系，绝不能为了建立而建立，更不能为了跟风而建立。要有统一理念和统一动作，以形成一个有机闭环，目的是为整体发展提供更好的服务。因此，服务管理不仅出于自身需求，更是为了与其他部门、业务单元更好地协同作战。

5. 要有持续改进机制。一个体系的建立，就某个时点而言，也许是最好的、最合适的方案。但随着各方因素的变化，原来建立的体系一定会掣肘管理，因此，要及时修正、完善，甚至是变革。我的经验是，一定要抱着每年持续改进的心态以及每3年一次大变革的想法来保证组织或体系的持久活力。价值创造的财务体系也需如此。这一责任，自然落在财务负责人身上。

价值创造理念下的财务工作

本节问题：

1. 什么是现代财务要求？财务工作"新"在哪里？

2. 做财务工作也要"抓大放小"，那么哪些为大，哪些为小？

价值创造的财务体系搭建完成后，要达到预期效果、实现预定目标，还有大量细致的工作需要落地。我们结合财务体系四部分的实际情况，把新型财务工作全部划段、切分，让颗粒度、精准度再细化，使工作职责分解到每一层级，然后制订落地方案并运行，在此过程中不断磨合和完善。落地磨合过程中会矛盾不断，问题百出，但只要我们本着实事求是的精神，追根溯源，就能解决管理中遇到的各类问题。

现代财务要求

从表 3-1 所列清单来看，任务非常具体，几乎不留死角地直击财务工作的每一处，既承接了传统财务的大量业务，还开启了价值创造匹配下的新业务。当然,很多基础业务虽得到了延续,但表现形式已有所改变,工作性质和做法也不同了。为此,德勤中国财务顾问曾对价值创造型组织的财务转型给出了如下框架建议(见图3-2)。

表 3-1 价值创造的财务任务清单

单位	任务清单
集团财务	预算编制、预算执行过程管理、管理会计及报告、同行财报研究、财务战略制定和跟踪、资本结构、产权管理、资产管理、会计政策选择、财务报表、财报披露、基础业务管理、外部审计管理、内控管理、财务大检查;财务制度管理、激励机制、团队管理;资金筹措、资金池管理、房地产基金、资金管理、资金调度、现金流管理、资本配置、商票管理、票据池管理、理财产品发售、境外发债;税务筹划、税收政策研究、处理税企关系、申报监控、稽查应对;市值管理、投资者关系、合规办公室、董事会办公室等
共享财务中心	从投资项目研究及尽职调查到财务、从销售及回款到财务、员工费用报销、资产核算、存货及成本处理、总账核算、银行业务、资金结算、税务核算、发票系统、数据治理及财务主数据、关联方交易、同业竞争处理、汇总财务报表编制、管理会计报表输出、各种台账、审计业务等
区域或业务财务	区域经营发展策略、区域经营策略支持、区域经营指标分解、区域营运资本管理、区域预算编制、区域财务预算、区域预算分析、区域预算控制、区域预算考核、区域筹资实施、区域税务方案实施、区域纳税申报和结算、区域资金结算报表、区域财务报表、区域业务运营分析、区域经营业绩分析,还要拉通相关业务板块,比如完成销售到回款结算等

共同目标	价值创造		
三大支撑	财务信息化	制度及流程管理	财务团队管理
三大角色	战略财务	业务财务	运营财务
六大职能	财务模型预测机制 / 战略决策机制	财务风险管控机制 / 资金资本运作机制	运营成本管理机制 / 财务共享服务机制

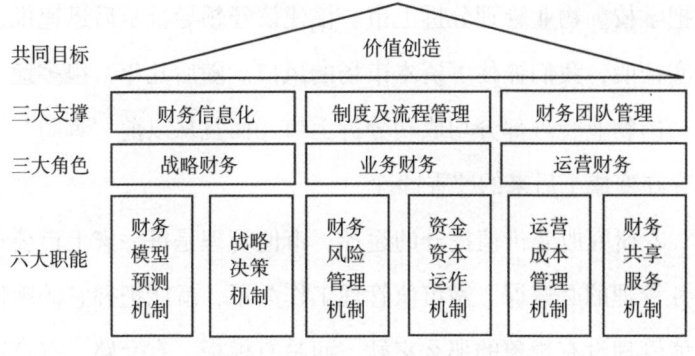

图 3-2　价值创造下的财务工作

也就是说，价值创造下的财务工作围绕价值创造的目标，构建财务信息化、制度及流程管理、财务团队管理三大支撑，扮演战略财务、业务财务、运营财务三大角色，并致力于提升财务模型预测机制、战略决策机制、财务风险管控机制、资金资本运作机制、运营成本管理机制、财务共享服务机制六大职能。

服从价值创造要求，做好财务转型

财务转型，可以说事无巨细。我们只能"抓大放小"，从最关键的要素中寻求突破。作为一家上市公司，从价值创造要求出发铺排工作，以下 10 点是最关键的。

1.研究是否可把部分业务分拆上市。我在碧桂园担任首席财务官时，全面了解业务情况后提交了一份正式的建议书，建议把学校、物业管理分拆上市。该建议经领导批示后迅速推进。事实证明，我们抓住了资本市场的风口。随后几年，很多地产公司的物业管理部分均成功分拆上市，而且从以前"鸡肋"般的存在变成了后来的"香饽饽"。

2. 研究股票价值提升的途径。市值管理是每一家上市公司财务管理的必修课。做市值管理工作久了，就能把握它的脾性。市值管理没有想象的那么玄妙，而是有模板、有套路、有章法。同样的行业，同样的业绩，有的公司被资本市场吹捧，而有的就被资本市场当成透明人。我的经验是，管与不管是不一样的。管未必有满意的效果；但如果不管，任由它生长，一定会不尽如人意。为此，财务负责人必须练就市值管理的本领，适时提出目标，组建团队，顺势而为，借力打力，才有机会为公司创造非一般的价值。

3. 研究优化会计报表的表达，助推业务做出必要调整。说得直白一点，就是粉饰。就像通过适当的化妆和包装，马上就会提升一个人的外在形象一样。在审计初稿出来后，审计师会把初步结果告诉财务团队。财务团队可能有两种态度，一种是接受审计师表达，一种是不接受审计师表达。无论接受还是不接受，财务团队一定要心中有数。所谓心中有数，一是站在技巧角度，要有视觉美感；二是站在投资人角度，既要专业，又要通过数据和结构把亮点展现出来。若有如此要求，就要提前做很多研究和铺垫，有时还要倒逼业务及交易以做出必要的配合。

4.充分用好税务政策，制定税务方案。税务工作是财务管理中极为重要的部分。我听过一位国家级的税务专家讲课，他的结论很清楚：所有公司其实是多交了税，而不是少交了税。其重要依据是，国家每年会不定期发布许多行业优惠政策，如果不能及时掌握这些政策变动的情况，就会疏漏纳税工作。所以说，每个集团都要有一个专门的部门，长期跟踪研究公司的业务布局，收集集团的税务资源，然后做出统筹和安排。制定税务制度和规则也是企业发展的需要。事实上，某些项目的纳税减免及推迟纳税是必要的、合理的、合规的，但需要有一个专业部门去实施。同时，为了更好地工作，还要有一些辅助的激励机制，以鼓励大家创新。

5.研究资产负债表，调整资本结构。优秀的公司在这方面很用心，形成了模块化管理的特点。财务负责人的一项重要工作就是时常研究公司的资产负债表。资产负债表展示的是一个时点上的状态，但这一状态不是凭空而来的，而是过去长期经营、运营的反映。实际上，如果不重视它的结构，不和优秀企业进行比较，是发现不了问题的。在一个优秀企业的资产负债结构中，资本结构应该是合理的、最集约的。如此，投资人会放心，信用评级公司也会高看一筹，进而为筹资成功和降低筹资成本创造了必要的条件。如果发现结构不合理，还有改善空间，那就要努力去做，如果没有条件，就要创造条件，主动推进调整才是应有的行动。

6.研究筹资环境和筹资工具，以便实现筹资目的和降低筹资成本。财务管理部门做好筹资已经成为一种竞争力的象征，房地产企业也一样，永远离不开筹资。既然如此，就有必要不断总结、不断提炼，让每一个筹资人都了解环境变化及其真实用意，同时对流行的筹资工具及当下可用的筹资方式了如指掌。我们知道，中国金融市场还在成长之中，它的创新空间巨大，发展潜力无穷。中国金融机构也在学习和探索，很多东西是全新的。企业要抓住筹资本质属性，积极适应这种状态。为了适应，必须学会有效沟通，主要是和金融机构沟通。若能给公司筹资节省一个百分点，就有可能给公司带来上亿元的收入。另外，由于时间是有成本的，机会稍纵即逝，所以永远要做有的放矢及事半功倍的事情。在这里，我要强调的是方法很重要，好的方法能突破束缚，实现超越。

7.调整资金管控模式。资金是公司的血液，因此要监控血液流动是否畅通。不能让资金在运动过程中突然断流，否则会让公司大伤元气，甚至给公司带来灭顶之灾。另外，我发现很多集团旗下成立了众多公司，为了照顾各方面关系，每个公司或多或少滞留上万或几十万元资金，对单个公司来说，这些资金并不多么重要，但若能把这些资金集中起来，效果就出来了。为了有效管控资金，要从源头抓起，有的公司采用统收统支的做法，有的公司利用信息化自动归集手段，做到资金合理分配、高效周转，既不浪费又能保证安全运行，这才是我们想要的结果。这也是价值创造的动机和目标。

8.关注长期投资的具体情况。在资产负债表中，时常能看到"长期投资"这个项目。实际上，当打开明细时，我们会发现这个项目下面隐藏了许多投资：也许包括股权投资、项目投资，还有创新投资，甚至个别投资从来就没有听说过。这些投资是否已经达到初期投资的目标？在新形势下是否需要调整投资策略？这些都是需要关注的问题。作为财务负责人需要有这方面的意识、见识，以及建议方案。若能做出适当的优化，比如调仓，对公司价值创造的帮助将会很大，也许通过分析还能发现重大商机。

9.及时处理低效资产。一家长期经营的企业，难免因为投资而带来许多低效资产。这些低效资产需要加强管理、辨别优劣，有些资产需要及时变现，有些资产需要强化运营，有些资产可能需要在包装之后装入新业务。这些都需要财务部门跟踪关注并形成报告，提交总裁或相关职能部门处理。这也是价值创造的组成部分。

10.提升信息化、数字化管理能力。信息化是数字化的基础，没有完备的信息化就很难有企业的数字化管理。如今，数字化管理已经成为企业运营的"标配"，那么财务工作数字化转型就有很大的提升空间。我的经验是，财务工作贯穿企业组织的每一个环节，处于公司管理比较核心的位置，若能与业务拉通，与职能拉通，就能产生巨大效能。这些效能包括提供数据快速、处理事项智能、数据结果专业,还能节约人工成本,防止贪污等事件的发生。财务信息化工作涉及面巨大,包括发票系统、商票系统、激励系统等,其中核算系统业务用财务共享理念来实现,就是一个革命性举措。数字化就是站在信息化基础上的提升与飞跃。如果这方面使用得好,对价值创造的帮助是巨大的。

做好股权筹资和债权筹资的选择

本节问题：

1. 一家上市公司，为什么必须了解资本市场常见的股权筹资方式具体是哪几种？

2. 股权筹资和债权筹资都是有成本的，你是否思考过企业到底能承受多大成本？

从价值创造角度分辨股权筹资和债权筹资的意义是非常必要的。股权筹资和债权筹资的做法截然不同，但表现在现金方面是一样的，所筹资金都会进入公司资金池。两种途径筹资成功后，表现在资产负债表中的位置是不一样的，对计算资本结构、资产负债率等指标的影响也是巨大的。前者把资金交给公司，体现为股本、股权，以及每年获得股本的派息收益；后者把资金交给公司，表现为债权关系，既然是债权，公司就要按照约定支付利息，到期要归还本金。如果公司运行出现困难，甚至走到清盘阶段，清盘所获资金在支付排序时债权人优先于股权人。

因运营需要，一般来说，筹资不外乎三种方式，即企业自筹、股权筹资和债权筹资。这三种筹资方式很难说哪种更好，关键是要研究企业当时所处的内外环境和筹资的目的。站在公司角度，我们可以对这三种筹资方式进行比较和选择，如果选择得好，将有利于公司发展，将有利于公司业绩体现。公司在做股权筹资和债权筹资选择时，还要站在投资人的角度看问题。一般而言，股权投资的投资者必定会研究公司未来创造利润及股息分配的能力，债权投资者必定会研究企业到期还本付息及公司财务安全的能力。这一方案的实施，大都是财务部门完成的。这正是一个可以量化的价值创造热点。

三种筹资方式的比较

企业自筹资金主要包括企业加快库存处理、产品折价处理、应收款回收、应付款拖欠，以及多项开源节流举措的实施所获得的资金。对于这类资金的获取，公司有相当大的主导权，既不涉及股权，也不涉及债权。获取这类资金时也许会造成账面利润的折损，但因为获得了有意义的资金，就多了选择和可以抓取的机会，多了安全垫，也节约了因为股权和债权筹资所要付出的代价。

企业股权筹资，也称为权益性筹资，是指通过增加企业所有者权益来获取资金，如企业首次公开募股（IPO）、配股和增发新股等，包括通过可换股债券、认股证行使换股及供股等募集资金。这样筹集来的资金，供企业长期使用与自主支配，称为主权资本或权益资本。它形成了企业自有资金，除非公司清盘，否则不需要偿还，仅需定期分红、派息（由企业管理层决定派息与否或具体份额）。

企业债权筹资是指通过增加公司的负债额来获取资金，如向银行贷款、向非银行金融机构筹资、发行债券（含可换股债券）或票据、供应链筹资等，其资金来自银行、非银行金融机构、供应商等，通过债权筹资取得的资金必须到期偿还，要按约定支付利息，同时还有很多限制性条款，所以也称为债务性筹资。

股权筹资与债权筹资的比较

股权筹资

股权筹资所筹资金具有永久性，无明确到期日，没有还本压力，这种筹资方式的用款限制性条款较少，并能提高企业自有资本率，降低负债率。股本金提升后，还可提高公司的筹资能力。

但股权筹资是税后分配的事项，不能抵消所得税。如果拿到的资金不能提供或超过配股前的资金回报，股权筹资会摊薄每股盈利；如果配股价格低于账面净资产值，会摊薄每股净资产；如果为公众公司，则会影响股价的表现。

债权筹资

债权筹资是税前付息，只要符合规定，可计入税前支出，并体现为利息的减税效应，且能提高净资产收益率。在经济环境好的情况下，进行债权筹资可充分发挥资金杠杆作用。此外，不同期限和不同结构的债权筹资方式便于企业合理调整资本结构。

因为银行对资产安全和资金回流的时间性要求非常高，贷款期限短，一般不超过5年，到期必须偿还本息，所以是否选择这一方式往往取决于企业的债务水平，有时需要用房产或其他有形资产作抵押或个人担保，从而提高了负债率，导致资金周转风险较大。而且限制性条款也较多，在经济环境变坏的情况下，银行可能随时要求提前还款，当债务过高、面临经济危机时这会增加公司的财务风险，有时会加快公司清算和破产。

两种筹资的其他条件比较

股权筹资没有支付股利的强制义务。股利的支付是企业内部的事情，但要支付配股集资所需费用，包括2%左右的投资银行佣金及印花税、律师费及交易征费等，收益要扣减税项，往后在管理层决策下派发股息。若发行可换股债券，一般也要付利息，一旦债券转换成股票，则需付 0.1% 的印花税及交易征费等。

债权筹资必须支付利息、中介费和承担机会成本。银行贷款需支付前期费用、律师费、手续费并按照协议定期支付利息。发行债券也需支付投资银行佣金、律师费、评级机构费、招债书印刷费等，当然也必须按条款定期支付利息。

一般性的结论

从上面的简单比较中，我们很难断定哪种筹资方式最优。因为对股息并无硬性规定，完全要视公司赢利表现及管理层的意向而定。不过，从风险角度分析，在债权筹资方式下，企业必须按事先议定的债息率定期支付本息，在企业发生债务危机或破产时必须优先偿还银行贷款和企业债券，所以债权人面临的风险较小，因此企业需要支付给债权人的风险补贴较小。股权投资者的投资收益随企业经营状况而发生波动，加上在进入破产清算程序时，仅能取回偿还各种债务后的剩余值，企业股权投资者的风险比企业债权人的风险大，所以一般来讲，股权投资者的期望回报比债权投资者的高。从另一个角度看，企业提供给股权资本的长期平均回报率应高于给债权资本的回报率，否则难以吸引股权投资者。

在现实中，我们可以从七个方面进行考虑，并决定选用哪种方式筹资：第一，企业的业务性质；第二，未来的现金流量情况；第三，资金的用途和回报；第四，预计还款的时间；第五，企业当前和未来的负债比率、资本结构和股东结构；第六，不同筹资愿意付出的成本代价；第七，市场环境因素，比如汇率走势、利息走势、资本市场状况等。在整体研究以上几个因素之后，管理者结合自己的判断确定具体的筹资方案。

重要概念：资本成本

股权筹资的筹资方案是否合适，还要关注一个重要概念：资本成本。资本成本可用公式计算得出。

资本成本，也叫股权筹资成本或权益资本成本（cost of equity capital），通常用威廉·夏普的资本资产定价模型（capital asset pricing model，CAPM）来计算。

公式如下：

$k_s = r_f + \beta [E(r_m) - r_f]$

其中：

k_s 表示资本成本。

r_f 为无风险回报率，即机会成本，如国债投资、银行存款等无风险投资的收益。随着利息的提高，国债投资、银行存款利息也将提高。

$E(r_m)$ 为整个市场或某种业务投资组合的预期回报率。

$E(r_m)-r_f$ 为市场风险溢价，不同行业有所不同。

β 为权益系统风险系数。

以上公式表明，在市场均衡条件下，投资者的要求报酬率与筹资者的资本成本相等。这个概念被用于评价投资项目或组合时，是指一个能被公司接受的最低报酬率，有时称为贴现率或必要报酬率。而当它用于权益资本筹资决策时，这里讲的资本成本不仅是利息或筹措资金的费用，也不是简单意义上的费用成本概念，而是包含了机会成本、行业预期回报及风险系数三个因素的结果。其中，机会成本、预期回报率及风险系数都比较难确定。由于行业不同，各个管理层的最低要求回报率也存在差异，在设定这些参数时要结合实际情况进行假设。

由于资本市场筹措资金的方式非常多元化，一些公司，特别是大型上市企业集团的资本结构也很复杂，所以在筹资决策中常常会涉及"个别资本成本""边际资本成本""加权平均资本成本（weighted average cost of capital，WACC）"等概念。这里不再一一赘述，如果需要，可以查阅相关资料。在实际应用时，知道有这么一个概念即可。如果不会计算，可请投资银行或券商帮忙计算，他们往往会很乐意，因为这是他们服务的内容之一。

当下的筹资成本参考值

前面讲过筹资分为股权筹资和债权筹资两大类，它们都是有成本的，我们有必要进一步把债权筹资成本也说清楚。这是筹资活动中不得不考虑的因素。

债权筹资成本

随着中国金融市场越来越活跃，债权筹资工具可以说层出不穷，花样百出，令人眼花缭乱。当剥除外部包装以后，我们就能看清每一种筹资方式和筹资成本的关系。在此依然以房地产行业为例。以下是 2021 年 9 月 30 日一家境外机构惠誉信用评级为 B+、国内信用评级为 3A 且销售规模处在前 20 强的房地产企业的一组筹资结果数据。该公司对外公布的综合筹资成本为 7.7%，由低到高排列如表 3-2 所示。

表 3-2　某房地产企业的筹资成本结果

筹资方式	筹资综合成本率（%）
开发贷	6.27
商业资产抵押贷款支持票据（CMBN）	6.54
资产支持证券（ABS）	7.04
资产支持票据（ABN）	7.26
境内发行人民币债券	7.52
商业资产抵押贷款支持证券（CMBS）	7.58

（续表）

筹资方式	筹资综合成本率（%）
类REITs	7.61
商票	7.90
并购贷	8.27
自持物业抵押	8.70
境外发债	9.04
向合作方借款	9.38
信托前融	9.93
金交所发行产品	10.10
纯信用	10.37
股权夹层	11.35
保理	11.50

从以上数据可知，开发贷筹资成本最低，为6.27%；资产证券化产品的筹资成本尚可接受，仍高出开发贷筹资成本4.3%~21.4%不等；境外发债筹资因为单纯靠信用，成本高出开发贷筹资成本达44.2%；信托前融筹资向来成本较高，高出开发贷筹资成本达58.4%；通过金交所发行产品筹资，成本高出开发贷筹资成本达61.1%；至于纯信用筹资、股权夹层筹资、保理筹资的工具的筹资成本极高，高出开发贷筹资成本65.4%~83.4%。通过这些分析比较，企业该在哪个方面筹资发力，已经一清二楚了。因此，选好筹资工具很重要，对控制好筹资成本、提高企业利润有巨大的帮助。

做好集团投资决策

本节问题：

1. 什么是集团投资决策？集团投资决策委员会是如何组成和运作的？

2. 集团财务负责人参与投资决策的责任有多大？

投资决策，无疑是企业决策事项中最为重要的事项，因为投资可决定未来产业方向、重大产业结构的调整、公司的未来，甚至可再造一条生命曲线。我相信所有企业都很重视投资决策，但是有的企业投资决策效果好，有的效果差，到底问题出在哪里呢？下面我们一起来讨论。

做好投资决策的方法

投资标准

投资标准往往不是一个部门能建立的，而是需要多个部门一起研究、一起分析，然后提交方案，报请总裁办、董事会、股东会来决议。在这个过程中，财务人员的参与度是很深的。财务战略的第二大任务就是决定把钱投到哪里，即资源的配置。财务资源永远是有限的，有限的资源该配到哪里取决于投资标准。不言而喻，哪里回报高、风险低，又符合公司的产业政策，钱就应该投到哪里。

即使投资有了标准和方向，也不代表投资的项目就能成功。保证投资成功的另外一个重要因素是投资决策机制。构建一个企业合适的投资决策机制通常要从四个方面着手：第一，正确地进行投资决策；第二，优化投资组合；第三，优化资产结构；第四，正确地确定资产存量和流量。所谓的投资决策机制，是指企业为了实现投资目标，运用一定的科学理论和方法，对若干个可行性的投资方案进行研究论证，从中选出最满意的投资方案，然后通过一定程序审批。

投资决策机制

投资决策机制由投资决策制度决定。事实上，该制度没有统一标准和方法，是由企业最高决策人根据实际情况和认知、风险控制等因素决定的。企业实际最高决策人也许是董事长，也许董事会集体。不管是谁，完善投资决策制度下的投资决策机制非常重要。

企业集团的投资决策机制大致分为两种，一种为集权式的投资决策,另一种为分权式的投资决策。前者强调对外投资决策权高度集中于集团或实际控制人的手上;后者强调将对外投资决策权,比如低于多少金额或某一类业务的投资决策权下放给下属机构或单元。两种决策方式,到底哪种更适合你所属的企业集团,这是没有统一定论的,是见仁见智的安排。但无论选择哪种决策机制,最高管理层和股东都要非常清晰其中的利弊和风险。当知道弊端、风险在哪里时,就能在机制设置或人员构成上做出补救。

前文述及,企业的生命周期有10个阶段:孕育期、婴儿期、学步期、青春期、盛年期、稳定期、贵族期、官僚化早期、官僚期、死亡期。每个阶段的发展战略都不同,与此相关的次级战略如财务战略、投资战略也不同,因此,投资决策机制应该也是不同的。那么,企业到底应该采用什么样的投资决策机制呢?此时,企业领导一定要清楚企业当前处于什么发展阶段,然后根据这个阶段的发展战略和特点来做决定。我认为,在企业的初创阶段,由于企业规模不大,财务资源还比较匮乏,管理机构比较集中,可选择集权式的投资决策机制;随着企业规模扩大、业务多元化、管理链条加长、地域分布迥异,可选择分权式的投资决策机制,即明确一个投资限额,此限额之下的投资活动由下属公司审定;当企业面临困难、处于收缩整顿阶段时,则一定要把投资决策权集中在总部,以便统一指挥,度过危机。投资决策机制的选择受很多因素的制约和影响,因此要因时制宜、因地制宜，找到一个有利于企业发展的投资决策模式。

投资决策人员的素质要求

说到底，有效的投资决策机制是由人做出的。无论是集权式、分权式或其他方式，决策的成功与否都取决于投资决策团队。也就是说，投资决策团队自组建的那一刻开始，就将高度负责的超高水平的人组合在一起，大家为了公司利益最大化共商共决。

投资从表面上看可能是投资一个项目，实际是在投资未来。所有行业都有它的春、夏、秋、冬，用现在时髦的说法：行业是处于朝阳期还是夕阳期，处在上风口还是下风口？朝阳产业就有未来，夕阳产业就没有未来；在上风口，猪都能飞起来，在下风口，纸都飞不起来。随着科技发展，一些传统行业如果能注入新能源、高科技、人工智能等元素，说不定会焕发青春。所以，投资首先要发现价值，然后通过行动创造价值。这是最棒的投资逻辑，而不是人云亦云的做法。如此一来，企业的投资部门就需要一批能捕捉机会和发现投资价值的人，有了这样的人，公司就有机会获得巨大的投资回报。

我曾任职于三家巨型企业，我的建议是，在组建投资决策团队的时候，挑选的每一个成员都要具备三种素质：一是有丰富的投资经验；二是有高度的责任心；三是懂财务，知道如何测算将要投资的项目的现金流。

有丰富的投资经验

如果一个人没有参与过投资，连投资模型都不会编制，不清楚投资背后的逻辑，是不能参与投资决策的。投资决策的经验一般来自操盘经历、知识和感觉。无论曾经的经历是成功的还是失败的，都非常重要。经历让他对投资项目的本源有深刻认识，知识让他看问题更加理性，感觉则是一个人的天分，天分有时会胜过努力。

有高度的责任心

如果没有责任心，即使他有丰富的投资经验，也会在决策的那一瞬间做出错误的、随意的、不负责任的决定。责任代表着一切。有了责任，投资决策人在决策之前就会认真研究、仔细分析，在表态时就会客观地发表意见并给出理由。

懂财务，知道如何测算将要投资的项目的现金流

在商业社会，财务是每一个人的必修课。财务关注的是资

金从哪里来、投到哪里去、投资回报是多少。如果投资决策人不懂财务，就不知道投资回报是怎么计算出来的、现金流是怎么预测出来的、未来的 IRR（内部收益率）、ROE（股本回报率）、ROIC（投入股本回报率）是怎么计算得来的，等等。有时说得极端一点，投资就是财务，财务就是投资，投融本来是一体的。如果投资决策人不懂财务，如何发表意见？即使勉强发表了意见，却连自己都不知道在说什么，若采纳了这样的意见，企业是要吃大亏的。

投资决策团队的构成和主要责任

不同企业的投资决策机制也许不同，但大同小异。为了让投资尽可能的正确，投资决策团队的构成大有学问。

一般来说，最终的投资决策团队会由公司的领导组成。这是无可非议的，也较为常见。但我认为，这样的构成是不完善的，应该在这个构成的基础上做一些适当补充。首先，大胆吸收企业内部的部分专业人士、经验丰富的人，或者精英；其次，大胆聘用外部力量，比如咨询师、律师、会计师、测量师，由他们构成资深顾问、独立董事；最后，在决策流程中下足功夫，如果一个企业的决策流程分两级，要在底层下功夫，如果决策层次分三级，可对中间层次进行强化。

虽然不同层次的领导在投资决策过程中的工作重点和扮演

的角色各不相同，但在表决时，投资决策委员会主席的一票最为重要。主席可能是集团的创始人，也可能是企业的老板、实际控制人，是至高无上的地位和权威的代表，他的决定将影响全局。与此同时，他的责任也非常大，如果投资成功了，说明他懂行、英明；但如果投资失败，他就有不可推卸的责任。

投资决策委员会在表决时，最好采用投票机制，少数服从多数；如果出现票数均等，主席可加一票。但投资决策委员会不能变成"一言堂"，也就是谁的权力大谁说了算。

在投资决策委员会中，要有一名来自财务部门的领导，他的意见很重要，因此他不能随意发表意见。如果他表态支持了某个项目，而这个项目给公司带来巨大损失，那么他是有责任的，而且责任巨大。一旦投资失误，就会使财务陷入被动。若投资失误的项目多了，导致企业连年亏损、拨备，没有给企业带来经营性正现金流，企业没有再生能力，就必将走向清盘或关门。因此，财务负责人一定要积极参与投资，做好每一次投资的前期工作，发表有关财务的专业意见，这才是负责任和有建设性的做法。

做好投资布局

本节问题：

1. 什么是企业经营的主业？为什么坚持做好主业很重要？

2. 本书有关投资决策的四点建议，你觉得有意义吗？只要挣钱就干，小股东答应吗？

2015年、2016年，国家因为去库存的需要，出台了若干政策，这使房地产行业发展如日中天，但谁也未能料到，两年之后，中国房地产行业的日子会日渐难熬。2021年，大部分房地产企业度日如年，过着艰难的日子。因此，优秀的企业即使在正常经营情况下，也一定要进行投资布局研究和实施。投资布局，相当于战略寻找第二、第三条赛道。如高手下棋，每一个落子都是在布局，是为赢得全局在铺路。

投资组合理论

1990年，美国三位经济学家——哈里·马科维茨、默顿·米勒和威廉·夏普因他们于20世纪50年代创立的投资组合理论的贡献而获得诺贝尔经济学奖。半个世纪以来，人们对投资组合理论的研究越来越深入，这一理论也被广为应用。

我们常说，不能把鸡蛋放在一个篮子里。很多企业就是这么一步一步做大的。熟读投资组合理论，把理论当成一个工具或一种思维模式来使用，效果一定不错。

在现实中，没有一家企业或个人投资的所有资产是在单一标的之上的，因此，考虑特定资产的风险和报酬与现存资产或投资机会的相似物的连接是有用的。投资组合理论就是在处理如何选择风险最小化（在特定报酬下）或报酬率最大化（在特定风险下）的投资方案。

投资组合理论已经建立了系统的计算模型，其中对风险分析、资产定价、相关系数、报酬和风险控制等都有测算方式。建立这些模型的目的，是能选择出一个最佳的投资组合。

假设一个跨国企业手中有一笔现金，对于这笔现金的安排，就是一个投资组合。其结果有可能是买部分美国国债，买部分欧洲高息货币，买中国香港的蓝筹股票，或作为项目投资，或分给股东，等等。总之，这笔现金的使用要从多样化角度去思考。

每一个家庭也需要投资理财。理财经理在推荐投资产品和动用投资额时，会不断地提醒你某一个产品的投资占比是多少，若超过了银行规定的比例，就不建议你继续投资，甚至还会问你是否已经留足未来半年用于家庭开支的费用。这其中就涉及投资组合的概念。

一般而言，在企业发展到一定规模之后，需要拿出部分资金投资别的行业，最好是新经济行业。以我所在企业的财务预算编制工作为例，在最后平衡财务资源分配时，往往会将企业年度总预算开支的5%~10%投资新兴产业。例如，若年度预算投资500亿元买地，我们会拿出25亿~50亿元投资别的行业。之所以这样，是因为只有投钱出去，才能关注一些新行业的变化，也许就搭上了这个行业高速发展的快车。

投资组合是一种理念，是一种方法论，每一个参与公司投资决策的人，特别是财务负责人，一定要铭记于心并尽力实施。

企业投资的常识

企业投资要服从公司的大战略。在不同战略下会有不同的投资做法和选择。纵观全球，涉及投资的行业非常多。过去说36行，现在可以说万千行业。麦肯锡早在2003年的一份研究报告就指出，现代企业多元化发展经历了三个阶段：19世纪60年代到80年代中期，企业比较推崇业务多元化；80年代中期到90年代，企业比较推崇业务高度集中化；从2000年开始，企业比较推崇适度的、有选择性的业务组合。当然，麦肯锡的研究成果只是表明了发展的一种趋势，不代表没有特例。麦肯锡还进一步对1990—2003年272家欧美企业进行研究，最后发现：业务集中的占30%，业务适度集中多元化的占40%，业务多元化的占30%。自2008年全球金融危机爆发以来，企业为了避险，大都采取多元化发展模式。比如，碧桂园搞起了机器人，恒大搞起了汽车，万科搞起了物流，中海搞起了写字楼集群，还有的企业搞养猪、美容、教育、康养、新能源等。关于房地产企业多元化的问题，我们可以这样理解：如果房地产企业年现金回流超过5000亿元，是可以搞多元化的；如果现金回流达不到5000亿元，建议还是先把主业做好，因为房地产行业的容量巨大，需要的资金量也巨大。

企业做投资选择时应把握以下常识：

第一，认认真真做好主业。

企业集团一般都有自己的主业。它们之所以能做大，是因为行业发展有巨大空间，企业抓住了机会，并且在管理体制、组织架构和人才建设等方面都能匹配。这样的企业集团，如果战略上没有发生重大变更，应坚定不移地继续深耕主业。华为深耕电信设备的解决方案，阿里巴巴深耕互联网交易平台，小米深耕多功能电器，宁德时代深耕锂电池，中海地产、万科、碧桂园深耕地产开发……这样的例子不胜枚举，它们都成功了，成为时代的弄潮儿。

从投资角度来说，深耕主业，一般都是不二的选择。

可是，现在不少企业普遍存在发展战略模糊的问题。一旦遇到阻力，发展方向就会有所动摇，时常此山望着彼山高，投资决策也比较随意,开展项目却疏于管理,导致投资总是失误,而且投资越多,损失越大。还有些企业,本身主业做得好好的,突然头脑一热,踏入不熟悉、不了解的其他行业,导致主业的发展受到影响。此类例子数不胜数。我非常认同一句俗语:隔行如隔山。如果你想进军某个全新行业,有必要从小投入做起,从与有经验的公司合作做起,在找到合适的人和团队后再选择恰当的时机大举进入。

第二,不可能有稳赚不赔的投资理财产品。

如果企业的主业运营得非常成功,积累了大量富余资金,我们首先可以考虑归还银行贷款,其次考虑投资一些保本理财产品,然后再像狮子趴在草丛中等待猎物一样耐心等待机会。多年的实践经验告诉我,世界上没有稳赚不赔的生意,即使把钱存进银行也会有汇率变动及贬值的损失风险。2008年的金融危机让我们害怕,美国第四大投资银行雷曼兄弟宣告破产,美国和欧洲的部分商业银行破产了,如果不是美国政府解救美国国际集团(AIG),也许它也垮了。

试问:还能相信谁呢?

银行给企业推荐的保本理财产品是不能完全相信的。从风险程度来看,衍生工具排第一位,股票排第二位,政府债券、企业债券排第三位,依此类推,存款是风险最低的投资。可是银行倒了,客户的存款也许就没有了。当然,这个风险顺序不是绝对的,也不是一成不变的,会随着市场的变化而变化。当经济环境好时，无论选择什么样的理财投资都能增值；若经济环境不好，什么样的理财投资几乎都不会增值；若经济环境动荡不安，投资理财的风险也难以把握，最可能出现的是有赔有赚。能做到投资收益持平已经很了不起了。总之，企业投资理财要想增值，除了要对各种工具有清晰认识，还要看运气，可运气是没法计算的。

第三，衍生工具的构成特别复杂。

衍生工具是美国华尔街的精英们用复杂的数学模型设计出来的。去过赌场的人会明白，赌场的玩法是由庄家设计的，不管玩家多么精明，永远都是庄家赢得多。衍生工具就是资本市场这个最大赌场的玩法，所有条件都由背后设计游戏的人操纵。不言而喻，操纵人正是美国等超级大国的资本家。美国的资本家是世界资本市场规则的制定者，甚至是裁判，是准备"割韭菜"的人。从这一点来判断，美国资本家一定是赢多输少。大约在1990年，我负责公司的股票投资、期指炒买和外汇买卖，是一个操盘手。那是我第一次想从资本市场给公司赚钱。那时，我几乎天天处于煎熬之中，半年下来，身体累坏了，心里更累，最后在亏损数十万元的情况下终止了投资。2006年，国际资本市场、中国内地和香港的资本市场如火如荼，有的企业靠打新股赚了数百亿元，因此在我们公司内部也有了这方面投资的声浪，但我的态度是不能干。事实证明是对的，如果我们干了，在2008年的金融危机之下必死无疑。总之，近30年过去了，无论我是普通员工还是高层领导，都坚决反对企业进行这方面的投资。

投资银行在介绍有关产品的时候，我们很难真正听懂。大的概念可能明白，可产品的预订条件和背后的成因不会十分了解。企业往往依赖国际知名评级机构的信用评级结果。如果不发生美国次贷危机引发的金融危机，我对国际评级机构的评级结果是认同的、信任的。但后来我改变了看法，我认为多家评级机构对金融危机有不可推卸的责任，它们有明显的利益导向。要解决这个问题，企业最好的选择是放弃"贪"念，谢绝参与买卖衍生产品，老老实实地把心思放在主业上。

第四，财务人员要主导财务资源的配置工作。

财务人员要以发展战略为出发点，做好财务资源的配置工作。具体来说，一定要做好长期债务和短期债务的平衡和控制。债务具有两重性，既能推动企业快速成长，又能把企业推向破产的边缘。企业可以多一些中长期债务，少一点短期债务，让到期债务能跨越周期，也为债务调整留出时间，这是最基本的要求。那么，该如何掌握比例呢？以我的经验来说，长期债务占七成或八成以上、短期占三成或两成为宜。

另外，企业在债务安排上要适当中庸一些。当负债水平高的时候，要尽快让它降下来；当负债水平偏低的时候，要鼓励花钱；最好是让负债率保持在一个合理水平，运行在一个通道上。例如，假如房地产行业的平均净负债率为50%，那么，上下 10% 的浮动属于正常。如果企业的净负债水平控制在 45%~55%，则不用担心。

以上要求，财务人员应该能做到，即便做不到，也要尽可能提出建议或参与决策。只要你说得有道理，真理就会站在你这边。

做好企业并购

本节问题：

1. 企业为什么要并购？并购有什么好处？并购的风险如何控制？

2. 财务人员参与并购时，除了做好财务尽职调查，还应在哪些方面发挥积极且重要的作用？

一般来说，企业并购包括兼并与收购两个动作。

在企业经营过程中，并购活动经常发生。通过并购，企业可以实现扩张和增长，也可以完善和补充业务链，甚至实现跨行业发展。

如果要清楚归类，企业并购属于投资范畴。在具体实施方面可分为两种，一种是参股，一种是获得控制权（包括小股操盘、控51%以上股权、控100%权益）。如果是参股，多数被称为策略性投资，也叫财务性投资；若能获得控制权，则称为战略性投资。

实际上，一谈到企业并购，大多是为获得控制权的战略性并购。这可定义为：以企业产权作为交易对象，并以取得被并购企业的控制权为目的，以现金、有价证券或其他形式购买被并购企业的全部或部分产权或资产作为实现方式。

房地产资产包并购的规定动作

并购是房地产企业实现快速扩张的一个必由之路。归纳起来，资产包有三种情况。第一种资产包来自银行。银行曾经给某地产公司融资，后来公司还不了贷款，银行就把资产没收，找新的地产公司来接盘。第二种资产包来自国有企业主辅分离。国有企业往往拥有各类资产，依照主管部门要求，把辅业——房地产剥离出来。这部分剥离出来的资产需要找到若干买家，然后通过长时间洽谈，最后通过竞价来完成。第三种资产包来自民营地产公司。我国民营地产公司达数万家，总有个别公司经营不善、负债累累，在周转不了或没法实现盈利的情况下，需要找到买家，半身或全身而退。

以上三种情况时有发生，一旦有适合的并购项目，公司会投入力量跟踪，花费在跟踪上的时间有长有短：长的也许要几年，短的也需要几个月。在这个过程中，公司往往要做以下规定动作：

1. 尽快摸清基本情况。很多时候信息满天飞，我们每年要遇到上百个资产包，但大部分信息是不真实的、无意义的，或者没法操作下去。有些信息虽然是真的，但有一些先天性致命伤无法克服。有经验的并购团队在这个阶段就会有一个基本判断，然后做出要不要继续跟踪的决定。

2.完成立项。当初步认为某一个资产包值得跟下去时，公司会派三部分人员开始深入工作，一部分是投资人员，一部分是财务人员，一部分是法务人员。这三部分人员各有分工，在卖方愿意配合的基础上各司其职。所谓卖方愿意，意思是说，在和卖方接触过后会签署一份保密协议，随后，卖方提供各种资料。在核实各种信息后，投资部门完成初步的投资测算，若总体判断还是可以的，就会申请立项。

3.进入正式谈判阶段。当立项完成后，公司会兵分两路：一路是洽谈人员，洽谈总负责人可能是公司分管领导，可能是收购这个资产包的负责人，他们会按照公司给的去向和卖方直接接触，探口风、讲条件；另一路是财务和法务人员，他们会正式聘用外面的专业公司完成有力度的尽职调查报告。随着工作深入，并购小组根据需要随时开会，主要是分享信息、提出问题、寻找解决办法，有许多风险需要卖方说明和承担。

4.进入估值和交易方式设计阶段。并购资产包，最难的就是资产估值。资产估值包括对有形资产、无形资产的评估，还包括对债权债务的核实和预提准备。为了摸清资产状态，公司要花大量精力。同样一个项目，大家的看法和分歧往往巨大，区域和总部也时常有分歧。区域想做项目时，估值就乐观一些，不想做的时候，估值就会保守。估值的同时，公司要编制未来现金流量表。交易方式的设计也富有挑战性。在这方面，法务、财务及税务部门会一起讨论、一起研究，然后拿出多个方案进行比较，优中选优。在这个阶段，双方大都会签署一份框架协议，卖家甚至会要求买家支付一定数额的定金，但定金一定要放在共管账户里。

5. 进入筹资方案的设计阶段。并购资产包时，企业要高度重视配套的筹资方案的设计。并购资产包往往采用承债式的方式收购。比如一个资产包的总资产是300亿元，净资产10亿元，而各类银行、非银机构的贷款将高达150亿元。换句话说，也许当下并购这个资产包仅需动用现金10多亿元，但随着股权转让的完成，公司就要将150亿元债务全部承接下来。承接债务不是一件简单的事，要和债权人提前接触；当其中某一家银行的授信额度用完时，还要找到新的接替银行；也许因为股权变化，原有的贷款合约要发生某些条件下的变化。种种问题都要解决，或者必须有解决的预案。

6. 签订正式买卖协议。当所有事情都搞清楚了，投资决策委员会也同意收购，就可以开始起草正式的买卖协议。买卖协议的完成由法务部门主持，具体条款由律师拟订。起草买卖协议是一个艰难的过程。即使买卖双方签署了框架协议，写明了内容和条件，当白纸黑字落到正式协议上时，双方的理解也是不尽相同的。为此，双方需要再沟通、再协调，甚至还需要重新谈判，修订一些原来已经达成共识的写法。这个阶段可能会出现因为突发变化而不再洽谈的情况，比如竞争对手出价条件更好使卖方改变想法等。

7.完成资产包交割。当正式的买卖协议签署完毕，双方就要在约定的时间进行交割。例如，于某年某月某日，买方支付第一笔款，卖方收到款之后于多少日内转多少股权给买方。再比如，于某年某月某日，买方支付了第二笔资金，卖方将公司印章、钥匙、财务档案等资料移交买方。所以，正式的买卖协议十分重要，要把可能遇见的所有事情说清楚，越具体越好，便于交割。完成交割后，买方就实现了全面接管。然而，这并不意味着买卖行动就此结束，因为正式买卖协议上还有很多后续的约定。直到所有约定完成，正式买卖协议才算履行完毕。事实上，由于买方在接管公司后可能会发现有些问题在协议中没有涉及，但按合约精神还需要卖方承担相应责任，也许买卖协议在日后若干年都要发挥作用。并购资产包后，买方要拆包，要推动资产包运行，最后是否达到预期效果，也许要等多年之后才能说清楚。

在现实中，每完成一项资产包并购都是一次重大挑战。

成功并购要注意的事项

无论并购什么样的企业，都是一个复杂的过程。

在并购前，要做好前期安排，包括并购的目的、尽职调查、时机选择、价值判断，并购后的人员安排、文化对接、管理、控制、磨合等。在并购及并购磨合期，突发事件很多，哪怕有一个环节处理不当，也会给公司带来意想不到的损失。因此，必须把控好每一个重要节点。

明确并购目的

我常常问团队：并购这个项目的目的到底是什么？我想这是首先要回答的问题。如果连并购目的都说不清楚，或者似是而非，那么这样的并购是很危险的，起码是盲目的。

并购最直接的动因和目的是谋求竞争优势，实现股东利益最大化。这主要体现在五个方面：一是为了契合产业方向，扩大经营规模，抢占市场份额；二是取得廉价原料和劳动力，进行低成本竞争；三是跨入新行业，寻找另一条赛道；四是对现有业务进行充实或补充，以形成企业在行业内的优势；五是企业的社会责任。

把握并购时机

讲到并购时机，其实有两个基本考虑，一是成功的概率，二是收购价格的厘定。通常来说，若能以合理的价格并购一块需要的资产或业务，那是有意义的行动。资本市场是动态的、多变的，这为并购或资产处置提供了很多机会。若抓住这个特点，提早做好周密的安排，待时机成熟，用雷霆手段去完成，定能实现多赢的局面。

以我所在的企业为例。2003年以来，地产股逐渐被市场重视，但当时我们建筑业务却不被资本市场看好，估值几乎为零，因内部管理需要，我带领团队进行研究和策划，最后形成了一致观点：将已经上市和没有上市的业务合并，合并之后分拆上市。到2004年，地产股如日中天，我们顺势宣布："为了进一步清晰业务，计划出售非核心资产。"这得到市场的普遍欢迎。2005年7月，所有前期工作完成，一举将已经上市的业务和没有上市的业务合并上市。站在股东层面来看，这是一次完美的并购，组建了另外一家以建筑业务为核心业务的上市公司。此案例有两点启示：一，掌握资本市场的规律，早做布局；二，超前做好上市之前的准备工作，机会一旦出现，立即实施。

研判并购作价

一项并购能否成功，作价非常关键。从专业角度来说，厘定价格常用的方法有三种，分别是市盈率法、净资产账面价值调整法、未来股利现值法。

市盈率法是根据估计得来的净收益和行业的平均市盈率来确定企业价值的方法。计算公式是：收购价＝预估净收益 × 市盈率。这个方法常被使用，使用频率最高的大多是轻资产项目。

净资产账面价值调整法，是以被收购方的账面净资产价值为基础，做必要调整后，可能给溢价，可能给折扣，来确定收购价值的一种方法。计算公式是：收购价＝被收购方账面资产净值 ×（1± 调整系数）× 拟收购的股份比例。此方法常用于收购重资产项目。

未来股利现值法是按照股票估价原理推算，公司股票价值是未来公司股利的折现值之和。这样一来，被收购方的价值就可以通过未来股利现值法来估算。通过预测未来公司每股股利和公司资金成本，可以估算出公司每股价值，然后以公司每股价值乘以公司发行股数，即可得到被收购方的整体价值。

以上三种估值方法常被使用。但在实际交易中，三种方式也常被混合使用。除此之外，还有许多商业决定。如果收购方是一家上市公司，出价也可以参考行业平均水平。再延伸一步，收购方出价及卖方还价是一个博弈过程，此博弈要考虑的因素很多，有时可能是情感决定，有时可能是战略决定，有时也可能是义气决定。无论哪种决定，都是买方和卖方觉得合适了才能成交。

并购失败的主要原因

长期以来，有很多文章的观点令我这个"现实派"觉得匪夷所思，它们说并购失败的概率远远高于成功的概率。究其原因，我认为有四个方面值得重视：

1. 并购目的不明确。如果目的不明确，或因为一时冲动，或因为需求模糊，或因为好朋友介绍，或因为好大喜功……乃至出现为了并购而并购，为了规模而规模，这样的并购不失败才是不可思议的。

2. 尽职调查不到位。如果并购目的很明确，并购标的也很清楚，却因尽职调查不到位，没有看清楚标的公司的真实情况，或者即使发现了一些问题，却没有化解风险的办法，就贸然下手，这必然导致失败。尽职调查涵盖的内容极广，面对历史悠久、业务庞大的标的公司，如果没有火眼金睛，真有可能跳进火坑而不自知。尽职调查可请外部公司作为帮手，但更应重视内部有经验的团队的意见。

3. 超出了自身的资金能力。有些并购看上去所并购公司资产价值较大，并购付出现金较少，就是我们常说的用小钱撬动了一个大项目，以为抱回来一个金娃娃，却没有想到并购后要不断地超负荷输血。若不输血它就会死亡，甚至拖垮原有的业务发展。我们一定要记住，并购的标的带来的负债是公司负债，到期是要归还的；还要记住，并购的标的公司未来的经营性现金流表现极为重要，若不能自己造血，问题将非常严重，像埋了一个地雷。

4. 并购后疏于管理。很多企业在并购前能做到认真、细致、卓越，但在并购完成后却疏于管理，没能及时从团队建设、文化融合、业务优化、策略调整等方面继续跟进。完成并购只是成功的第一步，之后的每一步也十分重要，万不可就此束之高阁，以为万事大吉。

并购失败还有很多原因。每家公司要在构建优秀并购团队上下足功夫，否则失败是难免的。优秀的并购团队必须包括战略把控专家、财务专家、产业专家、法律专家、内部管理专家和运营专家，缺一不可。这样的团队提交的并购报告才可信、可用。在集团决策时，决策者们再从更高的全局角度去审视，所投项目才会万无一失。

做好税务工作的思路

本节问题：

1. 为什么做好税务工作很重要？重要在哪些方面？企业如何有效管理此项工作？

2. 税务工作为什么要坚持合法合规？如果触犯法律法规，会带来什么后果？

地产行业链条很长，涉及行业多，税种也不同，与此同时，获得土地的途径复杂多样，交易环节复杂，每个项目公司的表现也不尽相同，因此，做好税务工作既有很多痛点也有很大的空间。

从管理目标开始

凡做税务岗工作的，工作时一定要有目标，这样才能找到实现目标的方法和路径。目标可以是定性的，也可以是定量的。赛普管理咨询出品的《决胜经营力 TOP 100 上市房企经营力评价与研究报告》一书将税负率最高的房地产企业分为两类：一类是资产自持项目多的房地产企业，原因在于土地成本低；另一类是土地升值溢价高的房地产企业，原因在于其土地增值税高，企业所得税高。定性目标更多聚焦在这项工作的初衷和追求，而定量目标是根据税务实际资源推算出来的，并赋予必要的激励机制。税务是一项非常特殊、非常敏感的工作，工作中要始终保持头脑清醒，万不能触碰红线。某家集团的税务部门把定性工作目标集中在三大方面：第一，要时刻拥有高质量的税务信息库；第二，要不断提升集团税务管理能力；第三，要不断发现税务能带来的真实价值。同时，它们还设定了集团的年度定量目标。定量目标有两大指标：第一，节税实现×亿元；第二，退税实现×亿元。当这两类管理目标明确后，税务部门就会把管理目标分解，责任到人，过程控制，逐月检查，必要时还会临时对量化目标做出调整。

建构合理清晰的逻辑思维

为了做好税务工作，某地产集团的税务团队脑子里时刻绷着一根弦，严格遵守公司的"三不"要求：不能偷税漏税，不能虚构发票，不能无中生有。这些要求是底线，必须坚守。在这一要求之下，他们做了三方面的具体工作。

第一，主动运用信息化系统完善业务。信息化系统可以辅助此项工作，减少税务人员的日常工作量，并使交易更加完善。

为此，他们自行研发和启用了三大业务系统：

（1）合同系统。税务工作要合法合规，必须从合同抓起。合同是交易的基础，是交易的依据，是成本构成的关键。有了有效的合同，资金才可以往来。集团要求每一单合同都要经得起政府税收部门的检查。

（2）增值税系统。在房地产行业，小业主购买商品房时支付的价款为含增值税的金额。从开发商的角度来说，收取的销售收入本质上属于销售货值，他们替客户缴纳相应的增值税的销项税，剩余金额为销售商品房实际取得的销售收入。过去这些都需要人工计算、清缴，需要花大量时间，并且时常会搞错，若用系统来解决，既省力，还能控制定价，保障交易的顺利完成。

（3）费用系统。在房地产行业，各种营销费用、行政管理费用、筹资成本费用的发生及合理摊销都很重要，需要一个系统来协助完成；人工去做，可能会发生考虑不周的问题，导致有些项目没必要分摊过多费用而分摊了。从税务角度来说，分摊这些费用必须合理、合逻辑。若用系统去完成，可以做到事半功倍。

第二，税务人员要主动参与到业务之中。税务工作做得好还是不好，到位还是不到位，关键是看税务人员是否真的了解业务，是否真的了解业务流程，是否能熟知现行可用的减税免税政策，并将其合理地应用到业务之中。对房地产企业而言，比如：

（1）拿地阶段。每一个项目的来源都不尽相同，要具体研究招拍挂条件、关注土地票据的合规性、收并购项目的溢价如何消化、收购资产及剥离怎么安排、购地附带条件如何运用、政府答应的退税又是如何利用等。单就这个环节，要思考和关注的问题就很多。若能处理得当，对做好税务帮助巨大。

（2）报批报建阶段。要清楚工程立项规划，清算成本分摊如何确定，项目红线之外的成本如何计算，安置房、保障房的成本是怎么构成的，非营利性设施产权归属和登记，等等。这些问题都会影响日后如何进行合理的税务安排。

（3）集采环节。材料是工程成本构成的重要部分，采购量是多少、材料价格是多少，有时难以界定。这两个因素对单方成本的构成影响极大，在核算时，大多数也是无法计量的。从税务出发，在这方面要多加思考，多加设计，多运用税收政策，可能会发挥独特效用。

（4）开发建设环节。需要找到总包、分包开展工作。有些项目建安成本控制得好，单方成本低；有些项目建安成本控制得不好，单方成本就高。最后结算时，是高合理还是低合理，没人说得清楚。另外，装修标准可高可低，也是一个说不清的成本构成，通过设计，其调节空间是巨大的。为了调节，可通过总包、分包、贸易等平台来实现。当掌握了这一手段，很多税务问题就能找到解决的思路。

（5）清算阶段。这一阶段，也许是做好税务工作的最后机会，比如清算方案是可以优化的，但如何优化可以请教外面的专业税务顾问。在清算时，未售资产如何作价、已经形成的确认的亏损额如何利用，以及亏损项目公司是否继续拿地，这些都可以做税务考虑。

以上说的几个阶段或环节，只是举例，未必有效，但如果去思考、去行动，就一定会有效果。其实，当一家房地产企业开发的项目多了，比如数百个，那么税务工作的空间就会被放大，税务工作的方法就会随之产生。为此，税务人员就要对每个项目及每个项目的开发阶段仔细研究、仔细推敲，当你站在更高层级审视税务工作，便能做出科学的判断和合理的选择、实施。另外要记住，做税务工作的时机很重要，有时想得挺好，但如果错失时机，就什么也做不成，如果硬来，必触犯法律。违法的事情绝对不能干。

第三，做好税务工作，要统一研究，统一指挥，统一行动。税务是一个复杂的保密的系统工程，如果没有研究，很难找到一个合理的安排。在执行时，要统一指挥，不能随意来。所谓统一行动，是指根据税务方案做好分工，并得到多方认可和配合，与业务紧紧地衔接，如此，才能达到目标。集团税务部门是整个税务工作的总设计部门、总指挥部门、总检查部门，从上到下，从业务到业务，从业务到财务，都需要统一行动，否则就有可能前功尽弃，甚至留下不必要的尾巴。这里面最值得强调两点：一是交易一定要合理，一定要解释得通；二是凡是涉及业务单元需要交税的，必须交税。税务管理部门要保证每一单交易按要求做到位。

为长期发展做好制度建设

不以规矩，难成方圆。既然税务工作如此重要，为了长期做好这项工作，必要的制度建设必须先行。没有制度，难成方圆。建立制度要考虑价值观、功夫和眼力。针对这一方面，一家集团做了如下工作。

第一，确立建立制度的三个基本原则：

（1）税务工作的每一个动作都要合法、合规，要保留工作底稿，永远经得起税务部门的检查；

（2）税务工作必须保持业务和税务有机融合，在操作上必须规范，按下发的操作指引去实施；

（3）税务工作必须建立在价值创造的基础上，没有价值的税务工作不要做，少价值的税务工作可做可不做，同时，全面做好风险防范和控制工作。

第二，根据需要，陆续制定并发布了若干必要的制度，例如：

（1）《税务风险管理办法》。这是一份从风险出发，结合公司业务需要制定的管理制度，是集团税务部门最高级别的制度，列为一级制度。

（2）《常见税种及发票处理指引》。这是一份对税种介绍及认识发票的工作指引，便于相关人员了解和掌握，在遇到困难时，可随时翻阅。

（3）《发票管理办法》。为了做好税务工作，业务单元之间要进行必要的业务结算。凡是结算，必须是开税务认可的发票，也就产生了发票管理办法。

（4）《税务管理规定》。此规定是对税务系统的体制、宗旨、税务资源信息库、外聘税务官等方面的原则规定，也属于税务部门的一级制度。

（5）《税务管理考核办法》。这是在《税务管理规定》之下建立的税务管理考核的办法。考核又分了若干种情况。按管理要求，对于集团内各子公司的税务表现进行排序，好的表扬并奖励，差的给予批评甚至罚款。

（6）《税务专家库管理制度》。做好税务工作往往要聘用外面的专业公司，为了规范、有效，以及界定职责和费用，集团制定了相关制度。

（7）《税务团队激励方案规定》。为了鼓励、鞭策税务人员积极主动工作，集团根据员工的业务特质和贡献大小发布了相关规定。

从税筹案例找到做好税务工作的思路

上文介绍的这些税筹做法，是来自一家房企成功税筹的案例。

  2017年，这家地产集团总部的税筹工作只有一人负责，工作基本无制度、无计划、无目标，做到哪里算哪里，做到什么程度算什么程度，也无人考核。有时出于并购需要，才会临时聘请外面的税务咨询专家协助。的确，外面有不少这样的咨询专家，他们经手过许多案例，有丰富的经验，然而大家都知道，税筹是一项严格保密的工作，并不需要很多人了解和参与，若全部依靠咨询公司来完成，风险巨大，甚至将来有可能被威胁。如今，这家集团总部从事税务工作的约有10人，分成七大片区、由专人跟进，建立了强大的、有效的、专业的税务管理体系和年度计划，可给公司创造可观的节税收入，对公司增收节支、开源节流帮助巨大。

  因此，强化税筹管理工作十分必要，势在必行。

做好市值管理之投资者关系

本节问题：

1. 投资者关系管理重要吗？管理体制上是如何设计的？分工上有什么特别职责？

2. 你是否认同投资者关系的三大工作目标？

建立和重视投资者关系，对上市公司来说，是一件极具挑战但富有意义的事情。今时今日，更显得十分重要。

公众公司的最大特点就是要摆脱原来关起门来自说自话的做事方式，顺应资本市场投资者的要求，将经营发展、投资决策、资金运用、关联交易等重要事项，及时地、客观地公之于世。这不仅是规则要求，也是提高透明度的要求。事实上，无论民营企业还是国有企业，只要上市了，就会增加很多方面的监督。但有些上市公司，没有投资者关系部，常常为了应付而推介，效果自然就不会好。

做好投资者关系的重要性

几乎每一家上市公司都有投资者关系部。有些公司将投资者关系部设立成独立部门，有些公司设立在证券部或金融部之下。无论是单独设立，还是设在部门之下，这个部门都应该受到重视，并赋予相应的职责。做好投资者关系，至少有以下三点意义。

1. 有利于做好管理层和投资者之间的沟通。公司上市后，由于公众股份全流通，公司的股东人数和股东所在地时刻都发生着变化。股东可能来自全球各地，现实中，这些全球股东不可能时常跑到中国与管理层见面，要想得到他们的信任和支持，并赢得口碑、获得更高的市场价值，企业就得定期去推介。推介的其中一个目的，就是希望有影响的投资银行为公司写分析报告，然后将企业表现优秀的一面或者需要股东理解支持的事项告知投资人。除此之外，还有债券投资者、其他利益相关者等也需要经常了解企业情况，那企业就需要有专人负责这方面的事情。投资者关系部就是充当这个角色的最佳选择。

2. 有利于稳定由基金、机构投资者组成的股东结构。上市公司最怕股东构成比较乱，没有大型基金、机构投资人的基础盘。要和大型基金、机构投资者或投资银行建立稳定、长期的关系，平时要做大量的沟通工作。我们的投资者关系部每年有两轮正式的推介活动，一轮是全年业绩公布之后，一轮是半年业绩公布之后。推介地主要在香港、新加坡、东京、伦敦、纽约、旧金山等地。一轮推介下来，少则一个月，多则两个月，有可能时间更长。出去推介，许多投资银行都乐意全程安排。

除一年的两轮推介之外，平时还有许多的专题推介。只有不断推介，投资者对公司才有一个连续的了解和认识，才能使公司在业绩表现不错的时候得到基金和机构投资者的支持，为公司长期发展提供一个良好的外部环境。

3. 有利于企业开展各项筹资活动。企业上市之后，股价表现得好与不好对股权、债权及可转债筹资活动影响巨大。为什么同一行业中背景相同、规模差不多的两家企业，一个市盈率较高，另一个市盈率较低？企业较高的市盈率是其需要配股集资时最为有利的条件。市盈率的高低，一方面和业绩绝对相关，另一方面也与沟通有关。随着基金、机构投资者的投资队伍的稳定，企业可从投资者那里获得许多有用的发展信息，也可获得长期的资金支持。如果投资者对公司有信心，即使在市场上遇到一些突发事件，也不至于选择恶意抛售股票的做法。

只有做好投资者关系，股价得以稳定且步步高升，才能为筹资创造一个又一个的良好外围环境。

价值管理的三个目标

基本目标：价值体现

投资者关系负责人要积极向公司投资者推介，让投资者认可公司，反映在股价上，要能体现公司的基本价值。一个企业的基本价值可从市场给的市盈率、市账率等指标来判断。若市盈率、市账率基本等于这个阶段同行平均水平，就说明企业的基本市场价值得以体现。为了实现这一基本目标，投资者关系部的全体人员一定要全面深入地了解公司，掌握多方面知识，并有处理公共关系的能力，用真诚、认真的态度与投资者打交道，期待获得认可。若做了相关努力，就有机会与投资者建立良好关系，并得到认可。

次高目标：价值挖掘过程

有的企业实际上很有价值，只是投资者没有发现。通过挖掘，期待市场给的市盈率、市账率等指标高出同行平均水平——比如，高出20%以上。

企业价值需要挖掘、开发和展示，我们把这个过程称为价值挖掘过程。价值挖掘有两个方式，一是企业自行挖掘，二是找到有分量的独立第三者——知名投资银行——挖掘。曾经，时代华纳正式把美国在线名字里的AOL去掉，标志着时代华纳和美国在线重新分开。为什么要这么做？这是金融市场的压力。挖掘的最终目的只有一个，即希望通过重新包装、重新定位、重新宣传，让市场给予较高的价值认可。挖掘过程是优化内部结构的过程，而投资者关系部充当了积极的组织者角色，或者是公司价值发现者角色。

最高目标：价值创造

在这个目标下，期待市场给的市盈率、市账率等指标远高于同行平均水平——比如，高出 50% 以上。

做好投资者关系的最高境界是通过创新工作，协助公司创造价值。由于投资者关系部直接对接投资者，时常可以从投资者那里获得第一手对公司的看法。很多投资者有相关的背景，也很专业，自他们投资企业股票之后就会很关注企业发展战略、业务布局、管理能力、财务能力、盈利能力。他们希望公司越来越好，因此多多少少会提出改进意见。对于他们给出的意见，投资者关系部都要细心听取、收集、研究和归纳，要不定期汇报给财务负责人或公司决策层。如果有些意见是正确的，就要积极采纳。特别在价值创造方面，若有可借鉴之处，就要积极听取和采用。

在财务负责人领导下，发现价值，实现价值

中国海外原本是一家香港上市公司，1992 年上市，培育了三大主业，分别是地产、建筑和基建。2003 年以来，随着地产行业发展势头不断上升，该企业的投资者希望管理层把精力和资源进一步集中到地产业务上，换句话说，就是希望把建筑和基建业务分拆或出售。资本市场有时就是这么偏激，在估值方

面，对建筑和基建业务的估值几乎为零，以此倒逼公司做出符合投资者意愿的决定。

经过研究，我们觉得投资者的看法和建议是合理的，可采纳。如果成功，公司市值至少可增加百亿元。

2005年，我们将建筑业务从中海地产以介绍上市的方法分拆出来，组建了以建筑为主业的另外一家上市公司。此时，中海集团旗下就有了两家上市公司，一家是以地产业务为主的上市公司，一家是以建筑业务为主的上市公司，两家公司共同发展。之后，两家公司的股价均"飞"了起来。记录显示，2004年12月31日，中海地产市值134亿港元，到了2005年12月31日，中海地产市值242亿港元，中国建筑（香港）市值13亿港元，两家公司相加，总市值增加了121亿港元，涨了近一倍。

事实证明投资者的建议是对的。我们顺应了市场要求，从结构上完成了一次价值创造。此案例说明，投资者关系部应当积极参与到整个公司的价值创造过程中，而不仅仅是作为业务沟通部门，要协助公司管理层做出一些判断和选择。若能如此定位，投资者关系部才是一个高水平的符合现代管理需要的部门，才是公司所期待的价值最大化的助力部门。

投资者关系部的职责

多年来，我一直分管这个部门，对此也是颇有体会。我认为投资者关系从上到下是一个有机体，其职责大体体现在以下四个方面。

1. 组织架构方面：此项工作可以纳入财务管理部，也可纳入金融部，更可以成为一个独立部门，名叫投资者关系部。这主要看公司的重视程度。该工作由财务总监分管。该部门编制至少三人，其中一位是主管，负责路演，另外两位作为助手，负责具体工作。

2. 日常工作方面：要紧紧围绕推介或路演要求和特性，做好方方面面的工作。为此，要制定投资者关系管理制度。其中，推介或路演制度要规定推介范围、推介频率、注意事项、敏感资料提供、非敏感资料提供、对投资者的接待、信息反馈等。

3. 业务协同方面：要和公司其他业务部门建立良好的协同关系。我把推介工作比作是公司业务的发言人，而发言人的后台工作离不开业务部门的鼎力支持，有时还要请业务部门出面站台。只有得到业务部门的大力支持，此项工作才能向前迈进、才能做得更好。另外，投资者关系部与公司领导因为推介可能走得很近，但千万不能凌驾于其他部门之上，狐假虎威。

4. 成员素质方面：由于投资者关系部有机会接触各类人士，所以对每一个成员的个人形象、谈吐、礼节都有所要求。由于有这方面要求，在挑选人员时要兼顾外形及知识结构，同时在工作中进行考验。只有那些德才兼备、仪容得体、对客户负责的人，才能从事这项工作。

投资者关系部的主要工作

投资者关系管理是公司通过充分的信息披露，并运用金融和市场营销的原理，加强与投资者和潜在投资者之间的沟通，促进投资者对公司的了解和认同，实现公司价值最大化的管理行为。

要做好这项工作，我建议从以下五个方面着手：

1.建立良好的投资者关系，需开展多层面的推介或路演体系。投资者关系部的其中一个重要角色是组织者。他们应投资者的要求，请公司总经理、财务负责人等主要领导与大家见面。做好这方面的安排也是有技巧的，不能随意安排，应付差事，而是要恰到好处地让不同的投资者都能觉得到被重视。此外，提前策划并积极准备每一次推介，以集中推介或一对一推介的形式，向分析员或投资者展示公司形象。

2.要充分掌握内部可以公开的信息，掌握得越多越好，越准确越好。这些信息包括公司历史、现状、战略、财务、预算、未来安排等。如果是一家房地产企业，还要掌握行业情况、公司土地储备、年度资本开支、销售情况、平均售价等。对于一些涉及公司敏感事件或市场关注的热点，要清楚把握，研究之后统一对外口径。

3.建立投资者档案。这些档案包括投资者的公司背景，投资人的国别、持有公司股票数量、访谈的经历，主要对接洽人，等等。投资者就是公司的老板，你越爱护他，他就越信任你。对投资者建立完善的档案，供随时查阅，就是为了进一步达到这一目的。你可以从一个丰富、完善的投资者档案中发现许多有意义事情。

4. 建立市场研究和同行的档案。在推介时，投资者很喜欢问公司所在区域的市场环境、政策解读，以及竞争对手的情况。一个好的路演或推介人员，一定要有所准备，千万不能说"我不知道"。行业里的所有企业都是竞争者，如果不了解市场和竞争者的情况，也就没办法说清楚本公司采取的发展策略是对还是错。正因如此，必须要建立这方面的档案而且动态地完善这个档案。

5. 投资者关心的问题要及时反馈。推介过程中，总会有一些问题一时回答不出来，推介人员对此要做好记录，待推介一结束，马上找到合适的答案予以回复。另外更重要的是，要趁热打铁，将投资者的看法和关注点汇总出来，报送给公司相关领导。反馈是必要的，其重要性在于让公司时刻洞察投资者关注的问题，也让公司做事方向更清晰、方法更得当，更加游刃有余。反馈内容时要客观，万不能加入个人的臆想和猜测。

做好资产重构和价值发现

本节问题：

1. 什么叫资产重构？如何发现资产的潜在价值？发现价值之后，下一步该做什么？

2. 如何鼓励财务团队建立资产重构的意识？如何鼓励创造性的劳动？

财务负责人掌管着公司的家底，对公司情况应该最了解，这是一个非常重要的资源；同时他与银行、资本市场保持良好的接触，从中可获得很多有用的信息。如果财务负责人是一个优秀的负责任的有心人，就要时常想着通过资产重组、业务重整，发挥资产的最大效用。也就是说，财务负责人必须要有发现资产价值并实现资产价值最大化的敏锐度和视野。

建立持续研究公司资产和业务的意识

财务负责人要时不时地研读公司的资产负债表。公司的很多秘密及交易都隐藏在这张报表之中。这张表是给投资人看的，如果不去看这张表的工作底稿，不对底稿进一步深挖，就无法了解资产的真实状况。也许一项不起眼的资产可能是一座金矿，也许一项看起来不错的资产可能是一个毒瘤。

我加盟碧桂园后，当时老板对我抱有很大期待。我带着中海的从业经验，花了数月研究碧桂园的资产负债表，记录了大量数据，然后访谈业务单元负责人。当把事情搞清楚后，我提出两项业务分拆上市的建议，一项是物业管理上市，另一项是教育业务上市。这两个建议很快得到老板批准。随后，我们组织了各方力量，根据资本运作要求，提出了资产关系梳理、业务重整和多项管理强化的规划。在我离开后不久，碧桂园的教育业务和物业管理业务陆续完成上市，随后又赶上了风口，由此，这两块资产所带来的价值远超成本法反映在资产负债表上所列示的价值。

所以说，财务负责人要有这方面自我要求，不管别人理解不理解，不断做超越自己的事情，这样才能对公司做出最大的贡献。

关注市场并积极迎接风口的到来

任何一个风口的到来都会有前兆。

1998年，中国实施了商品房改革，鼓励私人拥有自己的房子，房地产业开始缓慢起步。同时，随着银行按揭付款的配套措施到位，也随着中国城镇化的推进，房地产市场逐渐繁荣。

那时还是短缺经济的时代，只要是房子，无论好坏、位置在哪里，都会被一抢而空。在这种情况下，如果房地产企业已经上市，如万科，它们的股价便会一飞冲天。事实上，这个风口一直活跃了 20 年，算是一个行业的很长的风口期。

在此期间，建材市场的上市公司也经历了一段短暂的风口。到了 2018 年，房地产市场受到国家政策的强力调控和打压，整个供需逐渐被控制，房地产业的风口基本过去，换句话说，中国房地产行业从巨额增量形态开始转向存量市场，反映在资本市场的投资者的态度就发生了根本改变，投资者开始喜欢轻资产的物业管理公司，而逐渐放弃房地产开发公司。一个风口开启，另一个风口关闭，也就出现了物业管理的股票价值暴涨，远超其母体地产开发的股价的现象。

如果公司能提前做出这样的判断和筹划，提早进行必要的业务调整，就能实现资本价值的保值和增值。这就需要财务团队和战略团队共同跟踪研究。

积极寻找新赛道

资本是动态的，是逐利的。

财务人员掌握着公司资本，面对的是财务战略所强调的把资本投向哪里的关键问题。成熟的财务人员要不断地反思：之前资本投放的方向对吗？要不要做出调整？如何要调整，该何时调整？应该把手中还可以投资的资本投向哪里？这些都十分重要，不能回避，也不能随意回答，需要系统研究。在内部研究不清楚的时候，可借助于"外脑"。外脑可以是研究机构，可以是咨询公司。但他们的成果只作为参考，而不能替代决策。决策是一个复杂系统，一定要通过发挥决策管理系统的作用来实现。

很多经验证明，决策机构中的一把手或实际控制人极为关键。从福耀玻璃曹德旺的故事，从宁德时代曾毓群的故事，从阿里巴巴马云的故事，从腾讯马化腾的故事，我们就能知道一把手是多么的重要及关键。而财务工作者要在老板决策时尽职尽责及时做好参谋，比如对如何进行资本运作才能实现资本市场的重大突破的问题。当实现资本市场的重大突破后，若能充分利用资本市场筹资，并购需要的公司，企业就会裂变，甚至成为行业的翘楚。

若一家房地产企业的财务负责人能看到这个时代的重大变迁，在每年的预算中拿出数十亿元资金投资这些被称为"时代宠儿"的公司，或控股，或参股，都能获得巨大收益，也许就能为企业找到第二条、第三条发展赛道。如果不去研究、不去投资，是没有机会可言的。只有研究了、投资了，才有机会获得额外收益。

拿出一部分资本做新业务投资，才能有机会发现新赛道，实现公司的新飞跃。

从专业化管理角度调整资产关系

企业在发展过程中，可能会因为并购资产包而增加各种各样的资产，比如并购一个房地产资产包，可能带来若干酒店、商业、教育、建筑总包业务、物业管理，或物流园等资产，有时还会带来一些团队。在拆包的过程中，资产要进行归类。

归类之后，也许会发现某一块业务经过调整、充实、强化管理，可培育成一块好资产。这些好资产不要轻易浪费，也可能会分拆，分拆成一家上市公司；若运气好，还会赶上一个风口，实现资本增值。

2005年，中海地产分拆建筑板块业务上市就是专业化管理的需要。近年，地产分拆物业管理业务，也是专业化管理的需要。顺着这个思路去思考和研究，能实现业务快速发展，资产增值保值，还能把业务做大。现在，很多集团下面不止一家上市公司，也可能分成若干家业务清晰的上市公司。企业上市后，会受到很多方面的关注和监管，从而为做好这块业务创造必要条件。

分拆业务上市，可以筹资，也可以不筹资。如果不筹资，可通过派发红利的介绍上市来完成。碧桂园集团分拆物业上市就是这么操作的。于是，就可形成几大集团并肩作战的格局，为企业做大规模、扩大影响创造条件。

从主业清晰角度处理非主营业务

一家企业集团也许会有多个主业，但一家上市公司有一个主业就足够了。超出主业的业务，可以分拆出去。若不能满足上市要求，或者即使能满足上市要求，但发展前景一般，就可以出售。出售所获得的资金，就可为发展主业使用。这也是常见的做法。

主业越清晰，才能越干越好，资本市场才会给予更好的估值。

好业务其实商业模式很简单。我们不要什么都想干，如果人才匮乏，也许什么都干不好。若能主业清晰，配以良好的文化、制度、决策机制、运行机制，这项业务有极高概率能干好。即使是传统产业，也能通过技术改造、新技术应用及研发，创造出非凡的业绩。比如都是汽车行业，从燃油车到电动车，再配上先进的互联网移动技术，这种革命性的改变让汽车行业改天换地，又一次迎来高潮。房地产行业若能在未来建造出绿色、智能、环保、物业管理服务一流又便宜的好房子，一定会有美好的发展前景。专注主业，深化主业，技术不断创新，这样的企业一定会获得全胜。

这种聚焦主业和分离副业的做法今后仍然是趋势。因此，财务人员就要充当这种资产重构的建议者和推动者。在分离副业的时候，不一定马上或折损很多卖给第三者，可在集团某一个非上市领域过渡一下。过渡时，要精心培养、精心孵化，养得差不多了，然后择机出售。把资产负债表上的资产不断重构，也是财务人员时常干的大事之一。

发现或重构资产价值并实施

这是一项对主动性要求很高的工作。

现代财务管理要求财务组织有这种价值创造意识。这也是组织的灵魂。当这种意识融入组织血液，财务人员就能对资产负债表的资产及资本结构不断地进行调整。这也正是财务艺术的表现形式之一。

这种意识可以通过学习、培训来实现，也可以通过制度约束来实现。财务管理制度要求财务人员具备若干能力，其中很多能力就体现在创造性方面。若一个组织没有创造力，就是死水一潭。只有拥有创造力，组织才能获得变革机会。例如，制度可以要求财务部门负责人每年必须有两项创新提案。一旦提案被采纳，他可获得嘉奖。

一旦某项资产重构建议被采纳，就要安排实施。即使有时觉得还不那么完善，也要先做了再说，然后在实施中不断总结和修正。很多事情就是这样，如果方向基本正确，就要派人、派组织去做，也许做着做着就找到感觉了。重构资产，发现价值，然后去实施，当有了这样的做事方法，企业离成功就不远了。

第四章

聚焦房地产企业管理实践，破解财务难题

最近几年，房地产行业扑朔迷离，很多房地产人比较悲观，不少朋友也时常咨询我的看法。我在不少场合分享过我对这个时期的行业发展形势以及房地产企业财务问题的看法，但受限于时间等缘故，过往的分享不够详细和系统。2019年9月，应明源八点地产研究院邀请，我完成了一次较长时间的音频录制课程。在课程中，为了进一步满足有需要的房地产人的愿望，我比较详细地讲解和回答了相关问题。通过分享个人心得，若能推动行业的发展和进步，将是一件于己、于行业有益的事。本章内容是当时录制音频的文字版，并根据现实情况做了必要的补充和修订。

房地产行业的未来趋势研判

本节问题：

1. 如何看待当下的房地产行业？过去20年，房地产行业对中国经济有哪些贡献？

2. 未来，房地产行业仍存在，但存在的方式可能发生变化，大家准备好了吗？

虽然房地产行业的整体规模还在增长，但由于调控持续加码，整个行业的增速放缓，部分中小房地产企业，甚至部分百强房地产企业都出现了各种各样的发展困难。因此，很多房地产企业以及行业从业人员变得有些茫然：行业还有没有未来？如果没有未来，要怎么转型？如果有未来，现在该怎么做呢？

对于行业未来，我可以很肯定地说，房地产是一个好行业，依然有的做。理由之一是，地产行业在国民经济中的占比相当大，可以说处于龙头地位，短时间内不会为其他行业所取代；理由之二是，从行业未来的发展空间、可持续性和利润水平来看，房地产行业依然是一个很好的行业。不过，同其他行业一样，房地产行业发展到现在这个阶段，进入了新调整期，发生了一些新变化，比如，行业整体规模继续大幅扩大的空间已经不大，部分城市陷入竞争的红海局面，等等。那么，房地产企业要想在竞争中取胜并获取最大利益，就需要新的竞争力。

房地产行业仍在国民经济中占有较大比重

我国推行改革开放政策之初，"三补一来"的贸易形式快速兴起，加上人口红利，使得我国工业迅速崛起，成为世界的加工工厂。

40多年过去了，随着我国工业水平的提高，加上工人工资水平、社保福利等的提升，国内制造业的低成本优势逐步消失；2018年以来，中美贸易战持续发酵，长期来看，这将导致国内钢铁、彩电、汽车、半导体等产业过剩。中信证券的一份研究报告认为，这些产业有可能逐渐向我国的周边国家转移。

另外，中美贸易战至今没有落下帷幕。大国竞争，保持国内的稳定团结十分重要。要保持国内的稳定团结，经济就要保持稳健增长，人民要充分就业。我国的房地产行业在国民经济中占有相当大的比重，对稳定经济增长、促进就业具有重要作用。当中美两个大国博弈之时，其重要性就更加凸显。

我们都知道，我国制定了未来发展目标。因此，为实现2035年收入翻一番，经推算，未来每年国内生产总值（GDP）增速不得低于6%。作为拉动中国经济增长的三驾马车，进出口贸易呈逐年下降的趋势，传统基建投资也到了峰顶；消费虽然呈现上升趋势，但受制于居民购买力，若要发生质的提高，尚缺许多条件。

作为万业之首的房地产行业，上游承接钢铁和建材等行业，下游串联建材、家居、营销、装饰和家电等行业，对于经济发展的重要性不言而喻。

数据显示，在2018年，房地产对GDP的直接贡献达5.98万亿元，增速3.8%，占总GDP 90万亿的6.6%，如果算上土地出让收入，其贡献度在12%左右。如果加上带动的相关上游和下游产业，有学者估计，它对GDP的贡献可能在30%左右。

所以，国家的发展根本不可能缺少房地产业，多年来的调控都是希望房地产行业能健康、高质量地发展。

房地产行业是当前相对较好的行业

虽然近来对房地产行业有不少悲观的论调，但是我们仍然可以从以下四个方面看到，房地产行业是当前相对较好的行业：

第一，发展空间足够大。截至2018年，中国城镇化率还不到60%，和发达经济体相比还有很大的差距。目前，发达国家的城镇化率都比较高，日本接近94%，美国和英国约为83%，德国约为76%，意大利约为70%，发展中国家的巴西也已经达到 86%。相比之下，我国的城镇化率还比较低。

以每年城镇化率可实现 1% 推算，我国至少还要有 10~15 年的发展期，才有望接近部分发达国家的现有水平。这意味着住宅增量市场开发至少还有 10 多年的好日子。如果算上旧城改造、城市更新所带来的需求，那规模就更大了，持续的时间就更长了。

据估计，全国约有 17 万个老旧小区需要改造，涉及总规模在 3 万亿~5 万亿元。按照 3~5 年的进度规划，每年的旧改规模差不多有 0.8 万亿~1 万亿元，这个体量意味着什么呢？我们来对比一下，2018 年全国住宅开发投资为 8.6 万亿元，旧改的规模相当于 2018 年住宅投资总规模的 9%~12%，这个比例是相当惊人的。

这对房地产行业具有很大的支撑作用。

我们不妨再来设想一下城镇化率完成之后的情形。按照 14 亿人 80% 的城镇化率来计算，那就是 11.2 亿人，若人均住房面积为 40 平方米，这就是 448 亿平方米。因为按照国家统计局的数据，早在 2016 年年底，我国城镇居民的人均住宅建筑面积就达到了 36.6 平方米，因此，城镇化率达到 80% 的时候，人均 40 平方米是一个很保守的估算，按照一年 2%~3% 的更新，就是 9 亿~13.5 亿平方米的需求……何况到那个时候，增量开发也不是完全消失。美国的城镇化率已经这么高了，每年依然有 100 多万套（2018 年是 125 万套）新建住宅的需求。所以，就行业来看，仍有很大的发展空间。

第二，目前房地产行业的毛利率依然居各行业之首。虽然近年来房地产行业的毛利率整体呈下滑趋势，但依然有20%~30%的水平，远高于制造业十几个点的毛利率水平。这主要得益于以下两个方面。一是可以高杠杆运行。目前房地产企业总资产负债率多数在80%以上，这意味着总投资10亿元的地产项目，房地产企业仅需投入1亿~2亿的自有资金，其余资金多数来自银行、基金、信托等金融机构。只要产品好，卖得出去，周转得过来，就可以不断地循环下去。二是房地产项目是可以预售的，房子还没盖起来，钱已经收回来了，而这些都是零成本的钱。这是其他行业都不具有的优势，也是房地产行业能够高杠杆经营的重要原因之一。

第三，固定资产的保值和增值效果依然明显，大家都有购买房产的意愿。举例而言，如果你在2008年全球金融危机前后置业了，你的资产就有可能升值达5~10倍；如果你在2014年房地产行业最困难的这一年置业，你的资产有可能升值1~3倍。有人讲过，如果你有刚性需求，任何时候买房都不会有错。房产不仅有保值功能，还有增值的作用。

2016年9月30日以来，我国楼市调控不断加码，2019年1—8月，全国房地产调控政策多达367次，相比前一年同期增长17%，累计次数刷新了房地产调控纪录。然而，即便是在如此严防死守的情况之下，根据国家统计局公布的数据计算，

2019年上半年，全国商品房均价同比（跟2018上半年比）依然上涨7.50%。考虑到买房还可以加杠杆，这个收益率是很可观的。如果拿这个钱去做其他投资，如股票，绝大部分很难获得如此高的回报。中泰证券的一份研究报告显示，假设10年前买入并一直持有大宗商品、债券和股票，它们的累计回报率分别是30%、51%、57%，年复合涨幅仅2.7%、4.2%和4.6%，远低于同期房价的涨幅。

在过去10年、20年里，住房投资无疑是聚集财富的最佳方法。很多人就是因为买房较早，生活质量大大提高。未来，房价不会像过去那样大幅上涨，但保持与GDP增速同步还是可以期待的，城市核心地段的房子依然是不错的保值产品。

第四，2019年4月8日，国家发改委公布《2019年新型城镇化建设重点任务》，提出要积极推动已在城镇就业的农业转移人口落户，城区常住人口300万~500万的Ⅰ型大城市要全面放开、放宽落户条件。新城镇化叠加户籍制度改革，将造就房地产行业全新的发展空间，将形成京津冀、长三角和粤港澳大湾区等9个以上的都市圈。而关注每一个都市圈就是把握机会。

很多年以来，国内人口流动呈以下一些特点：从中西部向东部、南部沿海流动，从北部省份向南部省份流动，从农村向城市流动，从小城市向大城市流动，从小都市圈向大都市圈流动。这些人口流动的方向布局，就是房地产行业的投资机会所在。各地落户条件放宽之后，部分流向会被削弱。比如，诸多数据显示，近几年新一线城市对人口的吸引力大增，这些城市本身就处于城市圈中。在新政策驱动下，有9个都市圈将是新机会，房地产企业在这里将有较高的活跃度。

新形势下房地产企业呈现出来的新特点

整体来看，房地产行业的规模依然很大，发展空间也很大，但已经过了躺着也能赚钱的时代。发展到当下，房地产行业呈现出一些新特点，企业在投资时必须高度重视。唯有做好适当的风险规避，才不会被时代淘汰。

新形势下，房地产行业呈现出来的新特点主要有以下三个：

第一，不得不承认，房地产业已经进入"峰值横盘"时代，高位运行之下房地产业的市场总量将维持在15万亿~20万亿。按照城镇化率推算，横盘至少持续10年。此峰值过后，房地产业才会从增量市场向存量市场缓慢过渡。到那时，行业更多关注的是住宅出租、长租公寓、写字楼、商业集群及物业管理等资产的运营管理。事实上，很多房地产企业已经开始布局，以适应市场的变化。但这些业态短期内挣钱不易，还是要十分小心。

第二，2019年以来，二线城市成为房地产企业竞争的主战场。原因有三：一是一线城市限购、限售政策没有放松；二是

三、四、五线城市的需求不足；三是相对一线城市来说，二线城市的收入不低，但房价却低很多。比如长沙，根据国家统计局和克而瑞的数据，长沙 2019 年上半年的房价收入比只有 6.4，西安为 9.6，因此这些二线城的发展潜力仍然是巨大的。不过，由于 2019 年 4 月以来二线城市"地王"频出，已经引起高层重视，于是相关调控政策加码。未来如何破局，就要考验各房地产企业的智慧了。

第三，国内金融政策时紧时松已是常态。眼下监管部门针对拿地太多的地产公司的筹资活动要求收紧，收紧主要集中在标准化筹资审批方面，也延伸到非标筹资方面。这对房地产企业又是一次考验。因此，房地产企业一定要把经营性现金流管理提到重要的议程上来。现在抓还不晚，还有巨大的周转空间。

尽管房地产业呈现出以上三大特点，但未来 10~15 年仍是蓬勃发展期，投资机会巨大。但是，企业需要精准布局，强化精细化管理，向管理要效益。

房地产企业"过冬术"及利益最大化做法

资本是追逐利益的。

虽然行业依然向好，但能否从中赚到钱又是另外一回事。判断是否能赚钱，长期来说看行业，短期来说看政策。这个行业长期来看肯定是一个好行业，但在当前筹资收紧和"五限"政策严格实施的情况下，房地产企业都要"过冬"，与其被动接受，不如主动改变。对此，我们可以考虑以下五个解决思路：

第一，一定要找到企业可用的金融工具，并将这些金融工具用到极致。无论是与银行对接，还是与监管部门的审批申请对接，工作一定要做到精细，把能保证的尽可能做好。现在银行筹资虽然收紧，但政策并非要将房地产行业打死，依然有较大的周转空间。例如，企业可以开发贷筹资继续发力，在城市更新贷筹资方面下功夫，可以大力推进供应链筹资和商票筹资，等等。由于筹资难，企业就要想尽办法在运营管理、销售管理及货币资金回笼方面下足功夫，由此完成经营模式的初步转型。

第二，找到适合企业的"安全垫"。每个企业在发展过程中对风险控制的意识都是不一样的，有些企业可能追求高风险下的高增长，有些企业可能不是这样，但每个企业必须要有"安全垫"意识，并落实在行动上。这个"安全垫"是什么呢？就是在市场出现极端情况的时候，财务如何让企业活下来。常规的做法是确保现金占比（现金÷资产）大于或等于15%。还要知道，现金分为可动用和不可动用两部分，重点要关注可动用资金的占比（可动用现金÷资产），确保它不得低于10%。所以，你一定要保证至少未来3个月、6个月甚至9个月可动用现金满足刚性需求。如果小劫过不去，发展就会遇到大麻烦。

第三，耐下心来静观其变。此处的耐心是指在内部管理上下功夫，尽可能盘活低效资产。现在很多房地产企业在手货值可能有一两千亿，土地储备有三五千亿，这些都是可以拿出来的有效货值，在这个时候可以用多种方式（如代管、合作、基金等）来推动，尽可能少花钱、多回笼资金，以解决资金流动性问题。

第四，管理好预期。房地产行业原来每3年调整一次，但我相信这次调整的时间会更长。华创证券研究认为，这次调整估计在6~7年。2016年9月30日之前的3年小周期已经消失了。2019年7月30日中共中央政治局会议再次强调不将房地产作为短期刺激经济的手段，把更多的资源转用于工业及实体经济上。未来五年期贷款市场报价利率（LPR）其实也是建立防火墙制度，将实体经济和房地产的筹资成本区隔开。从2019年半年报的披露情况来看，有些企业的预期增长是50%，那么投资额肯定会比较大，但资金又回不来，只能加杠杆，但筹资通道又不通畅，这样就会产生一系列问题，所以要对未来预期做适当下行调整。

第五，房地产企业要追求均衡发展，只有均衡发展才是房地产企业基业长青的法宝。这也是长期主义的需要。在这种情况下，房地产企业应该关起门来，夯实自身管理基础，向管理要效益。对于房地产企业的长期发展来讲，一定要追求均好，不能单看某一个指标，比如规模。

从财务管理角度来说，房地产企业发展到今天，一定要学会管好经营性现金流，所谓"高筑墙、广积粮"，就是指力争把库存卖出去，把压在土地上的投入变成现金，让资金池里多点钱——活水，然后静观其变。

从目前来看，调控政策短期是不会放松的，房地产企业能不能熬过严冬非常关键。而房地产行业是一个巨大的行业，即使横盘，也还有10年以上的发展期，就算规模从15万亿降到10万亿，也是一个非常大的行业，这个行业的前景依旧向好。

要知道，只有不好的企业，没有不好的行业。

负债率管理

本节问题：

1. 负债率管理是一个永远绕不开的话题，特别在当下，那我们该如何面对呢？

2. 负债率到底是高好还是低好，已经变成了一个哲学命题，你能认同吗？

房地产企业在运行过程中往往很重视财务杠杆、经营杠杆和合作杠杆。站在财务角度来看，这三个杠杆均反映在资产负债表的右边，即资金来源方。它们之间有一个权重关系，且其形成受到很多方面的影响，有外部因素，也有内部因素。我们假设一下，如果房地产市场销售是很火热的，土地市场也是很火热的，那么财务杠杆就应该是加而不是减，它的占比就应该加大，越大越好；如果销售市场下行或横盘，土地市场仍然火热，就要减财务杠杆而不是加财务杠杆，因此，千万不能把方向搞反。

而财务杠杆的高低决定着负债率水平的高低。在国家强力推进"去杠杆"的政策环境下，这让不少房地产企业都感到运营困难，核心原因就是没有管好负债率。因为资金方往往只会锦上添花，很少雪中送炭。在不断加码的调控政策下，借钱数额巨大的房地产企业很难再借到钱，即使能借到钱，成本也是极高的。近两年来，很多标杆房地产企业都在大力降低负债水平。

那么，合理的负债率水平到底是多少，又该怎么管理呢？

从个人实践看负债率管理

关于负债率管理重要性的文章和著作很多，我在这里列举两个实例，借以警示房地产企业能更加重视负债率管理，以免在暴风雨来袭的时候，一不小心就被"肢解"了。

1997年香港回归伊始，亚洲金融危机爆发，这对中海地产的打击可以说是致命的。中海痛定思痛，于2001年制定了净负债率不得超过40%的红线管理规定。这是一条铁律，企业上下必须严格执行。自此，中海小步快跑、稳字当先，如今它成了行业的利润王、市值王、品牌价值王。

我在2014年4月加入碧桂园后，为了获得在境外筹资方面的重大突破，向境外投资人发出了一个清晰的信号，即净负债率控制在70%以内。尽管要做到这一点很吃力，但因为有这个需要，我们就一直努力做。因此，碧桂园获得了大批境外投资者的青睐，3年之后，碧桂园的销售额超过3000亿元。

因此，企业有必要重视负债率管理。

负债率管理是否有统一标准

负债率管理是企业财务管理人员的一门必修课。若重视，可为企业的发展锦上添花，让市场对管理层充满期待，而管理层也必须为郑重承诺做出不懈努力。但在实操过程中，负债率管理是一个十分复杂、敏感的事情，往往需要一场又一场的博弈。

负债率，俗称杠杆率。教科书只教给我们如何计算这一类指标，但并没有说这类指标在什么区间最为合理。这说明，负债率的高低并没有统一标准，而是与整个行业的发展轨迹密切相关。

2005年以来，中国房地产行业进入蓬勃发展阶段。虽然在这期间的调控从未间断而且一次比一次猛烈，但每个小周期里都有逆袭的大机会。部分房地产企业一方面苦练内功，另一方面伺机而上，将净负债率推到高达百分之几百，最终成功了。

比如，《"告别"旧恒大》一文写道："夏海钧认为，恒大用高负债换来的土地，牢牢抓住了中国房地产的黄金20年，成就了今天恒大的龙头地位。"多年来，恒大可以说是行业的"负债王"，很多银行、投资人为之担心害怕。但恒大借着2017年上半年的良好局面顺势而为，一次性把几千亿债务顺利置换，并制定了脱骨换胎的转型战略，即低负债、低杠杆、低成本、高利润的"三低一高"战略，这将成为它未来新的经营模式。虽然是否真的能发生这样的转变不得而知，但管理负债率取决于企业在追求什么，以及追求背后的商业逻辑是什么。

管理负债率是门艺术，到底何时高何时低，高多久低多长，答案就在每个企业管理者的心中。负债率是个量化指标，有普遍标准，但辩证来说，如果长期坚持某一个量级，未必一定是对的。

经营过企业的人都知道，负债率的高低不仅仅与财务人员筹资有关，更是与整个企业的经营、运营系统管理和系统思维有关。

从实务角度来看，负债率管理关乎企业的每个部门、每个环节、每个人，这都在对负债率产生或正或负的影响。

聚焦公司基本面，无论负债率是高还是低，我们都时刻需要对商业模式进行再造，组织架构再优化，对管理薄弱环节进行再夯实。

就房地产行业而言，可以细分出几十种商业模式。每种模式对负债率的要求都有所不同，因此不能一概而论。

对企业而言，没有规模就没有行业地位，没有行业地位就没有话语权。企业若没有话语权，在筹资时，银行不会给更好的筹资条件，在各种排行榜也是可有可无。企业管理者其实很看重榜单排名，这是面子的需要，更是实力的证明。再加上过去成功案例的示范效应，过去几年很多房地产企业也不断放大杠杆冲规模，如今看来，有的成功了，有的还在路上，尚说不清楚。

房地产企业负债率有效管理的决定因素

房地产企业高杠杆经营逆袭之所以有的成功，有的失败，关键在于后者没有做好负债率的上限管理。负债率到底多高才算合理，其实没有什么标准，但上限管理却很重要。

在 2016 年春夏之交，我和一位地产企业的管理者几次探讨负债率管理问题，他有他的坚持和判断，他说："在做生意方面，财务要记住，在不违法的前提下，永远不要让公司业务受到任何约束，能做就狠狠地做，不能做就耐心地等待。"同时还说，保持良好的资产变现能力和良好的经营性现金流才是风险来临时的最好保障。由此可见，负债率也不是无限制、无约束地可往上提高的，要有一定的上限管理。

负债率的合理上限到底是多少，依然没有统一说法，但可以从以下五个因素的组合进行考虑：

（1）整体经济趋势是上升还是下降；

（2）所处行业是否还有机会，是大机会还是小机会；

（3）加上沉重的筹资成本后，毛利率处在高位还是低位水平；

（4）高负债率下，股东资金回报率是否比没有使用负债率的回报要高；

（5）高负债率背后的资产质量如何，是高质量资产还是劣质资产，是变现快的资产还是变现慢的资产。

假设行业平均净负债率为50%，那么，你的公司是选择高于50%还是低于50%，这取决于上述五大因素的共同作用。

一位成功的房地产企业管理者曾说，高周转是化解企业运营风险的关键。他最为有名的一句话是这么说的："我曾问总裁，如果给他一元钱，一年后他能给我挣回多少钱。总裁说他能给我挣回五毛钱。我说不用，挣回三毛钱我就很开心了。"

这段话成为房地产企业人人皆知的管理精髓。

这位管理者一直强调，他经营企业追求的是股东资金年化回报率。如今，该企业的股东年化资金回报率可达到80%左右。这是一个现金流管理概念，是会计上讲的收付实现制下的口径。

房地产行业是资金密集型行业，资金周转率非常重要。如果你的企业的资金周转比其他企业快，就会产生高于行业的叠加效益。

长期以来，该房地产企业的毛利率水平在行业内是偏低的，因此，管理层每次见到国外分析员时，分析员总在这个问题上发难，而管理层解释的高周转带来的叠加效益，分析员根本听不明白。这其实很简单：在周转率较高的情况下，如果1元钱在一个周期挣3毛钱，两个周期下来就能挣6毛钱；在周转率低的情况下，哪怕1元钱在一个周期能挣4毛钱，但在同样的时间期限里只能做一个周期，也就只能挣4毛钱。虽然该房地产企业的管理层对此感到有点无奈，但只要他们一直按照认定的做法去做，最后时间能证明这是对的。翻开该企业的公开资料你会发现，尽管它的毛利率偏低、负债率偏高，但是周转率一直是行业最高的。正是对这一模式的坚持，成就了这家房地产企业在中国乃至全世界的江湖地位。

所以，衡量负债率的一个重要指标就是，你所关注的企业的资金周转率。如果资金周转足够快，说明生意可以做。既然可以做，就得开足马力做，能多快就多快。

这其实覆盖了上述五大因素。周转率高，说明经济趋势整体是上升的，行业的发展机会依然是存在的。如果整个行业都不行了，再牛的企业也很难保持优秀；另外，周转快，说明资产的质量不错，大都是可以快速变现的资产。

几年前，我读过《投资自己的梦想：孙正义的人生哲学》这本书，现在仍然记得一些情节。书中有这样一句话："互联网隐形大帝、日本企业家孙正义说：'我是一个数字化的人，数字从不会说谎。只有数字才能将纷繁复杂的事务简化到本来的面目。'"是的，财务数字不会说谎。最近，我在飞机上读了一篇有关孙正义的追踪报道，想起了他说过的这句话，这是他59岁时对投资者说的，是他的信心所在。然而，投资界警告称，"Vision Fund对杠杆的依赖进一步增加了孙正义面临的挑战，他必须在一个已经充斥巨量资本的行业内，找到有价值、有规模的投资交易"。

过去几年，乃至更长的时间，很多房地产企业老板是像孙正义那么做的。在房地产黄金发展的20年间，有些房地产企业老板直言"赚钱太容易了，躺着都能挣钱，有时觉得钱赚得有点不好意思了"。可是，我们正在告别供不应求或短缺经济的草莽时代，暴利渐行渐远。虽然2016年、2017年出现了大牛市，又让不少房地产企业实现了"弯道超车"，让跟投人员赚得盆满钵满，但这样的机会往后会越来越少，或者永远没有了。因为自2016年下半年开始政策环境强烈收紧以来，行业的集中度快速提升，30多家千亿房地产企业的布局、打法、策略和产品品质趋同。正如上一节讲到的，2019年4月，大量房地产企业抢滩二线城市，导致二线城市的地价急速飙升，让地方政府不得不出手加大调控力度，如此内外因素作用下，房地产企业还能舒服吗？

总的来说，高负债率的商业模式是一场豪赌，赌注是钱，赌的是坚信未来会更好。

房地产企业的负债、规模和利润三者关系如何平衡

我们常说，房地产企业的负债、规模和利润是一个不可能

实现均好的关系，但很多人不断研究、不断尝试，希望能解决这个难题。我也做了很多研究和观察，得出了以下几点结论：

第一，这三者之间的关系无法用公式计算，只能靠企业自身积累和总结的经验。

第二，这三者之间需要一种平衡关系，也需要一种制约关系，但平衡和制约是动态的，不是固定不变的。现实中，三者的关系随着外在、内在各种因素的变化而变化，此变化与市场及各方博弈有关。

第三，每家房地产企业在制定这三者之间的关系时，受行业的影响巨大。整个市场有几万家房地产企业，超大型的也有几百家，每家房地产企业在制定企业策略时都要参考同行的做法。我们常说，企业要顺势而为。若大多数房地产企业已经把这三者之间的关系转变为新型关系，那你所在的企业也要变，如果坚持不变，做法上可能就错了。

第四，短期内，高财务杠杆是根本降不下来的。如果硬要降下来，牵一发而动全身，将引起金融、社会的骚动。当前，如果硬要把高负债降下来，一是没有这个条件，二是也没这个必要。但是，无论降还是不降，企业最核心的任务之一，就是要把经营性现金流作为第一要务来抓。如果经营性现金流管理不到位，企业安全运行就成了大问题，当出现"黑天鹅"事件，导致资产贬值、股市下跌，不仅严重影响企业流动性，还会造成巨额亏损。

第五，如果有机会，企业要努力扩充资本——资本扩大了，规模就能做大，利润总额就能相应提升。比如，利用资本市场的窗口实现定增。再比如，可分拆下面的业务上市，募集资本金。这对降低资产负债率、降低净负债率、提升企业价值、保证公司安全运行都是非常重要的。所以，把每一次风口——资本窗口——抓住、利用好，是企业很重要的日常工作。

万一出现财务流动性困难又怎么办？

当企业出现规模扩张太快、融资受阻、财务资源没法平衡的问题时，往往会导致公司财务流动性困难，那么此时该怎么办呢？

马上停止买地、工程缓建、裁员减薪、出售项目、出售项目部分股权等都是正向的做法，而当我们运用逆向思维时，也许还能找到更多的解决办法。如果遇到不可克服的困难，可能就要进行财务重组。在商业环境里，财务重组很平常，最多就是股东原来持有80%的股份，可能在重组之后只剩40%、30%，但这个公司还是他的，只是多了一个投资人，公司还是存在的，当然可能预期的股东收益比原来低，拥有的家底或者某些榜单排名比别人低，但是奋斗了，比不奋斗的效果总是要好得多。

整个房地产市场就是一个扩张、洗牌、再扩张、再洗牌的过程，香港也是这样的。我在香港经历了1997年金融危机，很多公司被"洗掉"了,房地产市场最后集中在 5 家大的地产公司手上。中国内地的房地产市场是不是经过多次洗牌之后,会集中在 100 家之内呢?也有可能。因为这个市场很大,若能集中于 100 家优质房地产企业,对国家、对个人都是好事。

房地产市场实际上是在竞争中的自我平衡,房地产企业则是在竞争中的优胜劣汰。这是规律,谁也无法阻挡。

关于负债率管理的总结

过去 20 年,房地产企业都在一路豪赌,也基本上都成功了。可是,未来 10 年敢不敢继续豪赌呢?我认为仍取决于前文讲的五大因素。

每家企业的追求不同、资源禀赋不同,所以答案也并非唯一。而核心在于对自身禀赋——DNA——认知是否清楚,对目标是否坚定。如果你的企业的回答大多是"Yes",继续高负债、高歌猛进不会有太大的问题;如果你所在的房地产企业的回答大多是"No",选择低负债、低飞远行是明智的;如果你所在的房地产企业回答得含糊,那就选择动态负债率管理法,见步行步。

事实上,我们不要一谈高负债就觉得高危,谈虎色变,而是要正确了解自己、认识自己,找到切实可行的防范财务风险的办法,并动态监督与实施。市场有的做,就加杠杆努力做;

不能做，就减杠杆，把自己裹得严严实实的，保守行事，确保平安过冬。

当我们对 2019 年上半年上市房地产企业的业绩报告进行梳理，把净负债率排了一个"龙虎榜"时发现，最高是泰禾，高达 258.7%，华夏幸福 233.3%，富力 219.1%，融创 205.9%，恒大 152.1%，阳光集团 145.1%，新城 76.6%，融信 76.6%，旭辉 69.5%，碧桂园 58.5%，世茂 56.8%，招商 56%，龙湖 53%，华润 43.6%，万科 35%，中海 33.8%。再和 2018 年半年报做比较，发现大部分房地产企业的净负债率都得到了明显改善，但个别房地产企业仍在恶化之中。纵观当前和研判未来数年的形势，降低负债率显然是每家房地产企业必须重视且必须做好的一项工作，或者说是一项不得不选择的重要任务，否则企业生存发展会难上加难。

信用评级与筹资成本的关系

本节问题：

1. 你了解信用评级吗？为什么要进行信用评级？信用评级有用吗？

2. 信用评级结果和筹资成本的关系是什么？信用评级和评级结果使用要付费吗？

无可否认，信用评级对房地产企业的筹资成本影响巨大。一般而言，如果房地产企业信用评级高，其筹资成本就低；如果信用评级低，筹资成本就高；有信用评级和没有信用评级在筹资时的差别也是巨大的。比如2020年，一家中央企业背景的房地产企业境外信用评级是"BBB"，即投资级，筹资规模3.0亿美元，5.5年，票息3.75%；而一家民营背景的房地产企业境外信用评级是"CCC+"，筹资规模2.0亿美元，2年，票息11.5%。这么一比较，结论就比较清楚了。

房地产企业的信用评级

理论上讲，无论是上市公司，还是非上市公司，是单一公司，还是集团公司，如有筹资需要，都要进行信用评级。

如果一家房地产企业仅在国内市场筹资，那么只要有国内信用评级结果就可以；如果一家房地产企业要在国际市场上筹资，就要在境外进行信用评级；如果一家房地产企业既要在境内也要在境外筹资，就可选择两边信用评级，当然，也可以选择不做评级。

信用评级要不要做，取决于企业的基本判断。如果企业自信可以获得良好的信用评级，对筹资及降低筹资成本有帮助，那为什么不进行信用评级呢？如果企业没有这个自信，即使花钱了，评级的结果也不好，对完成筹资及筹资成本降低没有什么帮助，那就不要评级了。当评与不评没什么区别时，也不用评级。

大家一定要明白，进行信用评级是需要花钱的，动辄几十万美元。如果将来发债成功了，由于使用了评级机构的评级结果，也是要给费用的。当然，房地产企业若发债筹资，就更需要评级公司，因为买债人很看重评级公司是谁、评级结果如何。如果房地产企业选择一家知名的评级公司进行评级，得到的评级级别又高，对成功发债和控制筹资成本有巨大帮助，否则，效果会很差。

如果你的企业是一家有心做大的房地产企业，而且对股东负责任，那么通过信用评级及每年两次评级的检讨，你会学到很多东西。至少你会知道企业目前真实的财务状况：如果优秀，优秀在哪里；如果较差，差在哪些方面。很多时候，不比不知道，一比才知道问题的可怕。评级公司在输出结果时都会从两个角度概述公司，一方面概述公司在哪些方面做得不错，另一方面概述公司在哪些方面还需要改进，以及改进的方向和目标是什么。

但实际情况中，房地产企业评级往往都是财务管理人员或证券管理人员在推进和落实，而企业管理者、投资人、经营者不参与，他们只要知道结果就可以了。

很多房地产企业很在意规模，认为如果规模做大了，能排到行业前几，信用评级也就可以得到更好的结果，而当得知结果与其心理预期相差较大时便会接受，并且责怪下属工作不力，甚至想到换人。有这么一个活生生的例子。一家房地产企业的销售规模处在行业前20，其境外评级却一直很低，得不到资本市场的认同，但国内评级机构一直给予其最高的"AAA"级别。问题出在哪里呢？难道是境外评级机构错了吗？这家房地产企业应从企业实际出发，好好反思。如果境外评级评错了，就要和境外评级公司做好沟通和解释，力争提高评级。

信用评级和信用评级机构

何为信用？肯定不是讲的道德层面、法律层面的事情，而是将一系列可以量化的财务数字作为核心考核指标，然后再搭配一些综合因素分析后给出的风险提示结果。所谓综合因素，比如房地产行业，它是处于上升还是下降通道，企业股东背景强大还是一般，企业未来三年财务预测是怎么安排的，等等。

国际上公认的最具权威的信用评级机构均来自美国，它们是标准普尔、穆迪公司、惠誉评级；国内有五大评级机构，分别是东方金城、中诚信、联合咨询、大公国际、上海新世纪资信。每家评级公司都有自己的评估模型。模型是按行业划分的。国际评级公司针对中国企业在许多参数上做了大幅针对性调整，换句话来说，中国企业的信用评级衡量标准不同于其他国家的衡量标准，国际评级机构对中国房地产企业的要求也高于发达国家的房地产企业。

具体而言，信用评级就是通过对房地产企业经营水平、财务状况、管理能力、所处的外部环境等可能影响被评对象信用等级的诸多因素进行分析研究，综合判断债务人按时偿还债务本息的意愿和能力，然后用简单明了的符号加以表示，并提示给投资者的一种评价或咨询行文。

信用评级有两个重点：一是被评人的信用风险，即偿还到期债务的能力；二是偿还债务本息的意愿与能力。所以可以推断，信用评级并不十分关心投资风险、经营风险、价值和业绩的表现。这就和股票投资的价值分析有所不同。

房地产企业信用评级的关键财务指标

我国监管部门有明确指引，企业信用评估的信用等级采用国际通行的"四等十级制"评级，等级分为：AAA、AA、A；BBB、BB、B；CCC、CC、C；D，这也是衡量企业财务能力的重要指标体系。

国际三家评级公司自成体系，各有偏重。下面以惠誉为例做简单介绍。

惠誉长期信用评级分为投资级和非投资级，其中投资级包括AAA、AA、A和BBB，非投资级别包括BB、B、CCC、CC、C、RD和D。若是投资级主体及投资级债券，一般被认为信用级别较高、违约风险较小。被认定为投资级的企业，更容易被国际投资者信任和选择。

惠誉进行评级时所考量的要素依次为：房地产企业财务杠杆和现金流情况，房地产企业自身业绩及增长情况，控股股东是否有强大的资金背景。

其中，惠誉对房地产企业业务风险的衡量重点包括客户认可度、规模、经营情况、销售效率等四方面。

比如在销售效率方面，惠誉修正了传统的资产周转率指标。销售效率包括两个指标，分别为"合约销售规模÷全部债务""合约销售规模÷调整后存货"。受房地产企业结算收入滞后于销售现金流平均1~2年的影响，传统的"资产周转率"

很难检验房地产企业销售对应的资产周转速度。惠誉将传统"资产周转率"的分母变更为"调整后存货",作为对房地产企业"在建未售物业"、"投资物业"和"合营项目投资"等主要资产科目的估计,分子则调整为"销售规模",以估算房地产企业销售对应的资产周转速度。

惠誉财务风险评价包含盈利能力、资本结构和财务政策三个方面。受房地产企业报表局限性影响,惠誉认为现金流、流动性和调整资产后的杠杆率更具有价值。

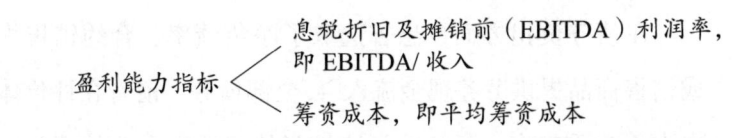

$$盈利能力指标 \begin{cases} 息税折旧及摊销前(EBITDA)利润率,\\ 即\ EBITDA/收入 \\ 筹资成本,即平均筹资成本 \end{cases}$$

其中筹资成本会影响资本化利息水平,从而影响营业成本。

$$资本结构 = \frac{净负债}{调整后存货}$$

财务政策 = 管理层财务风险偏好(考虑房地产企业财务风格和拿地策略,并关注房地产企业经营活动现金流情况,若存在持续大额经营活动现金流净流出,则表明该企业扩张激进并依赖债权筹资。)

也就是说,在规模方面,考虑到房地产企业收入结算的滞后性、项目和土地储备的扩张及周转速度,选取合约销售规模更具有代表性。

在经营效率方面,惠誉对评级方法做了修订,不再重视存货周转率,而是通过"合约销售规模 × 最近一年销售成本率 ÷ 重新调整后存货"来计算。

在盈利能力方面,惠誉选取了 EBITDA 利润率和筹资成本来衡量房地产企业的盈利能力,其中 EBITDA 除调整费用化利息金额外,还应调整营业成本中包含的资本化利息金额和减值损失,营业成本中资本化利息金额可用当年总资本化利息金额替代。

在债务负担方面,惠誉选取了净负债率、合约销售规模或销售商品提供劳务现金流入 ÷ 全部债务。前者在评价体系中占的权重较大,意味着高速扩张的房地产企业的债务风险提升。

在偿债能力方面,主要计算:(1) EBITDA 利息倍数,分子和分母同时调整资本化利息;(2) 财务政策评价,即企业财务风格导致的未来偿债风险变化,同时关注企业财政年度的现金流变现。若现金流大额净流出,并且是负面趋势,则认定业务发展对筹资依赖度高,有可能导致未来杠杆水平和偿债能力均可能继续恶化。

最后,评级是高是低,最终会和一批房地产企业进行比较后确认,还要经过惠誉的评级委员会投票表决。

房地产企业信用评级和筹资成本的关系

实践证明，信用评级结果和筹资成本是正向关联关系。

如果信用评级高，那么筹资金额大、年期长、成本低；如果信用评级低，则筹资金额小、年期短、成本高；如果没有评级，债权投资人也会给出一定的判断，并反映在融资结果上。我们可以用2019年部分房地产企业在香港的发债情况（见表4-1）进行说明：

表4-1 2019年部分房地产企业在香港发债情况

级别	公司	评级	规模（亿美元）	年期	票息（%）
投资级	华润置地	BBB	3.0	5.5	3.75
	龙湖地产	BBB	8.5	10	3.95
	保利地产	BBB-	5.0	5	3.875
	碧桂园	BBB-	5.0	6	6.15
非投资级	广州富力	BB+	4.5	4	8.125
	融创中国	BB	7.5	4.5	7.95
	新城地产	BB	2.0	4	6.15
	绿地中国	BB-	5.0	3	6.75
	雅居乐	B+	1.0	永续	8.375
	中国奥园	B+	2.0	4	7.35
	阳光集团	B	2.5	2	9.5
	佳兆业	B	3.0	3	11.5
	华南城	B-	0.6	2	11.875
	阳光100	CCC+	2.0	2	11.5
没评级	平安不动产	无	4.0	3	4.0
	大发地产	无	1.2	1	13.5

可以看出，位列投资级别的房地产企业筹资成本普遍较低，几乎都在3%~4%这个区间。筹资期限也较长，普遍在5年以上。此外可以发现，同样是投资级别的龙头房地产企业，华润和保利比碧桂园的筹资成本更低。可见，在某种程度上，国有背景的房地产企业要比民营企业更具筹资优势。

而非投资级别的房地产企业，很明显无论在筹资规模、期限还是筹资成本方面都逊色于投资级别的房地产企业。在这一区间的龙头房地产企业尽管能拿下较大规模的筹资，但筹资成本也要达到7%左右。毋庸置疑，这一区间的大多数房地产企业的筹资规模为2亿美元左右甚至更少一些，期限在3年左右，平均成本达到了9%甚至更高。

再看没有信用评级的房地产企业，市场往往也会给出投资人答案。如平安不动产，它的筹资结果的优势远高于大发地产。

总而言之，企业信用评级与筹资成本的关系十分密切，是正向关系，而评级高低又主要取决于企业的业务发展实际状况、财务状况及母公司的背景支持。由此可知，这是公平的。

因此，房地产企业不能一厢情愿地做事，也不能受到评级公司的强力制约，如果能取得一定的平衡，也许是最好的选择和安排。我们不能唯评级做事，但也不能不因为评级做事。评级的结果就是一面镜子，既照出企业的优点，也照出企业的缺点，在镜子边角的地方是模糊地带，可能淡化了企业的某些方面的元素，但一定要知道这些情况。

"以铜为鉴，可以正衣冠；以人为鉴，可以明得失；以史为鉴，可以知兴替。"作为资金密集型企业，房地产企业若能时常以国内、国际评级结果为鉴，就有可能实现基业长青。

可用的筹资工具

本节问题：

1. 中国内地筹资工具颇多，这些工具是怎么形成的？有存在的意义吗？

2. 当下，房地产企业筹资受到多重限制，是不是筹资的大门和窗户都关上了？

2019年上半年，房地产企业销售增速总体放缓，回款出现困难，因此，房地产企业对资金表现出十分渴求的状态。目前，房地产企业尚处在"借新还旧"的阶段，还款高峰尚未过，加上筹资艰难，所以压力倍增。8月5日，人民币汇率11年来首次跌破"7"字关口，美元飙升又带来海外债利空，更使房地产企业的资金压力巨大。

这就是当下房地产企业面临的现实。

这几年，因为有需要，房地产企业筹资工具的创新可谓日新月异。为了便于推广、便于记忆，便于相互学习和提高，我们团队对正在进行的筹资工具做了系统梳理和总结，提炼出了18类筹资工具，细分下去又有33种工具。

18 类筹资工具

1. 发行股票买资产。如果是一家国内上市的房地产企业，由于定增等股权再筹资无法进行，但要实现股本筹资，有一个途径是可以使用的，那就是发行股票购买资产。进行时，可以直接购买，可以间接购买，也可以入股平台公司。

如果是境外上市的红筹地产公司，可用的工具很多，比如可配股、可转债、换股等。这方面的手续相比境内简单多了。只要想好，很快就可以完成。

2. 股权筹资常见的方式有明股实债、股+债。房地产企业采用"明股实债"方式较普遍，而真正的股权筹资在目前依旧不太普遍，但在目前的政策风向的引导下，真正的股权筹资会越来越多。

3. 传统筹资。这里可用的工具很多，比如并购贷、开发贷、土地款前融。这些传统的筹资方式具备当下最低的筹资成本条件，但限制也比较多。比如要想拿到开发贷，项目必须符合432 条件[①]。

在以前，地产前融只是一个成本问题。如果你愿意付出更多成本，那很多问题便可迎刃而解。但随着穿透式监管原则的

---

① "4"是指开发商进行信托融资前要拿到《国有土地使用证》《建设用地规划许可证》《建设工程规划许可证》《建设工程开工许可证》四证；"3"是指地产商必须至少投入 30% 的自有资金；"2"是指开发商必须有国家二级资质。

兴起，前融渠道越来越难。

4. 房地产基金。房地产企业为了扩大规模，可设立房地产基金，既可做普通合伙人（GP），也可做有限合伙人（LP）、劣后，以此吸引有兴趣的基金加盟，推动三旧改造、城市更新等项目。

5. 短期过桥。比如符合432项目套壳、信用贷款。成本较高的过桥资金可用以解决几个月的过渡性资金需求。之后，再转入开发贷筹资，可实现项目筹资环节的无缝衔接。

6. 战略伙伴、合作拿地。比如可以设立基金，可开放股权引入金融机构。这也是非常有效的途径，都可为实现规模经营发挥作用。

7. 引进投资者。这主要是公司层面而非项目层面的考虑。引进财务投资人，就像有房地产企业引进保险资金一样，不仅增强了资金实力，还对信用评级的提升有较大促进作用。

8. 承债式收购资产包。房地产企业获得土地有两个重要来源，一是招拍挂，二是收并购。并购资产包是一个有效途径。筹资时，金融机构很喜欢，但需要提前和金融机构沟通，做好置换和衔接，最好再做一些增量。

9. 与资管公司合作并购不良资产。市场上有两种不良资产，一种来自金融机构，一种来自非金融机构。有些资管公司专做不良资产筹资，比如华融资管公司。因此，平时要做好对接，建立良好的沟通渠道，收获就会很大。

10. 限制性资产打包出售。比如可进行股权出售、资产出售。每一家房地产企业都不可避免地有一些被监管资金、应收款等，如果将这些资产集中起来打个包，作为一种金融产品去出售，筹资效果还是非常明显的。

11. 产业地产未来收益权质押筹资。产业地产是房地产企业战略延伸或产业多元化的选择。近年来，地产公司比较重视投资这类项目，但产业收益较慢，投资回报期较长，会影响资金周转的速度。在做筹资时，可考虑将未来收益权质押，当作资产支持专项计划向合格的投资者募集资金，有了收益之后再做资产证券化退出。

12. 境外筹资。可发行美元债，可进行跨境人民币双向资金池调配资金，可进行境外银团贷款等筹资活动。2017年开始，房地产企业国内发债萎缩，房地产企业寻求更多的海外发债机会。如果这个时候房地产企业这么做了，筹资效果还是非常明显的。统计资料显示，大多数房地产企业境外筹资额的占比都控制在10%~30%，这个比例是合适的。

13. 分期付款、账期管理。这主要是针对内部管理进行的一项筹资工作。对于分期到期贷款，需严格按照要求提报资金计划，做到以收定支、收大于支的良性安排。

14. 资产证券化。这里包括了债权类的ABS、债务类的ABS、债权类的ABN等开展的筹资活动。内REITs及真正意义上的资产证券化是未来筹资趋势之一，是筹资的重要途径的补充。这为那些手握优质资产的企业增加了可行的投资退出渠道。但这一方法在推进过程中工作量较大,企业需要提前数月做好安排。

15. 建筑公司、材料供应商和工程款筹资。这是指筹资人在地方交易所挂牌定向的一种筹资工具,是投资人摘牌的一种类似于私募债的筹资工具。如果你有一家建筑公司,可考虑借用建筑公司的建筑业务及集采进行筹资,统称为供应链筹资。这是当下非常好用的筹资渠道。

16. 标准化筹资。这里面有很多种工具可选,包括银行间及交易所市场债券,比如:股权类包括公开增发、非公开配售,股债混合的可转债,债权类包括公司债、中期票据、小公募、永续债等。

17. 客户的首付贷、装修贷。

18. 商票、保理及工程总包垫资。

以上 18 类可细分为 33 种工具,原则上都是可用的。但由于我们的政策环境多变等的特点,这些工具在筹资时并非全部能用。这仅仅是一个思路,随着市场环境的改变,企业内部也在变,新的筹资工具又会出现。总而言之,筹资是项十分重要的工作,企业对各种筹资工具一定要了解、熟悉,才能游刃有余地推进筹资工作。

政策层面及监管手段的变化

当前,针对房地产企业的政策背景是:"五限"政策还在执行;"一城一策"只听楼梯响;2019年4月政治局工作会议重提"房住不炒";郭树清强调地产侵占太多的资金资源;"7·30"政治局会议申明,不将房地产作为短期刺激经济的手段;等等。在这样的背景下,国家金融手段发生了一些变化,有些变化是史无前例的。

2018年4月颁布《关于规范金融机构资产管理业务的指导意见》。该规定发布前,非标筹资均可进入拿地及开发流程;之后,非标的形势逐步弱化,拿地更多依靠房地产企业的自有资金,开发资金主要来自开发贷、标准化债券产品、主动管理型信托等。

2019年5月,银保监会发布了23号文《关于开展"巩固治乱象成果促进合规建设"工作的通知》。此文与2017年3340号文及2018年4号文差异不大,除了重申432红线,对"明股实债"、应收账款直接或变相为房地产企业提供筹资、土地款、流动资金等方式实行了"穿透式监管",对前融影响极大。

2019年7月4日,银保监会对部分房地产企业信托业务增速过快、增量过大的信托公司开展了约谈警示,因此部分信托公司对房地产放贷(直销和代销)的业务处于暂停状态。

严控"地王"房地产企业筹资。这些公司的标准化筹资将收紧，而转至窗口指导，至于什么时候正常化就不得而知了；对被约谈公司的标准化产品原则不批，实施窗口指导，控制发债节奏；对境外美元债发行审批收紧，仅可借一年到期的债，获得增量比较难；对银行实施贷款余额管理。

市场期待政策放松管制及刺激经济增长的做法，估计在短期内会落空，房地产企业不要抱有太大的信心。

总而言之，多扇筹资的大门被关闭或设置障碍，房地产企业的筹资形势异常严峻，似有遇到围、追、堵、截的感觉。

当前可用的筹资工具

由于以上变化，房地产企业可用的筹资工具还有哪些呢？

从公司层面来讲，有股权类和债权类两大类筹资工具。

1. 股权类

（1）境外首次公开募股（IPO），主要是到中国香港上市筹资。统计显示，2018年以来，成功赴港上市的房地产企业和物企达17家，其中包括正荣、银城国际、弘阳、中梁等中型房地产企业，还有多家千亿级房地产企业还在港股IPO的排队阵列中。

（2）发行股票购买资产。比如，2019年7月，云南旅游就用发行股份和支付现金两种方式购买了华侨城的股权。

2. 债权类

目前，债市两极分化比较严重，投资人偏向于信用良好、龙头房地产企业和具有中央企业、国有企业背景的房地产企业。

（1）公司债：一年到期借新还旧筹资是可以的，但想扩容做增量很难。尽管如此，还要窗口指导，可能批也可能不批。

（2）除公司债之外，还有短融、中票、非公开定向债权的商业票据筹资工具是可以用的。据了解，企业债只允许国有企业、中央企业发行，而且用于基础建设等指定领域，并不能为房地产企业所用。

从项目层面来讲，项目筹资自然分成三个阶段。

第一个阶段，前融。由于前融受到严厉监管，房地产企业用自有资金买地就成了当前最为重要的选择。基于这一现实，有两种方式依旧是可行的。一是开放股权，合作拿地，这个做法比较常见，可以操盘落地；二是通过并购贷方式拿地。这两种方式都可设定条件，归于前融。

第二个阶段，项目开发阶段的开发贷筹资。此方式是最为传统、最为常用的筹资方式，在筹资额中占比最大，如果项目符合"432"条件，筹资基本没有问题。其次，供应链筹资、商票、保理和总包单位垫资等方式也能为项目开发输送"血源"。与此同时，房地产企业还可选择与金融机构或其他房地产企业合作。如今的合作是市场倒逼的，的确可以解决很多问题，至少可以缓解扩大规模对资金需要的巨大压力。

第三个阶段,房地产企业可通过对手中的各类资产进行盘活的方式获得流动性资金的补充。这包括资产证券化、受限资金盘活和限制性资产打包出售。这些筹资,遭受监管的影响较小,其中公募资产证券化是房地产企业筹资今后一个重要的方向。目前,国内房地产企业主要的资产证券化渠道有:类REITs、CMBS、物业收费权ABS、购房尾款ABS、运营收费权ABS、租金收益权ABS、租赁消费分期类ABS等。随着这方面的政策不断完善,标准的REITs也将加入此列。

筹资工具许多被叫停或半叫停。资管平台全停,信托渠道被半停,标准化筹资接受窗口指导,开发贷筹资正在逐渐缩减余额。在如此情形下,房地产企业可尝试在以下四个方面发力:

第一,把股权类筹资摆在首位。比如IPO、项目股权出让等。

第二,如果企业还能接受较高的筹资成本,如12%以上,还想解决项目前期融资问题,可继续和信托公司、股权基金、非标途径洽谈筹资。

第三,继续推进标准化筹资。虽然监管部门窗口指导的批准有一定难度,但仍有机会。

第四,财务可切割业务,用非地产业务筹资。比如可以用建筑、贸易、酒店、商业产业筹资。在这一方面,多家房地产企业都在进行中,也颇有成果。

总而言之，要熟知各种筹资工具，在能用的情况下用足、用好，在不能用的情况下就不要浪费太多时间去关注和尝试。当然，如果通过努力创造了一些能用的条件，还是要主动试一试。

中国的金融创新和行业政策创新不断发生，筹资工具也会跟随出现，但成功的筹资万变不离其宗。抓住筹资的内核，与市场保持紧密的沟通，筹资工作定会大放异彩。不过，一定要记住，筹来的钱是要还的，虽然偿还的方法不同、代价不同，但按时归还本息是由法律规定的。如果筹来的钱用得不好，产生不了投资溢价，这样的钱是不能借的，哪怕再好的筹资工具也是不能用的，否则筹资越多，公司未来的压力就越大。

实现高周转的做法

本节问题：

1. 房地产企业所说的高周转，是指资金高周转还是指工期高周转？

2. 你知道什么是衡量房地产企业高周转最为重要的财务指标吗？

房地产企业高周转及如何实现高周转，一直以来都是全行业及媒体最为关注的话题。已经实现高周转的房地产企业还想更快，还没有实现高周转的房地产企业大都着急。事实上，不仅仅是住宅为主的房地产企业积极推进高周转，非住宅为主的房地产企业也在努力实现高周转。能不能实现高周转，已经成为房地产企业核心竞争力的标志。

房地产企业算账的一般思路

为了把这一话题说透、说清楚，我们需从房地产企业算账说起。我在房地产企业从业 30 多年，经验告诉我，房地产企业必须要学会"算账"。这也是我一直坚持的观点。

只有在投资买地时把账算清楚了，才不至于出现颠覆性的错误。都说房地产企业如果买对了一块地，成功率就在 50% 以上。我们常说，宁可少买一块地，也不错买一块地。买地时，不仅要坚持"位置、位置还是位置"的基本要求，还要算财务账。由此可见，买地这一基本环节太重要了，是大家必须面对的一道难题。

大家都知道，资本都是逐利的。当它觉得有利可图时，哪怕获利不大，也会马上扑上去。这就是它的特性。

由于中国房地产企业设立及发展的历史都不长，资本的原始积累少，当赶上国家整体经济上升的黄金岁月时，嗅觉灵敏的地产商有钱要发展，没钱也要发展。很多房地产企业起步时没钱，发展资金主要靠筹资，因此，房地产企业负债率和筹资成本一直居高不下就很好理解了。近 20 年来，个别房地产企业赶上了三次大周期（2004 年、2008 年及 2014 年）转折的机会，逆势操作，大赚一把，现在已经上岸，筹资成本基本趋向合理；可绝大部分房地产企业的节奏控制得不好，当下的筹资成本高居不下，超过 10%。只有实现高周转，才能把筹资成本摊平之后降下来，否则就是白忙活一场，或者说是给银行等金融机构打工。

所谓的高周转是逼出来的。一方面自己逼自己，另一方面是市场逼自己。如果行业经营性现金流为正的时间平均为 9 个月，而你所在的企业就不能长于9个月，否则就输了。

房地产企业买地投模都有自己的一套做法，不仅要算可获得多高的利润率，还要算现金流为正的时间。具体而言，算账主要有以下几个指标：

1. 自有资金的年化周转率。这直接和现金流回正时间相关。

2. 杠杆率。杠杆率决定了自有资金的撬动货值的能力。市场若处于上行通道，优质项目筹资杠杆率可做到1∶9，通常水平是2∶8，但现在逐步回归理性，三、四线城市开始分化，筹资杠杆一般也能做到4∶6、3∶7不等。

3. 地货比。也就是土地价值与其能够提供的货值之间的比例。现在一、二线城市大多处在1∶1.5的水平，浙江能做到1∶1.8，还有些地方能做到1∶3或1∶4，行情好的时候可做到1∶9。理论上讲，越高越好，但也要有个平衡。

4. 土地的货值转化率。也就是土地货值有多少能在很短时间内转化成供货。只有实现供货，土地投资才能有机会很快变现。

5. 当年销供比。也就是当年供出来的货有多少能卖掉。

理想情况下最佳模式可能是，自有资金一年周转1.5次，资金杠杆率4倍，地货比1∶3，土地的年度转化率80%，当年销供比80%，这样，自有资金产生的销售额大约能够放大12倍。换句话说，投入1亿元自有资金，1年可以产生12亿元销售额。

当下，很多企业设定的投资标准大致是，要求项目利润率不能低于12%，经营性现金流为正的时间要得以保证。在这种火热气氛下，利润率低到8%都要干。有些企业是这么设定的，若项目处在三、四、五线城市，经营性现金流（不含筹资）为正的时间不得多于12个月；若处在二线城市，现金流（含筹资）为正的时间不得多于12个月；若项目处在一线城市，现金流（含筹资）为正的时间不得多于16个月。这三类安排，均要求之后的现金流持续为正。

因为产业地产、长租公寓和酒店业这些产业的资金周转率偏低，怎么算账都算不过来，一般不建议房地产企业推进。当然，除非企业可以拿到长线资金，比如10年以上，筹资成本很低，比如5%以下；除非企业已经做出了新的战略选择，未来将主营这类产业，否则，这个选择实在莽撞。

因此，房地产企业需要有实现高周转的迫切愿望。这是房地产企业生存发展的根本之道，也是把蛋糕做大的重要手段。我们不仅应将它作为房地产企业的第一选择，更应作为化解投资风险的重要措施。

房地产企业无法实现高周转的原因

所谓房地产企业高周转，实质是买地、确权、付款之后要快速开发、快速销售、快速回笼资金，这表现在资金层面，而非产品施工、简化品质等方面。这与品质下降没有必然联系。

追求高周转，并不是物理上的压缩施工工期，不管是混凝土凝固的时间、养护的时间都有硬性的客观标准，施工工期该多久还是多久。如果一个企业的品质下降或做不到位，千万不要认为是推行高周转理念造成的，要从价值观上找原因。

有些房地产企业无法实现高周转，需要从大运营管理和效率低下等方面找原因：

1. 项目获取后，整体策划周期过长。这和企业的管理水平有关，就算有些工作前置了，一旦高层决策没有标准，决策出现反复，发展周期就会无限拉长。

2. 多部门协同作战的能力不强。例如，规划部门和报建部门不协调，投资部门和设计部门不协调，设计部门和工程部门不协调，工程部门和营销部门不协调，园林绿化和工程施工不协调，售楼处建设和总体楼盘建设不协调，总部部门和区域不协调，区域和项目团队不协调，等等。诸多不协调最容易导致的就是工作脱节、重复、效率低下，又没有部门承责。

3. 外部资源调配不能及时到位。例如总包招标，有些房地产企业优质总包、供应商资源不足，导致在招标考察这个环节就要花几个星期；之后要进行内部合同审批，一审批又要一个多月；等所有招标结束了，也许其他企业的项目已经开卖了，让别人喝了头啖汤。

4. 与总包或施工单位的关系处理不当。随着劳动力紧张、物价上升，找一个合适的能合作的总包单位或施工单位越来越难。很多房地产企业对待总包或施工单位常采取最为简单、最为粗暴的做法，动不动就威胁要炒掉他们。这些单位知道地产商的痛处，因此他们就是不离现场，不离现场就会提出巨额赔偿。当大家撕破脸皮，没了合作基础时，双方会陷入或动用社会力量或打官司的糟糕局面。现实中，有些施工单位拖着不走，会影响工期半年乃至一年有余，不仅耽误了楼盘的交付，还会使企业做出赔偿，有的赔偿达数千万甚至上亿元。这是最糟糕的解决问题的办法。因此，与总包或施工单位友好相处，或采用"帮""管""带"的方式推着他们如期完成施工任务，也许效果会更好。

事实上，组织系统的运转效率是决定能否实现高周转的关键因素，如果只想通过压缩工期来提升周转效率那是异想天开的事情。工期的节省，更多的是通过制订整体施工方案、改进工序、与现场施工单位施工协作，而不是靠牺牲品质、偷工减料来实现。

实现高周转的具体方法

买地环节

很多房地产企业的高周转主要看三个指标：拿地多久开工，多久能开盘，多久能使现金流回正。如果能做到开工就全速起跑，你就有了80%的竞争优势。房地产企业之间运营周期的差距在"拿地—开工"阶段也是最明显的。

在买地环节，如果这块地基本决定要买了，就要开始画图做设计，提前了解当地规划设计要求及要点，保证不踩政府红线。摘牌前要提前预报规划方案，基本要通过规划部门预审批。同时，勘探要先行进场。提前进入地块详勘并取得详勘报告，这样可以提前了解目标地块的地质情况，给基础设计当作参考。

还要提前了解当地报建流程，有些房地产企业会要求设计部门研究出当地政府报规报建特别标准做法及政府要求，并整理成工作手册，帮助项目一次报建通过。

另外，也要了解如何获得四证，以及有计划地找到总包，有计划地谈材料采购计划。拿地前，企业就可以做预招投标选定施工单位，在拿地的同时，合作单位已经待命。这些预备工作提早做好，如果某一天决定买地了，最好上午签约下午开工。

在这个阶段，公司的现金还没有动用。可以把动用现金的时间尽量往后拖，最好拖到售楼阶段再支付部分地款。这种做法在三、四、五线城市还是能做到的，在购地和并购项目上也能做到。因此，一定要在不动用公司现金或少动用公司现金上做文章。一旦动用大额公司现金，就要开足马力施工，然后抢销售。

产品环节

每个楼盘亮相的产品，其实也就决定了项目能不能快销。只有快销了，才能高周转；如果慢销了，就高周转不起来。

所以，营销部门要在前期做好产品定位，一旦产品定位错了，去化速度不仅起不来，前面抢的时间也会全部白费。项目定位要以保证产品适销对路、开盘就实现热销为原则。

一般而言，豪宅、大户型、别墅销售会慢一些，而大众产品、刚需产品——小户型就会快销。但这一看法未必正确，可能在深圳、上海、杭州这样的城市，豪宅、别墅、大户型一样好卖。关键还是产品定位要精准。

首先是要做好市场精准定位，前期先定位再定案，不要反反复复。在充分研究当地市场的基础上，对市场主要竞品的户型、配比、去化情况等信息进行充分调研，充分参考周边畅销户型，最后由营销和投资、项目、区域共同给出项目定位建议。

其次是对于实行产品标准化的房地产企业，新项目尽量选取产品库的产品，以缩短设计周期；还要把工期短、能快速预售的产品放在首期供货中，实现产品快速入市。设计单位在标准化前提下套图，也能够提高效率、提升品质。

施工环节

开工必须快,而快开工需要所有工作前置及控制开工的必备条件。有些房地产企业有自己的总包单位,为了快开工,时常要求总包单位先进场动工,一边干活,一边谈价格;还有的房地产企业和一些总包单位建立了战略合作关系,也采取了同样做法,边干边谈。如此一来,就省略了发包过程,节约了时间。另外,一般施工单位还愿意垫资,垫资到主体结构完成;在当下房地产企业筹资比较困难的情况下,总包单位还愿意接受商票结算。这些做法都为实现高周转做出了应有的贡献。

预售环节

这里更加充满挑战。有些房地产企业在这方面狠下功夫。比如建造高大上的售楼处,定价时先考虑首期大卖以吸引人气,呈现一个十分热闹的销售现场,又或者通过销售代理在全国进行宣传。

在这个阶段,示范区是否具备展示条件,直接影响开盘和续客时间,有些房地产企业会选择标准化的展示区,明确具体的时间节点要求,能够做到拿地75天后售楼处投入使用,预留一个月的蓄客期,实现三个半月开盘。这个环节很重要,想办法把楼卖出去才能实现高周转,否则一切努力皆为零。

当下，预售规定很严，如果拿不到预售证，也就无法销售。因此，企业在预售方面要做足功夫和做好预案，很多工作要提前再提前，还要有人专门紧盯。

筹资环节

高周转的楼盘，要求从前融开始就尽可能用外面的钱。首先，在拿地前就要对接合作伙伴、金融机构，做好筹资预案。前融可以找基金、信托、银行、合作伙伴，这些机构给的资金虽然成本高一点，但成本可以进项目成本，而且用的时间也就半年或几个月。其次，要做好开发贷筹资。如果快销部分实现了销售目标，还可把留下的房子、尾款、商业、地库、车位分别打包，发资产证券化产品。如果筹资工作做得好，一个项目仅仅可能动用公司资本金的 10% 左右。用一成资金撬动一个大项目的例子比比皆是，并不是什么新鲜的事情。

由此可知，所谓房地产企业的高周转，讲的是资金高周转。作为一家优秀的房地产企业，一定要努力通过加快预售，早收钱，用预售资金推进施工，清还银行借款，归还自有资金。

现金流管理

本节问题：
1. 在企业遇到周转困难时，你知道该怎么办吗？
2. 当银行筹资受限，经营性现金流表现不佳时，企业应该做什么？

从多年的财务理论学习与财务管理实践出发，我一直认为财务管理是企业管理的核心；若继续深入，财务管理的核心实际上是现金流管理，现金流管理的核心是经营性现金流管理，经营性现金流管理的核心是可以动用的现金流管理。这就好比一棵白菜，虽然看起来挺大，但在食用时，包在外面的白菜叶子是要剥下扔掉的，最有价值的、最能做出上等菜肴的、人们最喜欢吃的，只是白菜心的那一小部分。

在房地产行业野蛮生长的年代，大家并未意识到这一讲法的重要性，因为筹资容易、销售容易。可近年来，随着行业竞争进入白热化，再加上调控不断加码，无论是筹资还是销售都变得比以前难多了，叠加导致大量中小房地产企业甚至千亿房地产企业，在某个时间段的资金链绷得十分紧，因此，搞懂这个逻辑很重要。

网上有一句流传很广的话："道理都懂，可是依然过不好这一生！"因为，懂得其中的道理和做到、做好是两码事。很多房地产企业也懂得现金流管理的重要性，但是否下定决心实施又是另外一回事，至于实施的方法更是千差万别。

有不少地产老板，他们文化程度不高，看不懂上市公司的财务报告，对财务理论也可以说一窍不通，但他们的生意却做得风生水起。其实他们狠抓一条就够了，即经营性现金流。比如投资100元现金，一年内能否带来净现金30元，即100元变成130元。这里还不包括筹资款。如果能如法炮制，这样的投资就可以实现增值，生意可以做大，即使把杠杆加得很大，也没什么风险。

那么，开发商怎样才能做好现金流管理呢？

要明白企业现金流的构成要素

企业经营活动的现金流的构成主要包括三部分：第一部分是经营性现金流，第二部分是投资性现金流，第三部分是筹资性现金流。这三部分都会体现在现金流量表上。现金流量表是财务三大报表之一，有时此表的重要性远超资产负债表和损益表，特别是在房地产企业遇到资金周转困难的时期，关注现金流的变化应是最重要的。

经营性现金流，包括经营方面产生的经营收入（如售楼收入）、其他收入（出租、酒店、利息等）及经营支出（包括土地成本、施工成本、材料采购费用、管理费、筹资成本、营销费等）。这是企业的经营主体，其现金收入、支出及余额都会体现在现金流量表中。

投资性现金流包括投资支出及投资收益，独立一个栏目，也编入现金流量表。

筹资性现金流大体由三部分组成：第一部分是权益性筹资；第二部分是债务性筹资；第三部分是混合型的筹资，介于权益和债务性筹资之间，或兼有两性。它们每年乃至每个季度都有进有出，并随着筹资形势的变化而变化，就会产生收入、支出和余额，均编入现金流量表。

如果一家上市公司的报表编制是正确的，没有做假，我们只要连续5年观察这张表的结构变化，就会得出一些有益的结论。一般而言，其结论不会超出三个范畴，也就能将公司定性为是一家激进型公司，还是一家稳健型公司，或是一家均好公司。

一家企业好比一个人。造血功能如何，是否需要输血，取决于自身的情况。如果自身的造血功能丧失，就会影响健康，甚至会危及生命。

经营性现金流是房地产企业发展和追求的根本

虽然一家企业的现金流由三部分组成，但最主要的还是要观察经营性现金流的表现，因为这才是企业自我造血能力的体现。在筹资环境发生逆转的情况下，如果一家房地产企业经营性业务不能满足到期的刚性兑付的现金回流，那么，企业有可能因周转困难而关门。现实中这样的例子比比皆是。比如当年的顺驰地产公司关门，近年大连万达连续出售资产，以及佳兆业 2014 年时欠汇丰银行几千万逾期兑付所引发的危机，等等。所以，本书在多处反复强调经营性现金流的重要性，在解决企业根本问题时也反复强调从经营性现金流入手。

对房地产企业来说，经营性业务带来的现金收入主要是靠销售。对财务不了解或零财务基础的人可能只想到卖房子，但卖房子只是房地产企业销售的一种状态，当然是主要状态。广义上的销售包括房屋销售、商铺销售、地块出售、股权稀释及其他有形资产的出售，还有资产证券化，这些都有机会创造现金。

财务管理很重视企业的变现能力。因为，市场突变、黑天鹅事件等都会对现金流造成影响。在这样的关键时刻，企业要有可变现的资产并能快速卖出去以补充资金，这样才能化解一场突如其来的运行危机。犹太人的智慧中有一点值得房地产企业学习，那就是永远要在身边留足硬通货币的现金，此现金随时可用。

企业可以通过定向增发、引进战略投资者等方式稀释股权，或者更简单地说，通过出售股票获取资金，也可以通过出卖地块甚至在建项目获取资金，前一种相对较好，对于后者，企业一般比较谨慎，除非迫不得已，因为要通过卖地卖项目获取现金流，说明企业已经到了比较艰难的地步，这很容易引起一系列负面连锁反应。

对房地产企业来说，最核心的经营性现金流来自卖房子。这也是为什么在某些特定的时点，一些企业宁愿只赚取微薄的利润，甚至不赚钱也要加快出货，回笼资金。优秀的房地产企业都有强大的卖房子的能力。再厉害的企业，如果没有实现销售，一切皆为零。

那么如何才能具备这样的能力？至少要有三个重要因素：一是建造了适销对路的房子，二是品牌有张力、有议价能力，三是要有一个顺应市场的营销团队和体系。卖房子的做法每过一段时间都有变化，因此，只有掌握了客户资源或了解客户，房子才能顺利、快速地卖出去。

这也进一步说明，房地产企业强调经营性业务的重要性，而不是把筹资活动一直放到最重要的地位。20年来，房地产企业负债率普遍很高。在这种情况下，考虑到社会稳定、国家金融稳定、百姓安居乐业，政府加大力度调控是必然选择。因此，这两年不少房地产企业觉得压力大，恰恰是因为在这一块做反了，过度强调筹资的重要性，把筹资部门看得比销售部门更重要。就某个阶段来说，筹资部门是很重要，比如在行业处于上升周期中，用尽各种筹资手段，若能加上杠杆，可以让企业快速扩大规模，但也不能无限度地依赖筹资，毕竟谁都无法预测政策和经济环境的改变，要为企业发展留有后路。有这么一批房地产企业，它们什么钱都敢借，多高成本的钱都敢借，如此一来，杠杆加到股东资金的数倍以上，平均筹资成本达到了两位数。在经济和行业上行的阶段，这么做还可以勉强支撑，但当经济横盘和行业下行时，如果不能做出积极的调整，那将是毁灭性的。事实就是如此，由于土地、股权变现能力差，一时半会儿不能变现，很多房地产企业账面还是净资产，但企业没有了流动性，那也得倒下。所以说，对房地产企业来说，经营性现金流才是企业发展和追求的根本。

中国房地产企业需要迅速从高杠杆激进型发展模式，转变为财务稳健型发展模式，若能完成这一转变，就能像凤凰涅槃一样实现重生。

关注可动用现金而非账面现金

我们经常能看到一些企业，它们的财务报表上明明显示库存现金充足，但竟然也深陷周转危机，这是为什么呢？分析认为，账面的库存现金并不能代表马上可以动用，那只是一个数字，只是一种权益的分类，里面的可动用现金才是能够马上拿出来用的。

我们经常会在读上市房地产企业会计报表时被误导，例如，某企业在某个时间，现金存款有1000亿元。如果不了解情况，我们就会认为这家房地产企业很有钱，实力很强，其实未必。在看现金存款时要扣除三大因素：一是受限资金，二是外存内借虚增的资金，三是银行配合企业购买的现金存单。这三部分资金均应扣除，才能还原可以动用的资金数额。

这有点像流量销售金额和权益销售金额的差别。一些企业看起来销售规模很大，但其实是流量销售金额，而非权益销售金额，很大一部分现金收入并不是自己能随时调动的。

以我的经验来看，如果房地产企业不认真做好现金管理，估计其库存现金的2/3或3/4的资金是受限的，而真正能动用的现金也就只有1/3或1/4。如果一个数千亿资产规模的公司可动用现金很少，那是很危险的，有可能随时导致刚兑——境外债券到期偿付——出现问题。因此，一家房地产企业要时刻保持"现金占总资产比"大于等于15%，"可动用现金占总资产比"大于等于5%，这样才算安全。

当然，这个比例不是绝对的，也要视情况做出动态调整，否则有可能浪费现金，也有可能出现现金不足的情况。由于每家房地产企业的实际情况不同，财务负责人要研究才能找到合适的占比关系。

如何应对资金周转的困难

很多房地产企业平时不注重现金流管理,等出现危机的时候后悔莫及,到处寻找破解之道,希望一招制胜。一招制胜的方法是没有的,在现金流不足时,果断采取一些有效方式,还有可能化解危机,让企业尽可能减少损失。

如今,楼市调控依然没有放松,传统的"金九银十"已经没有了。在一个波动较大的时代,危机随时会爆发,当这样的情况出现后,如果出现资金周转困难,有以下几个措施可用:

1. 立即停止买地。对一、二线城市来说,地价已经占据房价的大头,买地是房地产企业最大的现金支出。只要这部分控制好了,大部分资金就控制好了。

2. 立即停止部分在建项目,开支就可减少。

3. 盘活有价值的大额资产,比如卖重要的地块、卖部分项目的股权,促使资金快速回笼。

4. 寻求银行筹资,利息高点也可以接受,关键是先谈妥条件,以免节外生枝。有时可能损失一点筹资成本,但把钱提出来存在公司控制的银行账户中,这才是法宝。

5. 把公司股权质押或出售,引进策略性股东,或引进好朋友站台,进行筹资。从现实来看,引进大型保险公司是好选择,引进中央企业、国有企业是更好的选择,成功的机会更大。

如果不是经济下行或行业下行,这些方法还是有效的,效果也是不错的。但当整体经济下行或行业下行，这些方法也会变得没有效果，因为家家缺钱。即便有人勉强愿意接盘，也会将价格压到很低。近年来，许多房地产企业都想到通过这些方法改变经营性现金流，可是太难了，也许太晚了。很多项目售价对半，早已经没有利润却仍卖不出去。面对庞大的销售库存，面对庞大的有息负债压力，真是度日如年。因此，一批昔日知名度很高的房地产企业"躺平"了，等待着社会救援。究其原因，其实还是企业断臂不够坚决，尚有一丝侥幸。

若企业"躺平"，需周密考虑的主要事项

企业"躺平"是一件迫不得已的事情，如果还有一线生机都不能放弃，要努力扛住，也许再坚持一下就会扛过这个坎。如果真的扛不过去而不得已"躺平"，出现债务危机，应立即成立应急小组，综合考虑以下十大方面的事务，做出应急处理预案，使公司的损失降到最低。

1. 马上迎接司法的全面介入。有的公司规模颇大，一旦"躺平"会给社会造成巨大的负面影响，它们会选择司法集中管辖。司法集中管辖固然是个好选择，不过申请成功的机会很小，必须得到省政府或市政府的全力支持。

2. 马上成立债权重组委员会。此委员会可能是全国性的，也可能是地方性的。一定要明白，如果公司被债权委员会接管，

很多行政管理权就被转移或者限制，就失去了化解债务危机的主动权。

3. 在"躺平"前，一定要和当地政府部门做好汇报和沟通，听取政府部门的意见和看法，如果没有得到他们的支持和理解，后续很多工作将困难重重。

4. 如果公司是上市公司，要在"躺平"前与上市公司的监管部门做好汇报和沟通，听取他们的意见和看法。一切都要从保护小股东利益出发，千万不能我行我素，让监管部门措手不及。

5. 做好媒体及舆情管理的预案。在开放的社会环境下，和媒体沟通、解释和引导很重要，如果未能很好应对，有可能给公司造成极其恶劣的负面影响，让公司处于极为不利的境况。

6. 做好内部员工的思想稳定工作，特别是各级骨干员工，防止员工大规模流失。要知道，很多员工很了解公司，公司一旦出事，员工最慌张、最迷茫，也最焦躁，因此，公司必须让员工的情绪尽快稳定下来，尽可能地让他们的工作保持正常状态。

7. 提早和债权人，比如银行、非银机构、投资人、购买公司理财产品的人等做好沟通、解释和安抚工作，甚至还可以洽谈债务延期归还的方案。一定记得，要尊重债权人，即使债权人的态度极差，也要接受，万不可火上浇油。

8. 抓紧清理公司的债权债务资料，确保万无一失、分毫不差。与此同时，可分头和债权人进行"一债一策"的沟通。用此方法非常有效,能大大减轻公司突如其来的各种压力。

9. 如果是上市公司,要把以前年度的会计报表拿出来,尽快做好回顾,准备迎接监管部门的监察。报表一定要经得起检查,千万不能做假账。

10. 再困难,都要维持公司生产经营活动的正常运行,包括管理层、操作层和项目,继续取得供应商、施工单位的谅解和支持,保证房子正常交付。

目前解决债务危机主要有两个路径:一是法庭内解决,即走破产重组之路;二是法庭外解决,走庭外债务重组之路。2018年以来,庭外债务重组的做法更为常见。推进庭外债务重组需具备四个关键条件:第一,公司的主营业务是健康的;第二,资产质量良好,具有重组价值;第三,实体控制人的资信好,无转移资产的行为,也无违法记录,形象好;第四,有企业家精神,仍有立志做好企业的想法,并有积极配合政府的意愿。与此同时,在实质推进庭外债务重组做法落地过程中,需要做到:第一,必须得到公司所在城市的政府的鼎力支持;第二,必须得到行业监管部门的大力支持;第三,必须得到司法和有经验的律师团队的支持;第四,必要时,可引入新的投资人,或是战略投资人,或是财务投资人。因此,遇到困境时,切莫着急乱投医,或者撒手不管,如果做法对了,会让公司的损失降到最小,也让债权人的收益得到基本保障。这就是用时间换空间的做法。

当前困局突围的主动性现金流管理办法

当前的形势并没有比之前好很多,虽然行业集中度还在提升,但即便是百强房地产企业也面临日益严峻的竞争压力,千亿房地产企业陷入危机也并非不可能。身处这样的形势之下,房地产企业现金流管理该怎么做?

1. 充分用好能用的筹资工具,并用到极致。如果筹资条件不满足,要尽可能创造条件,但要把当期现金流对筹资的依赖度从40%下降到20%。

2. 高筑墙,广积粮,耐心等待,静观其变,等待筹资窗口又一次打开。其间,积极盘活资产,狠抓销售及现金回笼——订金、预收款、个人按揭、应收款——这部分占年度可用运营资金的60%以上,建议从60%上调到80%。

3. 控预期。房地产行业可能已进入高位横盘运行区间,一、二线城市售价受压,此时仍可聚焦二线,因为还有普涨的机会。但房地产行业预期不会太好。这个看法很重要,有必要认真研究。

4. 控增长。不要期待每年有30%以上的增长,把预期增长幅度调下来。

用"三收三支"控好现金流

本节问题：

1. 什么是"三收三支"？提倡该做法的目的是什么？

2. 如何深刻理解"三收三支"的用意？又如何落实在制度和行动上？

外围市场发生的深刻变化，迫使房地产企业内部财务管理也要做出必要的应对。"三收三支"这个理念是我在中海集团担任财务总监期间由实战中总结出来的，在碧桂园工作期间也用过，用以指导公司的资金管理，产生了良好的效果。

所谓"三收三支"是指以收定支、先收后支、收大于支。这既是编制财务预算的指导思想，也是管好日常现金流的做事逻辑，更是实现企业稳健经营的手段。一般来说，管好可动用现金的重要职责应落在财务管理部门身上。以阳光集团为例，是落在财务管理中心下面的金融部。金融部就顺理成章地成为阳光集团的心脏。心脏跳动的波段、频率直接影响公司运行的状态。

如前文所述，一家房地产企业的现金流由三部分组成：第一部分是筹资性现金流，第二部分是投资性现金流，第三部分是经营性现金流。三部分现金流的表现都很重要，最好是三部分同时发挥作用，但这种可能性不大。

中国房地产行业自1998年推进商品房改革以来，受政策性调控的影响巨大，大约每三四年就加剧调控一次，在调控期间，现金流量表上的余额结构会发生一些变化。例如，当销售市场好、房子好卖时，经营性现金流提供的现金净额占比可能比较大；当销售市场欠佳、筹资市场活跃时，筹资性现金流提供的现金净额占比可能比较大，等等，都会影响现金流量余额的构成。

对外支付制定量化控制指标

依照"三收三支"要求，一家房地产企业为加强集团及各区域现金流管理意识，保证工程款支付的合理诉求，确保集团有效供货、销售、竣备、结利等重要节点安排，其财务管理中心、运营管理中心、合约管理中心及营销管理中心联合发布了内部制度。

制度规定工程款支付管理原则有三条：

1. 严格根据销售回款把控工程款支付节奏；

2. 区域应结合项目供货、销售、竣备等重要节点安排，对项目工程款支付进行优先级排序，重点项目优先安排；

3. 善用金融工具，尽量以保理及商票方式支付工程款，减少可动用现金支付比例。

三条原则之外还规定了每个区域当年累计工程款支付金额不得超过区域当年累计回款的20%（含现金支付、商票兑付、保理还款，不包含商票开具及保理支付）。如果超过此规定者，需一事一议。

对资本项下开支进行强挂钩

具体而言，要根据实际工作需要，将"三收三支"的原则要求进一步延伸为"以收定支""以收定投""以销定产"等做法，覆盖集团内部各个经营领域，倒逼公司从筹资驱动型向经营驱动型快速转化，换句话说，就是倒逼公司从筹资杠杆型向经营杠杆型快速迈进。

年度主要经营活动推行的强挂钩安排如下：

1. 购买土地总支出，不得超出年度经营现金回流的55%；

2. 工程款支出，不得超出年度经营现金回流的20%；

3. 三项费用（管理费用、财务费用、营销费用）支出，不得超出年度经营现金回流的10%；

4. 税费支出，不得超出年度经营现金回流的10%；

5. 经营性现金余额大约控制在5%~10%；

6. 年末有息负债余额要与年初数额保持基本一致。

区域公司如何实操"三收三支"

区域肩负着众多责任，但买好地、建好房，以好价钱把房子卖出去，实现投模利润，才是区域最重要的工作目标。面对复杂的外部环境和房地产逐渐进入存量时代，管好区域每个项目的现金流则十分重要。若能认真理解"三收三支"的根本动机，企业就可处于主动地位。区域做好"三收三支"，可从以下六个方面着手。

第一，提前销售。这是获得收入最为有效也最为重要的途径。

第二，多收快收。比如：（1）新项目启动时，要依据项目规模和销售计划引进多家银行，确保有充足的按揭放款额度，同时提前做好放款文件的准备工作；（2）跟当地政府和银行沟通，力争预售资金不受监管或少受监管，若被监管了，需尽早释放；（3）与业主签约后，应跟银行加强沟通，确保额度充足并及时兑付，还要针对不同银行额度的状况，对后续签约客户进行适当引导，引导至有额度的银行；（4）针对自付客户，应积极落实集团政策，争取认购即签约并付全款，对分期付款客户，在交款日期临近时，要提前温馨提示客户，若客户逾期交款，要及时发出书面催款通知书或律师函，对于未到期的自付类款项，可用赠送物业管理费等方式吸引客户提前交款。

第三，少支缓支。比如：（1）关于开发报建费用支出，很多地方政策规定可减免、缓交，或按一定比率缴纳或承诺不交和少交，因此要充分了解当地政策；（2）控制开发节奏，以销定产，在销售去化率有保障的前提下，再去花钱进行开发建设；（3）严格控制工程款支出，在总包现场质量合格、进度达标、成本资料及时提交、成本严格审核、符合资金预算的前提下，支付工程款。

第四，充分沟通。项目现金流表现预计不太理想时，应跟项目合作方充分沟通，争取合作方理解，实现帮项目垫资的目的。

第五，制度保障。要成立回款专项小组，划分财务、营销、工程三大板块，建立绩效考核标准，明确相关责任人。比如，每周一会、每日一报。要重点突破，及时纠偏。

第六，广泛筹资。可考虑通过前融、开发贷、施工方筹资、引入基金、应收款买断等方式回笼资金，优化现金流。

控好现金流不能仅是财务人员的工作

为了更好地管好项目层面的现金流、区域层面的现金流及集团层面的现金流，房地产企业还可以建立首席金融官机制。

该机制除了包括集团核心领导和财务管理中心负责人，还把每一个区域总裁都任命为区域首席金融官，并要求大家十分重视项目的销售、库存的变现、销售回款的催收及监管资金的解冻。自2018年8月以来，这家企业的这项工作做得很出色，使得公司资金池里始终有丰富的活水。在外围资金不断趋紧的情况下，他们仍能泰然处之。

在波动性、不可预见性的现实中，企业如何才能做到游刃有余、富有弹性和流畅运行呢？结合中国的现实环境，我们需要树立"现金为王""可动用现金为王"的理念，让企业始终有活水。

活学活用"三收三支"这个简单直接的工具，对企业的资金管理会产生非常好的效果。

建立与持续变革跟投机制

本节问题：

1. 房地产企业推行的激励机制，到底是跟投机制重要还是超额奖励机制更重要？为什么？

2. 为什么有些企业、有些职业经理人始终怀疑跟投机制的重要性，原因何在？

经济蓬勃发展时期，行业处于上升通道之时，地产行业的跟投机制和其他行业的合伙人机制一样，应运而生。中国房地产企业的跟投机制鼻祖可能是万科，这种机制成就了万科，使万科变得强大。

但是，很多房地产企业并没有掌握跟投机制的精髓，导致该机制未能发挥出真实作用。当然，做得好的房地产企业也很多。比如阳光集团，它可以做到两年跟投本金回收一半，加上相应的投资收益，首次跟投本金收回来后，很快能开始第二批、第三批项目跟投。有的跟投人离开公司后却不想退出，还要找关系和理由把跟投资金留下来。

为什么阳光集团的跟投机制可收到这样的效果，它们的跟投机制和其他房地产企业的跟投机制有什么不一样？在哪些方面能得到提升？希望通过阳光集团的案例，可以带给大家一些思考与启发。

跟投是行业普遍选择的激励机制

有的房地产企业将实施的跟投机制命名为"同心共享"，意思是所有新获取的项目，总部关键员工和区域关键员工都要强制跟投，非关键员工可自愿选择，新设立的项目在公司层面占一定的持股比例，大小股东同股、同权、同责、同利，同呼吸，共进退。

这样的变化在任何时期、任何阶段都是非同小可的，足以像核爆炸一样，率先带来一场自我革命和巨大变革。由此，关键员工和公司的关系突然发生了重大变化，不再仅仅是老板和下属的关系，也是大老板和小老板的关系。既然同是老板，就要求每一块钱都是大家一起挣来的，而不是公司给的，强调大家今后都要为自己获得收益而做出不懈努力。这个机制运行一年后，该房地产企业的内部管理、运营节奏感发生了质的变化，归纳来说，有两点很重要：

第一，"共享"机制激励了本身有能力有想法的高管。他们会工作更加稳定，信心更加饱满，由被动式工作转化为主动式工作，由惰性劳动转化为富有创造性的劳动，"以收定支""开源节流""尽可能少占用股东资金""尽可能加快卖楼",就像稻盛和夫说的一样,期待企业能做到尽可能让收入最大化,尽可能使成本最小化,这些关键因素成为项目管理的主旋律。

第二,高调宣传及有效运营为吸引社会上众多优秀人才加入该房地产企业发挥了前所未有的作用。一传十,十传百,有想法、有抱负、想做老板的职业经理人都会"投怀送抱",畅想未来。事实上,有一些高端人才加盟时,还带着项目而来。

跟投机制已是行业的重要选择,很多知名房地产企业都这么做了,当然其细节做法也有巨大差异。

"双赢机制"下,阳光集团跟投机制的十大变化

2017年年初,阳光集团决定推进一套跟投机制,即投资收入的合作共赢,对应项目获取奖金的"阳光共赢",并统一称为"双赢机制"。5月,我加盟阳光集团,根据阳光集团的实际情况对"双赢机制"进行了重大修正。修正不是一次完成的,而是深思熟虑,结合公司情况做出的选择。如此一来,具有阳光集团自己鲜明特色的"双赢机制"就落地了。

到2019年10月,阳光集团先后已有270个项目参与了"双赢机制"考核。在机制实际落地过程中,"双赢机制"办公室分别在2018年1月、6月、9月进行了3次重大升级更新,又在2019年做了1次调研和重大修订。我们只能顺势而为,以

开放的心态打补丁，从 10 个方面切入，使该机制更加契合阳光集团的独有管理特色，使"大小老板"都满意。

1．"阳光共赢"触发条件变了。

为落实投资策略，集团将全国所有城市的项目划分成三类，属行业首次，针对不同标准设置不同的双赢触发条件，并在买地时就严格套用：一类标准，满足含筹资现金流 16 个月内回正；二类标准，满足含筹资现金流 12 个月内回正；三类标准，满足含筹资现金流及经营性现金流 12 个月内回正。

若有无法满足规定回正时间的项目，后来给了 4 个月的顺延时间，根据顺延时间，再调整"阳光共赢"奖金计提比例。

为此，投资管理中心就三类城市划分做了明确规定。

2．"阳光共赢"兑现奖金的方式变了。

"阳光共赢"奖金全部以现金方式支付，并及时兑现和发放。关于这一点，所有跟投人员很在意，当我们设定为只要满足条件就发放相应奖金时，所有跟投人员举双手欢迎。双赢管理部门从上到下都把及时发放奖金当成日常工作，从不懈怠。

3．"阳光共赢"奖金的分配比例变了。

对"阳光共赢"奖金的分配比例做了具体而又明确的切分，即 20% 分配给投资团队、50% 分配给跟投员工、20% 分配到区域奖金池、10% 分配到集团统一由总裁调剂。同时，它与员工的跟投额及跟投资金到位情况进行了强关联，凡是跟投资金到位了，才有"阳光共赢"奖金，否则是没有这部分奖金的。

4. "合作共赢"与投资金峰值厘定的原则变了。

"合作共赢"资金峰值的确认是一个很大的难题，因为项目来源一般有两种，一种是公开市场招拍挂来的，另外一种是收并购来的，而且并购来的项目交易模式单单不同，为此，将口径统一为集团累计最大净投入，筹资可以抵扣后续工程款等营运资金的支出，极大地缩小了资金峰值，对员工跟投占比提高有一定帮助，对区域主动筹资或在获取项目时就有筹资方案的积极性有极大的促进作用。

5. "合作共赢"返本方式变了。

"双赢机制"的多次大变革，充分听取了基层员工的建议，合理满足基层员工的要求，即当项目含筹资现金流回正时，就可提前返还80%的本金至个人，剩余部分在实现经营性现金流回正时再返还至个人。这样一来就大大缩减了返本时间，使员工的内心安定。

6. 跟投员工的权属确权要求变了。

在推行跟投机制的时候，需要设立两类跟投公司，一类是总部跟投公司，一类是区域跟投公司。为了保证这两类公司的根本权益及法律地位，要求在规定时间内对投资的项目公司进行股权变更，即在项目公司层面上确保两类公司拥有合法权益，即在法律上真正确权。只有法律上确权，才能保障利益不容挑战。比如万一有一天项目利益发生冲突，员工在法律保护下继续可享有应该获取的利益。因此，在最大程度上规避了合伙企业的法律风险。这和很多企业从一开始就把权属混淆在一起有根本区别。

7. 为集团跟投员工设立了"3+1"的基金模式。

这是一项全新安排。为集团跟投员工的跟投资金设置资金池分红和清算规则，首次开了"3+1"的基金管理先河。

集团资金池以3年为一个周期，即3年到期后，对投资的所有项目需进行收益清算，若有未达到清算条件的项目需要进行收益模拟清算，清算之后，如果涉及权益变化，需要由大股东同价承接。

在满3年清算时，若对应的投资项目有1/3没能满足清算条件，可经双赢管理委员会批准后延期1年。此外，集团对应的各个资金池采用封闭式管理的方法，未能赶上资金池募集资金关闭时间的员工，只能等下一个资金池设立时再加入。

很显然，该规定如基金一样，建立了明确的开放时间和退出时间，使跟投员工能做到心中有数，特别对普通员工或经济条件欠佳的员工是一个很好安排，便于他们做好财务规划。

8. 从关心员工的角度出发，离职、调任等退出机制更加人性化，充满组织的温情。

根据需要，分别设立了集团和区域员工中途退出的规定。例如，区分了主动离职和被动离职的不同，也区分了主动调任和被动调任的不同。总而言之，在员工退出时，可根据投入项目的时间和各项目的实际情况，按照预期年化回报率的50%计算收益，并且允许员工在退出时内部转让份额，让退出机制更灵活，更人性化。

9. 透明度大幅提高。

这是公司的要求，也是全体员工的要求。

阳光集团制定的"双赢机制"及相关操作细则，在内部是高度透明、高度公开的，随处可查阅。在这个基础上，集团还开发了一套软件，员工随时可在手机上查到如下资料：个人投资明细、已经获取回报情况、奖金分配情况、未来预期回报情况、基金执行情况、资金滚投情况、对应项目投资回报情况及跟投相关信息。

这样的做法使跟投机制高度透明。曾经有员工担心公司暗箱操作，如今不担心了而且非常支持。

10. 合伙企业统一管理，并形成了员工全程参与的运行管理机制。

按照董事局要求，为了保证大小股东同股同权、公平合理、合作共赢，集团制度明确规定了从上到下的双赢管理架构，保证了这项工作一以贯之地有效运行。

为此，每个区域都设立双赢办公室，集团总部设立双赢办，董事局设立了双赢管理委员会。区域双赢办公室由区域负责人和财务负责人负责管理，如有需要，可向集团双赢办请示汇报；集团双赢办公室为常设机构，设在财务管理中心，负责制度建立和修订，负责实操和协调，负责解决运行中的所有问题；双赢管理委员会由董事局、经营层及员工代表组成，负责各项审议，包括制度修订、"一事一议"项目条件的变化。

这样一个有机的管理体系，确保"双赢机制"不偏不倚地运行。

这套机制是阳光集团专属，解决了阳光集团在项目管理过程中的诸多问题，真正推动阳光集团业务的快速发展和公司变革。

对项目跟投的重要忠告

由于项目多、管理跨度大、地域差别大，实施地产项目跟投机制是行业的大趋势，但并不是每家企业的必选项。

跟投机制也可以称为合伙人制。合伙人制可选择的方式有好多种，或在公司层面，或在项目层面，或在业务层面；可选择认股权证，可选择送红股，或实投；可用目标管理来界定，也可将超额利润拿来分享；可逐年兑现，也可项目结束时再兑现。

项目跟投的种类繁多，每家房地产企业到底选哪一种或哪种组合，真要认真思量，而思量的关键人物是老板。老板要高瞻远瞩，还要有胸怀。

因此，未来的激励机制在设置时唯有取其魂，具有独创性，还要快同行半步，这样也许就能成为下一个赢家。跟着别人走永远超越不了别人，只有另辟蹊径才可能有机会超越别人。不过，"他山之石，可以攻玉"，借助别人的做法也是通向成功的捷径。但很遗憾，自2021年下半年房地产行业发生巨变之后，阳光集团的跟投机制也暂停运行了，所以说，跟投机制的推行、使用、结束都要紧紧抓住机制的精髓，因时而变。

高质量发展与实现"均好"十二条

本节问题：

1. 文中关于构建有质量发展及长期主义的发展框架，你认同吗？

2. "均好"十二条要求很高，都做到很难，但为什么要倡导？

面对复杂的商业环境，企业需从战略层面上进行把控，除此之外，财务管理也要积极发挥作用。随着刚需红利、土地红利、金融红利等红利的消失，在经济存在波动性、不确定性、复杂性、模糊性等特点的情况下，房地产企业高质量发展成为最为迫切的任务，但如何衡量一个企业是否实现了高质量发展呢？

房地产企业高质量发展

高质量发展需关注三类目标的设定：

第一，业绩保持一定增速。比如，保持5%~10%的增长。此时我们可以关注销售、结算收入、新增土地储备和销售回款等指标；

第二，运营的安全性。此时应关注总资产负债率、净负债比率、短期借款占比、现金占比、有息负债总额及信用评级等指标；

第三，投资收益情况。此时应关注ROE（股本回报率）、ROIC（投入股本回报率）。

$$公司\ ROE = \frac{净利润}{股东权益}$$

$$项目\ ROE = \frac{净利润}{自有资金投入均值 \times 自有资金年回正周期}$$

$$公司\ ROIC = \frac{净利润 + 财务费用}{股东权益 + 有息负债}$$

$$项目\ ROIC = \frac{净利润 + 财务费用}{全投资投入均值 \times 经营性现金流年回正周期}$$

从上述公式可知，若一家房地产企业的ROE大于ROIC，说明它的融资能力强，杠杆用得高，否则相反。赛普《决胜经营力TOP100上市房企经营力评价与研究报告》中有些数据可参考，它认为近年来整个行业的ROE、ROIC都在大幅下降。2020年以前，10家房地产企业的ROE均值仅为16.85%，ROIC均值为11.52%。有一家企业的运营资料显示，2020年管理会计口径的ROE还有22%，ROIC还有10%，可到了2021

年 1—7 月，ROE 已经降到 8.3%，降幅 62%，ROIC 为 2.4%，降幅 76%。由此可见，房地产行业已经到了薄利时代。

为了使房地产企业实现高质量发展，我们可以采取六大行动计划：

第一，做到"以收定支"；

第二，狠抓回款、狠抓销售；

第三，做好、做强大运营体系；

第四，狠抓产品品质革命；

第五，打造先进且符合人性的高激励机制；

第六，提前培育新产业，寻求资本扩张。

高质量发展要做到以变应变。作为房地产企业，每个阶段有每个阶段的重点及要思考与解决的难题。若能坚守既定的高质量发展目标，业务上和管理上不断创新，这家企业就能基业长青。

"均好"十二条

何谓"均好"十二条？这是我从 30 多家优秀房地产企业背后的成长逻辑中总结出的，可帮助企业进一步扩大销售规模。

十二条之一：战略是坚定的、清晰的

战略管的是中长期方向和发展目标，不是当下的具体行

动。近年来，外部环境发生了剧变，有不少房地产企业发表了战略怀疑、战略摇摆及战略模糊的言论，把自我感性的看法当成又一次拐点论，这是不成熟的做法。房地产企业应该学习华为。华为面临的竞争非常激烈，可战略从来都没有动摇过，30年如一日地坚持。当前支撑房地产蓬勃发展的主要动力也没有发生较大转变，只是政策层面的管控，但这是压制不住市场需求的。因此在这个还要持续10多年的10多万亿元的房地产市场里，机会还是很多的。

十二条之二：文化是先进的，并且很有特色

所有企业经过多年甚至数十年的发展，在企业文化方面形成了自我认知的发展逻辑。文化是一个企业长期发展的底蕴和厚度，是企业价值观的集中体现、精神家园的寄托。有些企业选择"东方家族式"管理方法，有些企业选择现代企业的"三权分立"的做法，但不管如何选择，都要做好顶层设计。顶层设计就是建立顶层规则。规则没有什么绝对的好坏，是否合适只能由企业自己去感悟。比如有些企业选择以优秀的传统文化作为底蕴，然后坚持制度的刚性，善用激励机制顺应人性，实现组织的通达，因而凝聚了一批优秀人才为之奋斗，既能保持组织活力，又能与众不同。一家企业的文化是否具有先进性，不是由老板决定的，而是由员工、客户及相关利益者决定的，

是业绩说了算。

十二条之三：战略举措是灵活的，能顺势而为

随着内外因的变化，一家房地产企业能在预算管理、买地策略、城市扩张、成本控制、大运营管理、人力资源管理、负债管理、筹资管理、信息化管理等方面迅速做出正面反应并做出必要调整，那才是成大事者。比如在市场能够做的时候，加足杠杆，狠狠地做；在市场不能做的时候，迅速降低杠杆，手握现金，耐心地等待。这里说起来容易，但做起来很难，不可能说变就变，特别是土地、房子不是说想变现就能变现。常见的情况是，当市场开始恶化，想降杠杆是很难的一件事。另外，纵观当下，有很多企业吆喝着转型，比如向产业地产延伸、向存量市场延伸，但万变不离其宗，还是要算账。如果账能算得过来，那就做；如果账算不过来，那就不要勉强去做。还有一种弯道超车的做法就是逆势扩张，人弃我捡，但需要决策人的眼光和胆略，也需要未来市场的配合。这一轮市场受到政策的严重扰动，周期从过去的3年可能拉长到6年，也就从2016年下半年算起，到2022年下半年，将是一个下行或筑底的过程，如此一来，房地产企业就要在这一阶段深挖洞，广积粮，不称霸，储蓄能量，踩好节点买地，迎接周期的调整完成。

十二条之四：在影响企业偿债能力的负债水平管理方面，有稳健的思维和举措

稳健，不等于保守，而是又快又好。房地产行业受政策因素的影响极大，时常大起大落，资金大进大出，最怕踩错节奏。既然如此，从 2016 年下半年开始，房地产企业可能要加大稳健经营的力度，逐渐降低负债率，逐渐获得良好的信用评级。国际上有一些研究成果，例如，一个企业净负债率水平长期应把平均线放在 50%，市场环境好，则可高出 50%，但天花板是 100%；若市场环境不好，就应该降到 50% 以下。如果有房地产企业当下还把净负债率指标设置为超过 100%，而不想方设法地改善它，那就是非理性的，出问题是迟早的事。

十二条之五：应建立一套"资金高周转"的运营管控模式，要比同行平均水平好

房地产行业是最为明显的资金密集型行业，企业离不开金融，而且对金融机构及非金融机构的依赖度极高，但从 2017 年下半年以来，许多筹资的大门被关上，导致筹资难、回款难，筹资成本高，唯有加快资金周转才能抵冲有可能带来的财务风险，才能让企业跨过目前的困境。建立这一模式，一方面要求产业链上的每一个环节都有提升，另一方面要求这要融入管理者的血液，而且这两个方面的提升是无止境的，还要随着内外因的变化而变化。房地产企业的高周转要求企业与自己比时有所进步了；和同行比时，优于它们。当前，行业平均的现金流（含筹资）回正时间大约为 12 个月，那么，你所在的房地产企业就得优化后高于这个水平，否则就要找到原因，系统地解决问题。

十二条之六：毛利率要高于同行平均水平

近年来，房地产行业的毛利润逐年下降，差不多每年下降一个点，说明暴利时代已经在逐渐结束，有人说，已经从白银时代进入钢铁时代。尽管如此，这个行业的毛利率仍然有 25% 及以上的水平。毋庸置疑，毛利率能反映一个企业的挣钱能力，更能反映一个企业的综合管理水平。只有优化流程，狠抓降低成本、增加收入，才能提升毛利率。正如稻盛和夫在《创造高收益》一书中讲到，每一个企业都要想尽办法成为创造高收益的企业，即税前利润率要比筹资成本高 2~3 倍。如何创造呢？答案则是要尽最大可能使收入最大化，尽可能使成本最少化。一家房地产企业只有创造了较高的毛利率，才能在激烈的竞争中立于不败之地。因此，所有经营工作都要围绕改善整体毛利率而展开，否则都是多余的，可有可无。

十二条之七：要时刻关注经营性现金流为正的演练

强调这一说法，并不是说不关注筹资活动。但我们要记住，筹来的钱是负债，到期是要还的。筹资工作很重要，不容懈怠，而同时要关注经营活动产生的收入和支出及结余是否为正。这个也很重要。若能为正，哪怕只有几次，都说明企业有一定的造血功能及有控制现金流为正的能力。企业可以每两年演练一次，然后总结，找出防范财务风险的路径和做法，并将其制度化。只有规范的制度才能应对所有不测。不要以为黑天鹅与你无关，其实黑天鹅事件随时有可能发生，发生之后你要怎么办？

十二条之八：资金池里永远要有保命的钱

我们经常看到这种情况，房地产企业的半年及全年报表显示其有大笔现金存款，于是他们沾沾自喜，但其实在动用时却没有钱。究其原因，是因为他们的现金存款资金被各种用途监管起来，虽权属是企业的，却动不了。而动不了的钱，也许就不是你的。我们常说，能用的钱才是钱。因此，关于现金管理，要将现金分成监管资金和可动用资金两部分。优秀企业的一般做法是，可动用资金（包括可用的贷款额度）占资产总额之比不低于10%，也有5%不等。换句话说，可动用资金要能保证未来至少半年刚性兑付的需要，才是基本安全的。优秀企业的池子里永远会有活水，环境好的时候，活水占比小一点；环境不好的时候，活水占比大一点；当机会降临的时候，别人没钱你有钱，那才是真有钱，就可实现逆势操作。用财务的专业术语来说就是，财务永远要保持弹性。

十二条之九：要在国内的生存环境、筹资环境中，努力把规模做大

在资金能力有限的情况下，规模能做多大就做多大。这样的战略举措一点都不能动摇。为此，企业从投资买地环节、设计环节、施工环节、现金回流环节、筹资环节、资本运作环节等，都要为冲规模做出极大努力。换句话说，每个环节都要为冲规模做出专业上的极大支持，并协同作战。时间久了，这些环节形成一套量化强挂钩的比例及时间节点，就像卓别林的《摩登时代》中的现代管理一样，每个节点既紧密联系又专业化分工。这样的要求看似很难，其实抓住几个核心点就可以了。阳光集团就形成了一套以战略导向为目标的节点管理模型，大家都为因，也都为果，因果相连，形成网状结构，这正是现代管理中量化管理方法的应用。

十二条之十：要建立领先的激励机制

一家房地产企业若想优秀，必然要拥有一批优秀的人才，越多越好，最好都是行业的顶级人员。但要拥有这批优秀人才，企业必须要有优于同行的激励机制。领先的激励机制不仅要顺应人性需要，还要公平，还要让员工愉悦。有些房地产企业的激励机制在人性方面考虑了很多，却让员工每天辛苦加班，把人当成机器，久而久之，私下颇让员工唾弃，让同行耻笑。好的激励机制，不仅要承认人性，顺应人性，还要让员工愉悦，让员工有尊严，让员工有成就感。毕竟人活着不仅仅为了钱，除了钱，还要有别的追求和满足。好的激励机制是企业有序发展的根本保证。

十二条之十一：要把品质管理放在非常重要的位置

作为一家优秀的地产发展商，一定要把房子的品质做好，让业主满意，也让社会满意。这一点毋庸置疑。事实证明，房子的品质上去了，不仅能赢得良好的口碑，在销售时市场也会给出较好的溢价。房地产企业若想在激烈的竞争环境下立于不败之地，建议把提升品质作为核心竞争力来打造。为此，"如何提升品质"不仅仅要停留在口号上，而且要落实到制度上、行动上。

十二条之十二：要把社会责任放在重要位置上

社会责任涵盖很多方面，比如绿色环保、产品品质、公益捐赠、扶贫、安全等，作为一家有责任心的房地产企业，就应该把这些事情放在重要的地位上来管理。有研究表明，优秀的企业之所以能百年基业长青，非常重要的一个因素就是他们一直在尽最大努力承担社会责任。在当代中国，社会的贫富差距巨大，许多房地产企业已经赚得钵满盆满，它们就更应该在社会责任方面多做一些有益的事情，为企业树立良好的社会形象。口碑可以传承，好口碑就是最好的竞争力。

立足当下，展望未来，企业家要守正道、勇往直前

一个企业若能完全按照这"均好"十二条去做，而且做到位，那它必定是一个高质量发展企业，但实事求是讲，这是非常困难的。这些要求很高，但企业可以分阶段、分步骤一直坚持下去。在政策环境不太好、筹资环境也不太好的当下，房地产企业要想在竞争中活下来并脱颖而出，核心就是取长补短——修补短板，苦练内功！另外，要做到这"均好"十二条的要求，必须要有一批具有企业家精神的中国企业家。

中国企业家精神可简化到只有十几个字：简单、正直、守正道、勇往直前。企业家们要正确认识自己，明白今天的成

就很大一部分来自中国经济蓬勃发展的大势,来自国家改革开放政策的红利,当然也有自己的努力和运气,因此要心怀感恩,并积极回报社会;要言行低调,反对大肆炫耀;要会控制风险,不能永远高负债经营;要会科学管理,不能再我行我素;要尊重知识产权,不能再干偷牌、冒牌的事情;等等。同时积极带领企业员工不断创新,平衡好各方利益,把企业做大做好,并让自己成为一个受人尊重的企业家。如果企业家们不懂财务,那还需要学习些财务知识,哪怕是为了交流起来方便。如果确实对财务专业知识不感兴趣,企业家可以请一个优秀的财务专业人士,放心请专业人士去做。

第五章

塑造财务关系，诠释财务逻辑

财务工作讲究的是实操实战。受职责、性格、知识、价值观的影响,每个人看问题的视角不同,处理财务问题时就有所区别。在本章,我将尽最大可能对部分财务管理的财务关系及财务逻辑做出我的表述。做事要讲究方法,方法对了,很多问题迎刃而解;如果方法错了,不仅解决不了问题,反而使简单问题复杂化。在繁乱的世界中,我们需要大道至简的实操方法。

完善集团财务管理制度的逻辑

本节问题：

1. 一般情况下，财务管理制度在企业管理制度中处于什么样的地位？

2. 财务管理制度颁布之后，财务人员该做什么？公司该做什么？

很多企业的发展经历是这样的：自创立开始，它很快就从一个单一公司演变成一系列公司，然后将最高一级的法人改名为集团或控股公司；之后，它首先要做的就是要建立一套集团管控的财务管理制度。

坦白地讲，制度就是游戏规则。

可能有人一说起游戏就很敏感，觉得不严肃，实际上，现实生活中一切事务都是一场游戏。既然是游戏，就要有游戏规则。天地运行有道，国家之间来往有外交规则，国家治理有治理的规定，而企业管理也是有制度的。

无规矩，不成方圆。

规则的框架是什么，规则的价值观是什么，规则的目标是什么……这些内容才是规则制定时的难点和取舍点。放在企业中，规则就是制度。

财务管理制度是最高管理者的意志体现

　　财务管理制度是集团公司层面的一级制度。虽由财务部门牵头起草、负责修订、最后落实，但适用于全公司。在这项制度下面，会有若干个二级制度、三级制度，甚至还有四级制度。

　　事实上，财务管理制度是公司最核心的制度之一。如果一家企业只有一个一级制度，那就非财务管理制度莫属。如果一家企业有十个一级制度，那财务管理制度必在其中，而且排在前三。

　　说得再直接一点，财务管理制度就是企业最高管理者的管理理念的体现。在企业中，一般最高管理者由两类人组成，一类是董事局成员，一类是经营班子成员。这两类人员在个别岗位设置上是重叠的，比如总裁、财务总监，他们既是董事局成员，还是经营班子成员。讲到他们的管理理念时，比如，最高管理者决定公司未来几年的发展战略是扩张型，那么财务管理制度就要体现这一决定的精髓，在筹资、负债比控制等方面给予积极配合。

　　试问，最高管理者的管理理念是什么？

　　如果不把这个问题搞清楚，制定的财务管理制度就形同虚设，或者就是低水平的财务管理能力的体现。为了获得最高管理者的管理理念，就要和他们进行沟通、访谈、讨论，还可通过研读最高管理者最近的讲话内容来获取，然后梳理出来，得到一致确认。此成果要真切地融入财务管理制度，这就是财务管理制度的灵魂、内核、精神及企业的经营及理财之道。当然，企业的财务制度首先要遵守国家法律法规和财会专业的准则和制度，还要符合企业合规管理的相关要求。

因此，我们往往可以通过一家企业的财务管理制度大体看出这家企业的管理认知能力及管理价值取向。

集团财务管理制度的基本框架

这里所说的框架是指制度的基本轮廓。

2004年，中海集团内部的管理架构发生了重大变化：纵向看，出现了三级管理架构；横向看，出现了四条业务线。这都是因为自2001年新的管理班子上任之后，我们把进一步完善集团财务管理制度提上了重要日程，并在2004年实现了公司财务管理制度的修订。

我在中海集团任职期间，集团有过三次大的财务管理制度的修订。第一次是在1992年，是因为公司首发成功上市，那时，我是众多参与人之一；第二次是在1997年亚洲金融危机爆发后，那时我是财务部总经理，是起草制度的执笔人之一；

第三次是2004年,我主持了这项工作。在这三次修订中,我的角色不同,理解不同。2004年的这次修订迅速又顺利,不仅在于职务使我拥有了重大把控权,可以更好地落实总经理和领导班子的经营理念,而且与我所积累并形成的财务管理理念有关。这两点在一个企业的制度建设行动中是很关键的。

财务管理制度的内容简单分为三大部分:第一部分着重介绍公司管理体制、管理理念、经营思想、财务理念、财务战略重大关注点、职责划分、职业道德要求;第二部分着重介绍公司选用的会计准则、会计制度、会计科目,以及编制会计报表、统计报表和编制预算的要求和指引;第三部分包括奖罚机制及若干附表。

制定集团财务管理制度须遵循的原则

财务部门是完善财务管理制度的组织者和起草者,而非最后的终审者。一般来说,终审要到董事局。因此,编写财务管理制度要始终坚持"四个充分"原则:

第一,充分体现财务会计的专业性;

第二,充分吸收最高管理者的管理理念和经营思路;

第三,充分咨询各级管理者的意见;

第四,充分推敲,文字精练,但富有弹性。

财务会计的专业性要求不再赘述,这是财务工作的基本要求。至于如何准确把握最高管理者的管理理念，可能需要收集、梳理、提炼，然后由董事长或总裁们确认。

比如，最高管理层很重视"集中式管理""流程化管理"的做法，那我们在修订制度时就要将相关内容嵌入，具体来说就是要在创立公司、注销公司、公司变更、资金调度、筹资、投资、付款、投标、申请信用证、关联交易处理、档案管理等工作中进一步明确，然后进行程序化管理。为此，我们一共梳理出21个流程表。一笔资金从申请到批准调度，一共需要经过3个层次9个审批环节，确保资金调度零失误。

2004年启动财务管理制度修订期间，公司上下10多个财务人员参与起草，草稿出来后送经各级领导提意见，随后汇总大家的意见进行分析、整理、推敲。如此闭环，连续走过三次。经过集团总经理会议、常务董事会审议，新的财务管理制度在2005年1月1日正式实行，而且实践证明效果非常理想。

2017年5月我加盟阳光集团后，秉持上述"四个充分"原则，开始着手修订财务管理制度，多人参与，多次讨论，多层级征求意见，最后效果极好。

另外，所有财务人员都应该明白，财务管理制度毕竟不是国家法律，经济运行过程中也会不断出现一些起草制度时难以预见的新问题、新情况，因此，在技术之外的规定不能说死，要有弹性。

财务制度颁布后要做的事情

财务管理制度下发后，并不能觉得万事大吉、高枕无忧了。

财务管理制度运行一段时间，或者公司也没有新的变化后，可能会出现一些新的问题。基于此，我们在制度第一部分的"工作职责"中特别写明：财务总监要"认真落实集团公司的财务管理制度及执行过程中的补充规定，并成为制度的维护者、实施者和宣传者"。

如此一来，在一个完善的运行体制下，每一级的财务总监都是这个体系中的关键节点，抓住了关键节点就抓住了问题的本质。因此，财务负责人一定要负起三方面的责任：

首先是制度的维护者。财务管理制度需要维护，但由谁来维护呢？必定是由大家，但很重要的维护者是财务负责人。制度有其严肃性、有效性、不可逾越性。制度的建立，如同建立游戏规则，内部行事行为就应该在这个规则下运行。财务负责人如同法官，要主动地维护制度。如果发现有不按制度规定行事者，财务负责人有权发出警告，甚至停止与他相关的所有业务。

其次是制度的实施者。在财务管理制度中有很多规定，不仅有原则要求，还有非常具体的流程管理要求，要求各级财务负责人按章办事。制度很好地落地及有效地实施都是必须做的事情。只有不断实施，才能不断完善制度。实施，可理解为执行力，在管理活动中，特别强调执行力。如果执行到位，即使制度不甚完善，都可以在大原则下保证各项工作的顺利进行。

最后是制度的宣传者。财务管理制度实施后，一般都要通过培训、宣讲、案例解剖等方式推行。不仅所有财务从业人员要掌握制度的条文，而且非财务人员，包括公司领导在内，也要知道整个制度的精髓。要达到这个效果，各级财务负责人有责任在适当场合运用适当方式宣传制度，成为制度的宣传者。

事实上，每一次财务管理制度正式施行后，在实际运行过程中，随着内外因的变化，都要对制度进行修改。有小修，也有大修，这些情况是不可能避免的。我们在起草财务管理制度的过程中，尽量想得远一点，起码能管上三五年，其目的就是要保证制度有一个相对的稳定期。

财务管理制度就像是企业财务管理方面的法律，修订时要认真，执行时要严肃。把制度作为工作的重要依据，可以成为保护自己的武器，只有这样，工作中才能化被动为主动。

高瞻远瞩构建合适的财务管理体系

本节问题：

1. 财务管控有哪几种模式？哪一种模式被常用？

2. 财务若采用集中式管控，我们需要做哪些变革？信息技术如何完成使命？

体制不顺，管理就不顺，运营就不顺。因此，构建合适的财务管理体系十分重要。

自改革开放以来，我国在国家治理体系和治理能力现代化建设方面投入巨大精力，也取得了巨大的成效。对一家企业而言，公司治理永远是一个需重点关注的话题。同理，财务管理体系也是相当重要的。为此，财务负责人应具备高瞻远瞩的思维构建财务管理体系，而不是简简单单地描述。

集团企业通常规模大、层级多，跨地域、跨行业管理链条长，还是一个由多层次法人组成的系统，各业务板块又形成相对独立运作的管理循环，这给财务管理带来了巨大挑战。信息化时代已经来临，为解决财务数据的实时报送和监控提供了巨大的支持，很多问题迎刃而解。为此，越来越多的股东都意识到有控股权未必有控制权，有控制权未必就能实实在在地做到资金的控制。复杂的人性在企业管理之中就凸显出来了。本来可以简单化的管控模式，变得异常复杂。

很多合作或合营投资项目的研究和论证表明，最主要的入股条件就是派合适的人参加董事会掌握印章权力，再派合适的人负责管理财务和资金调动。入股股权低于 50% 有如此要求，超过 50% 控制权的项目也是如此。尽管如此，也不能保障并购公司按照既定的方式运行。毋庸置疑，谁掌握了财权，就等于从根本上获得了相互制衡的实力，但是，掌握财权不等于被并购的企业能获得很好的发展。所以说，很多事就会出现理想和现实的巨大反差，我们需要辩证看待。

财务管理体系的问题提出

对一家集团来说，什么样的财务管理体系最合适呢？

构建财务管理体系应把握两个要素：其一，产权关系和资金运动闭环是怎样的；其二，最高管理者的管理理念是什么。当搞清楚了这两个要素之后，就可把管理框架画出来。

集团内的产权关系和资金运动闭环构成了企业内部最为重要的关系网，看起来很复杂，但容易说清楚，而最高管理者的管理理念到底是什么以及如何界定就难以说清楚了。前文虽然讲了一些方法，主要是要求财务人员顺从最高管理者，但这个方法并不全面，全面的方法应该是相互的，谁的说法更合理、更能为企业创造价值，就选择谁的管理理念。我们可以对以下两个要素进行考虑，综合起来选择适合公司的财务管理体系：

首先，管理层的职责来自股东的赋予。但是，股东结构往往有三种情况：第一种是单一股东；第二种是多元股东，但有一个控制权超过50%的单一大股东；第三种也是多元股东，但没有一个超过有50%控制权的单一大股东。

其次，管理层的职责来自内部岗位的实际情况的需要。企业集团内部往往存在各种各样的情况，例如：既有上市公司，又有非上市公司；既有体内公司，又有体外公司；既有总部集团公司，又有二级、三级集团公司。

管理是一门艺术，若控制得太紧，企业会失去活力，若控制得太松，又担心信息不对称，导致管理疏漏。因此，问题的解决方法需要不断寻找与确定。

财务管控的三种思路

假设我们在同一时间去观察若干企业，会发现企业集团的管控思路一般有三种：运营管控型、战略管控型、财务管控型。

1. 运营管控型。如果管理层想要达到扁平、高效、直接的效果，就属于运营管控型，那么最适配的财务管理体系就是集中式管理模式。集中式管理的核心就是要管三件大事：一是决定所有新增投资和资产处置，二是决定筹资和资金调度管理，三是决定各级财务负责人的使用和委派。

2. 战略管控型。如果管理层想分权，减轻自身压力，把压力层层分解，那有可能选择的是分权式管理，视情况分两级或三级，但仍然得控制主要投筹资的节奏、重要人员变更，可归类到战略管控型的管理模式。当然，有时管理层心里是比较矛盾的，可能会选择一种介于运营管控型和战略管控型之间的一个管控模式。

3. 财务管控型。如果管理层选择投资控股或金融型投资管控的商业模式，像股权基金一样，可归类到财务管控模式。这样，财务管理表面上更简单了，但责任是巨大的，其着力点要在标的选择上下足功夫，接着在筹资环节、投后运营管理环节、选择合适时机退出环节上也要下足功夫，这正是常说的"投-融-管-退"模式。

这三种管控思路在现实中常常被选用。

经营好一家企业，除了运气，选择合适的管控模式十分重要。同样结构模式的企业用同样的管控模式，在有的企业可能有效，在有的企业就是无效的。因此，管控模式也是无绝对的好坏之分。

财务管理体系的两种架构

事实上，无论企业在某个阶段是选择运营管控型、战略管控型还是财务管控型的思路，反映在财务管理体系上始终绕不开两种架构的设置，即财务集中式管理和财务分权式管理。

集中式管理和分权式管理比较

财务集中式管理（也叫集权式管理）是指企业集团内母、子公司的财务决策权，包括筹资决策权、投资决策权、资产处置权、资本运营权、资金管理权、成本费用管理权和收益分配权，还有重大的财务人事权等一系列关系财务管理的权限，均集中在集团总部，而下属的子公司必须严格执行集团公司的决策。这一做法被绝大部分企业采用。

财务分权式管理是传统财务管理的做法，是在缺乏信息系统支持下普遍采用的方式，即企业集团下属各子公司组建财务部门，独立立账，独立管理账户下的资金进出、进行会计核算，并在会计期间结账后向上级单位递送书面报表。企业集团总部经过合并报表，才得出整个集团的经营状况。这种"分散式"的财务会计流程，在过去的国有企业很常用。

随着信息技术的出现，过去解决不了的问题，如准确、及时、全面汇编财务会计信息的问题，以及难以控制资金流动的问题迎刃而解了。

企业无论选择何种财务管理体系，在执行过程中，时间一久，都会或多或少地发生异变。我在中海集团工作期间发现：早年因主要业务集中在香港，企业实行的是集中式管理的模式，其特点就是无论创立多少个法人企业，开设多少个银行账户，只设一个财务部，财务集中式管理；1997年之后，随着业务拓展延伸到内地、澳门，如果还是强调只设立一个财务部，这是不现实的，于是逐步改成重大事项集中式管理，日常事务下放，即分层式管理；2001年，集团在下面组建了三个二级集团，仍然实行重大事项集中式管理，起初的运作是畅通的，但随着新人的加入，业务不断扩展，出现了集团总部管理弱化、虚化等问题，三个二级集团各自为政，竞相使出浑身解数争资源，内部不和谐的声音高涨，争端此起彼伏，与此同时，财务总监和集团财务部门之间有了冲突，陷入矛盾的旋涡。

推行集中式管理可见到的好处

财务集中式管理，主要表现在决策集中、财务信息集中及资金调度集中，而非所有事务性操作的集中。这种做法，可达到企业集团资源集约化，同时成员之间资源共享、合作共赢、共同发展。

因此，说到财务管理体系，实际上是一个很简单很直观的课题，并不是一项很尖端的高科技，让人难以理解。以我的经验来说，要多研究国际国内同行的先进做法，汲取营养，寻求适合的财务管理体系，注入最高管理者的管理理念，这才是解决问题的积极态度。

随着信息革命和互联网技术的广泛应用，我在碧桂园、阳光集团都推行了财务集中式管理模式，这既发挥了集中式决策的平衡作用，又发挥了资金的最大效用，还使完整会计信息和财务信息的获得变得更高效。

推行集中式管理的关注重点

推行集中式管理应重点关注以下五个方面：

第一，在财务信息反馈上，集团要积极应用现代信息技术、互联网技术、云计算和智能技术，采用统一的系统平台，制定统一的编码，编制统一的报表，及时、准确、完整地提供各项供决策的信息。

第二，在公司战略上，集团要制定集团统一的经营战略、人才战略、投资战略、财务战略等业务战略，使集团在原则方面能固守一致，形成独立的做事风格。

第三，在投资决策上，哪怕是一块钱，只要是新增投资以及资产处置，都要由集团部门、集团管理层、集团董事会批准，确保投资能在统一的标准下，按照集团战略进行。

第四，在财务战略方面，主持制订和审定所有筹资计划；以预算为导向，制订和审定资源配置计划；对下一级的财务负责人实行委派制度，确保财务工作和集团发展战略永远吻合。

第五，在利润分配方面，集团要制定明确的下属企业和集团的利润分配政策，制定集团给股东的分红政策，并严格按程序执行。

总体来说，如果集团有效地控制了以上五个方面，集中式管理的积极效果就会产生。同时要明白，在任何集团公司内，永远都存在集权和分权的矛盾。这对矛盾有时平和，有时激烈，这都非常正常。然而，还是要尽可能地处理好集权和分权的平衡问题。这是一个很重要的管理问题，若能处理好，对各方面有百利无一害。

用心处理与公司各级领导的关系

本节问题:

1. 做好财务工作,为什么要谈个人修养?这与财务管理有关吗?

2. 每一个财务工作者要把工作做好,为什么要把处理好关系当一回事呢?

有人的地方就有矛盾,这是不可避免的。若能用心,一定能处理好各种复杂的关系。若处理好了,关系就是生产力,就能为做好工作创造一个相对良好的工作环境。

财务人员也应如此。

财务是一个光鲜又富有挑战的职业

前文介绍过,业务价值链由六大部分组成,其中就包括财务战略、财务工作,由此可见财务在企业管理中的重要性。财务在业务价值链上扮演着不可或缺的角色,从事这方面工作的人看上去也都光鲜亮丽,令人羡慕。但要做好财务工作,必须得到公司领导的关心、理解和支持。从理论上来说，公司领导是会大力支持的，但现实情况就未必了。

我们知道，在公司领导层中，往往财务负责人会占有一席之地，比如总会计师，或财务总监，或分管财务的副总经理。不管是什么名称，他们都是代表财务在最高决策层履行财务职责。

从公司领导层的构成看，一般会设董事长1名，副董事长1名，总经理1名，副总经理若干名，财务负责人1名。换句话说，由于财务的特殊性，财务方面总会有一个代言人入局公司领导层。

但是，在讲究排名的管理模式下，财务负责人几乎永远排在公司领导层中的最后。有时因为业务发展需要，公司会新提名一位副总经理进入公司领导层，这位新晋升的副总经理的排名也会排在财务负责人的前面。依常识而言，排位决定角色的重要性，只要财务负责人排在最后，那财务负责人在员工心目中的地位永远就是最后。

由于这样的现实存在，不管财务负责人的资历、能力如何，给公司的贡献有多大，排在他前面的公司领导就高他一等，有时也可对他大呼小叫，甚至指责。如果你这样做过，正好证明这一现实的真实存在。当然，任何事情也都有例外。但不管怎样，财务负责人的角色是敏感的，富有挑战性的，因为他管着钱。

管钱是权力的象征，但也是矛盾的旋涡，有时候就是责任"垃圾袋"。

由于财务负责整个集团资金活动的管理，在有限的财务资源配置前提下，当财务负责人支持某一方资源配置的需要时，会得罪没有获得资源的一方。时间久了，财务会因此得罪所有业务领导。

在企业，业务领导永远都显得很重要，因为他们在拓展业务，只要拓展就有机会创造价值，但投资回报、价值创造那是未来的事情，不是当下能说清楚的，这便是最大的谜团。在当下，为了获得财务资源支持，业务领导常常振振有词、口若悬河，把项目描绘得如一个天仙美女一般。而财务负责人时常会拿业务领导过去的经营成果说事，每当他们轻轻地或点到为止地揭开业务领导的伤疤时，业务领导会暴跳如雷，找出一堆的原因和理由，而最令人不快的是，他们会说这是市场变化导致的。个性刚强的财务负责人会坚持自己的观点，甚至会把脸黑起来。这个时候，关键要看总经理的态度。

我经历过很多类似的事情，只要业务领导一坚持，总经理一般就会持支持业务领导的意见，至于财务资源从哪里来，那是财务负责人和财务部门要考虑的事情。更有甚者，当业务拓展或投资出现了损失或出现诉讼时，业务领导撒手不管好像没事似的，而善后的事情则由财务部门去完成。所以，有些经营不好的公司，财务就是一个垃圾袋、出气筒，是善后的部门。

财务从业人员被打上保守的烙印

大部分财务负责人都被打上了保守的烙印。这个烙印几乎让财务负责人背上了沉重的"十字架"。总经理和董事长多数时间也是这么认为的。我想，这主要是因为总经理和董事长大多是从业务部门晋升上来的，不太了解财务，对财务知识一知半解，甚至所拥有的财务知识是表面的、浅薄的，可是他们拥有极大的权力，这一点在国有企业更为凸显，民营企业同样存在。

我们在2007年想并购一个企业。该企业的负责人只有业务拓展经验，没有财务、会计、并购、法律、尽职调查等知识，所以花了"九牛二虎之力"却没能抓住重点及核心问题，执行效果也非常不好。据我了解，总经理和董事长很少有懂财务的，可是他们的位子往往很高，在一个决策团队中也绝对处于重要决策人的地位，他们的认知就决定了公司的前途和命运。因此，若由他们全权决策，公司将如何健康发展？

这样的情况在国有企业和民营企业中都是存在的。不懂财务的老板或实体控制人比比皆是。那是不是不懂财务的人就不能做一把手呢？那倒不见得。只是若老板能懂财务，与下属部门沟通起来就很畅通，也许经营和管理效果会更加理想。现实中，一个会算账的一把手和一个不会算账的一把手，企业经营效果往往差别巨大。

如果领导不懂财务，财务负责人一定要见机行事，一方面要改变自己给别人留下的保守印象，而另一方面则要想尽办法让其他领导接受一些基本的财务知识，这才是正确的态度。

保守不等于稳健，稳健也不等于保守。一个财务负责人若给别人的印象由保守转变成稳健，那便意味着他成功了。

唯有改变自己才能改变处境

财务负责人和领导层处理好关系非常必要，这不仅能为开展工作创造一个良好环境，还能让自己继续干下去。但如何才能处理好彼此之间的关系呢？其实，答案就在你的心中。

世界本来就是复杂的、多变的。改变别人太难，唯有改变自己。

财务人员的问题往往出于认死理、爱抬杠，似乎只有坚持自己的观点才是唯一的正确选择。这是严重的错误。财务管理属于交叉学科，并不是非白即黑的硬科学，财务人员要学会用彼之矛，攻其之盾，用其之盾，迎其之矛。首先，要多听听业务领导的看法；其次，态度上谦虚，做人上低调，动之以情，晓之以理；最后，要进行多次沟通，一次沟通不行再来一次，力争取得一致看法。如此做法，才能"长袖善舞"。

在技巧方面，财务人员要耐心听完别人的看法，在有不同意见的时候，不要马上反驳和拒绝，在反驳和拒绝时一定要有理有据，要让对方觉得舒服，被重视，如果一时无法回答相应人员关心的问题，应告知回去后立即研究和消化。我认为，只有用心和用科学的方法去解决问题，才是组织内达成团结的基础。如果不解决问题，再好的沟通都无济于事。良好的沟通是解决问题的前提和保证。

　　做财务工作的人，知识面不能停留在财务、会计方面，而是要扩充到战略管理、投资管理、组织管理、人力资源管理等领域，还要大胆地跨界。在企业里，财务工作不是孤立存在的，而是在发展战略、企业目标的指导下，和其他管理领域相融合。当你了解了其他领域，也就知道他们在干什么，彼此之间是如何衔接、如何支持的。从另外一个角度来看，不断优化内部流程、内部结构，既能提高功效，也能节约成本。如果财务和公司其他领导有很好的融合，就会在共同目标下找到优化公司流程的方法。

与战略管理部门协同共进

本节问题：

1. 战略部门也是一个独立的业务部门，为什么财务工作者要与这个部门保持紧密的联系？

2. 为什么要求财务负责人要有战略思维、战略眼光？

随着企业集团的发展壮大，除了财务管理部门必须设立，战略管理部门也是企业必须设立的。该部门掌握战略管理的方法，也聚集了一批高手，他们博学、敏锐，定期为集团把脉，出报告，在集团决策时做参谋，也因此，他们时常拥有一些有关竞争对手、商业模式、市场研究等方面的有价值的资料。

与战略管理部门沟通，甚至在某些阶段，直接或间接分管这些部门的日常业务，都可以为部门负责人在做财务决策、投资决策以及提升财务管理时提供借鉴。

因此，优秀的财务负责人应积极主动地参与战略管理事宜，与战略管理部门建立紧密联系，进而形成自己的财务战略思维，做到跳出财务看财务，处理好全局和局部的关系，以及处理好风险和投资的关系。

明白战略管理部在做什么

许多公司都设有战略管理部门。当然,也有不设的。

关于战略管理,设不设专门的部门并不重要,重要的是这方面的事要有专人管。这些事有专人管和无专人管,效果是不一样的。

2003年以前,中海集团没有专门从事战略管理的部门,相关职能长期被放在财务部门代行。那时,财务部门组织编制的未来规划就变成了公司的发展战略指南。1997年爆发了亚洲金融危机,导致公司发展受到重创。这次重创的重大原因是外部突变而引发的系统危机。集团痛定思痛,内部复盘后认为,这次损失是战略管理出了问题。由此可见,把战略管理放在财务部门是不太合适的,因为财务部门编制规划受财务专业性影响非常明显,便设立了专门的战略管理部。

企业发展从愿景和目标出发,战略管理就一路伴随,在全过程进行引导和纠偏。战略管理部门一般由集团一把手直接分管,但有时也会交给财务负责人协助管理。毕竟战略管理呈现的目标、举措与财务目标和年度预算一致,彼此需要不断地协调。

战略管理同其他管理一样,有工作计划、步骤、方法、组织及后评估,每3年要修订一次战略规划,每年要完成两次战略规划的滚动修订。其间,还要完成最高管理者关心的或感兴趣的若干项目研究。他们输出来的成果看似有点虚，但又是实实在在地指导着相关部门的工作，对公司的发展方向和举措纠偏，推动着公司组织和重大业务的提升。

战略管理部门的研究和关注偏向于行业的宏观研究，偏向于大方向和大决策的选择研究，偏向于重大组织架构调整的研究，等等，如有需要，可以代表公司向行业发声。

从我多年的经验来说，要让战略管理部门的工作落在实处，财务部门一定要无保留地支持，唯有这样，两个部门的工作效果才能实现最大化。

协同共进，合作共赢

中海集团于2003年正式组建战略管理部，碧桂园集团、阳光集团也有战略管理部门。就我的经验而言，财务部门和战略管理部需要在以下三个方面很好地融合，供大家参考。

1. 两个部门保持行动的高度统一性

战略管理部着重于公司长期战略以及五年战略规划的编制和管理，他们在市场定位、主营业务发展、重大经营措施及财务安排等方面能做到统筹考虑，然后提出一个发展框架进行推演，待集团高层形成统一认知后则监督执行。

财务部门要在公司战略的框架下，每年编制年度全面预算，用管理年度全面预算的方式落实战略规划总目标的实现。这就是两个部门最好的结合点。

2. 两个部门每年有一项重大工作一起操办

成熟企业每年都要召开半年经济活动分析会。为了开好这一重要的会议，两个部门会提前布置、策划、做调研，提前议定会议主题。中海集团一直就是这么做的。半年是一个重要节点，时间过半，业绩也要过半，为此，我们围绕经济运行情况而展开，旨在揭露企业运行过程中出现的问题和矛盾，寻求解决方案。我作为分管领导会领导全过程，并要求每次会议都要创新，形式上或是内容上都要创新，避免"八股文式"及年年老套的做事方法。从这些要求出发，两个部门既有宏观把控又有微观数据支持。这样的结合，让开会的形式和内容有较大的弹性空间。因此，半年经济活动分析会都很成功，对推动各项工作和业务发展均发挥了重要作用。

3. 两个部门全面融合，又互相促进

财务负责人不应该只有会计和财务经验，要思想解放、视野开阔，不仅要对战略管理有兴趣，还要有研究，要深入，最直接的方式便是和战略管理部门一起工作，这样就可以把财务想法嵌入战略管理的框架。财务人员如果每天只盯着账本、报表，固守于自己的一亩三分地，日日耕、月月耕，多一事不如少一事，就很难成为一位优秀的财务负责人。优秀的财务负责人要具备多元的知识结构，学会抓大放小。和战略管理部门一起工作，若能抓住关键问题，每年解决好一两件大事，于公于私都是重要的。

21世纪，最大的变化是强调部门之间协同，而不是强调把专业化做到极致，因为，专业做到极致有很大一部分受外部因素的影响。虽然财务管理部门和战略管理部门不能混为一谈，要保持各自的独立性，但合作共赢才是"大道"，才是新要求。两个部门若能保持良好的合作，对公司而言，有百利而无一害。优秀的财务管理者应深知这一点。

把法务和董事会秘书部门直管起来

本节问题：

1. 在这里，你会不会觉得财务负责人想的过多，手伸得过长过了边界呢？

2. 归根结底，企业是老板的，那财务负责人的角色到底该如何定位？

一家集团企业，法务部门是一个常设部门。如果是一家在内地的上市公司，还会设置董事会秘书及董事会秘书领导下的证券部。如果是一家在香港上市的公司，就会设立一个法律秘书部。这三个部门有相通之处，但职能有明显差别。我的经验是，这几个部门可以分列，但在大的组织架构中，最好归编由集团财务负责人统一管理。

法务部门

我在中海集团做财务负责人期间，很长时间分管法务部；入职碧桂园集团后，不久也把法务部划转到财务管理中心下面，由我分管；加盟阳光集团后，法务及风险管理部与财务管理中心并列存在，也由我分管。

随着公司业务不断扩大，交易日益频繁，诉讼案件与日俱增，除此之外，防范合约风险，公司法人注册变更，公司股权关系梳理，法人对外签字及印章管理，并购案件的法律尽职调查，公司商标及无形资产管理，等等，都需要法务部门处理。一般情况下，法务部门是一个由律师专业资格人员组成的常设部门，从上到下是一个独立职能部门，他们颁布若干部门管理制度，然后由专人负责跟进。他们和财务管理部门在很多方面是连通的、相互的，如果都向财务负责人汇报，便于协调、沟通，形成合力。

我们可以通过以下四个方面来分析法务部门向财务负责人直接汇报的必要性：

1.法人公司管理方面。法务部门负责法人公司成立、注销及运行过程中董事、注册资金、注册地址等变更管理。这些方面，要和财务部门保持良好沟通。当一家企业集团的业务规模上了千亿之后，有实体业务运行的公司可能达上千家之多。当业务单元申请成立新公司时，两个部门要论证是否有成立的必要，有没有其他替代方案；在注销时，两个部门要研究能不能注销、注销时税务是否需要清算及解决方案是什么；公司在运行过程中经常发生一些变更，两个部门也需要推敲怎样做最好。

2.对外合约处理方面。所有对外业务往来，公司都要签订交易合约，比如采购合约、工程总包合约、交房合约、写字楼租约等。在执行合约的过程中，谁也不能保证一切顺利、没有任何瑕疵。当发生争执的时候，需要马上处理。一般来讲，有三种处理方式：诉讼，和解，接受现实。到底哪种方式最佳呢？这需要两个部门坐在一起共同商量，出谋划策，在没法拿出倾向性意见的时候，财务负责人需要根据形势和经验做出判断，在做取舍的时候，既要兼顾法务部门的意见，还要权衡财务部门的意见，得出一个最优解决方案。

3. 价值创造方面。法务部门负责诉讼工作，而诉讼的背后都是利益。有的时候公司是被告，有的时候公司是原告，无论被告还是原告，都要积极处理。2020年，阳光集团的法务部给公司创造十多亿元的现金收入。事实证明，用法务手段催收款的效果非常好。为此，阳光集团内部建立了一套制度，凡是催收款催收时遇到巨大困难，比如对方不配合、耍赖，甚至"动黑"，这样的案子就移交给法务部，由法务部用法律手段来处理。从这方面讲，财务和法务两个部门是最好的搭档。

4. 会计账目方面。我在一家集团公司调研过，发现了一些怪现象——把法律事务交给行政部门管理，这是因为组织设计和管理不合理。行政部门是一个后勤保障部门，他们可以负责公司的成立、变更、注销及资料的保管，但和财务部门始终不能黏性很强地在一起解决问题，这就导致行政管理下的法务部门的资产关系、有效公司个数永远和财务不一样。财务部门是按照法人设立账目的，对公司个数的记录应该是最完整的，可就是不一样。等到有一天，因为某种事故而牵连某家公司时，才发觉那是一个"野孩子"。这样的情况令人苦笑不已。当我们推行法务工作和财务工作统一领导时，借助于信息技术，就会做到无缝衔接。

董事会秘书部

按照证券法，国内上市公司都要设立董事会秘书。

董事会秘书为上市公司高级管理人员，由董事会聘任，并对董事会负责，是上市公司与证券交易所之间的指定联络人。他们对外负责公司的信息披露、投资者关系管理；对内负责股权事务管理、公司治理、股权投资、筹备董事会和股东大会，保障公司规范化运作等事宜。

董事会秘书也许是一个人，也许是一个部门。正常情况下，董事会秘书处于公司高管序列，其下会设立一个董事会秘书部或证券部。而在现实情况中，董事会秘书的直接汇报人是财务负责人。

这组人与财务部门的关系非常密切，比如财务信息披露、维护投资者关系、市值管理等，都需要和财务部门一起工作。所以这组人往往编制在财务管理中心之下。如此安排，既避免了多头领导，也避免了出现行动不统一的现象。

法律秘书部

凡在香港上市的公司都会设立法律秘书，亦称公司秘书。

这是香港上市规则的要求，也是内部管理的需要。在法律秘书下面设立一个支持部门，叫法律秘书部。

法律秘书部的职责大致是：按照当地法律、上市规则、上市协议和证监会的守则，维护上市公司及其附属公司的利益，确保公司、董事或授权人的行为及所签文件的合法性；处理"须予公报交易事项"事件；协助公司财务部门编制上市公司年报、中报，安排召开独立审计委员会、业绩发布会、股东大会的时间和程序；依照公司文件及时办理董事变更、公司创立或注销等工作；是香港联交所指定的联络人之一；监督、检查、指导集团旗下公司的法律秘书工作；定期完成相关的统计报表和最新的股权架构图；统筹并保管有关法律档案（包括股东、董事权益申报及纪录等）；制定有关具体工作指引，并随着法例（法律）的修改做出相应修正。

这个部门像一个卫士，或是一道防火墙，以法律和规范为准绳，对发生的每一个经济活动进行测评，然后按照上市规则要求的程序进行处理。日常而言，一个集团从事的大量业务中，有些是有先例的，有些是没有先例的，至于哪些是合规的，哪些是不合规的，有时领导们也不一定清楚，有这么一个部门把关，只有好处没有坏处。如果没有这么一个部门把关，也许会因无知而触犯法律，可能会给公司造成巨额损失，说不定相关董事也要承担法律责任。

在香港，从事这方面工作的人要获得这方面的专业知识。其实，单获得这方面知识是不够的，如果熟知法律，再有财务会计知识就更好了。如果不具备这方面的知识，就要借助外部的律师及审计师来完成相关工作。在高度商业化的社会中，任何交易都离不开签订交易合约，而合约内容都涉及法律和财务会计知识。合约是交易基础，是现代文明基石，重视合约洽谈、推敲、签署和管理是一种负责任的态度。有时为了完善合约，会支付较多的律师费，但这样做能使公司利益得到保障，能防止未来出现不必要的麻烦。

综上所述，香港法律秘书和内地的董事会秘书的职责有相同之处，也有很大区别，其区别在于：第一，这组人不处于高管序列；第二，这组人负责法律事务；第三，这组人不负责投资者关系的维护；第四，这组人明确属于财务负责人管理下的财务团队成员。

财务负责人多承担一些责任，可获得最优解

为了协调方便，统一指挥，法务部或董事会秘书、证券部，或者法律秘书部，最好由财务负责人直管，这样效果会很好。这些部门由财务负责人直管，并非为了扩大财务管理的权限，

即前面章节所说的"大财务"概念，而是从客观需要出发获得的最优解决方案。企业的"大财务"管理框架如图5-1所示。

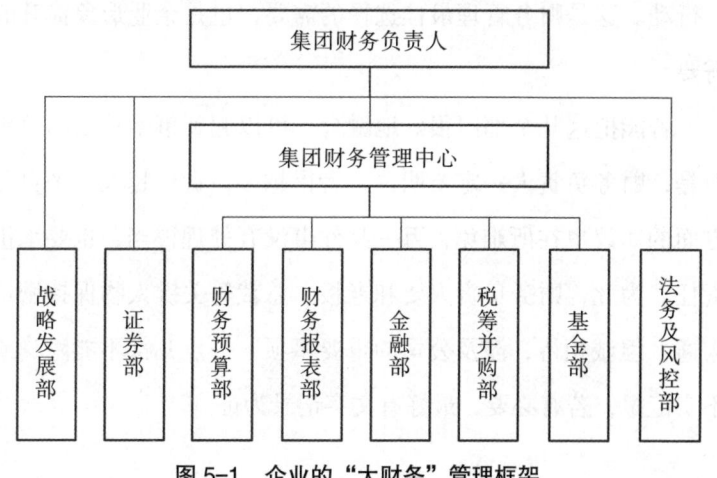

```
                    集团财务负责人
                          │
                   集团财务管理中心
   ┌──────┬──────┬──────┬──────┬──────┬──────┬──────┐
 战略   证券   财务   财务   金融   税筹   基金   法务
 发展   部     预算   报表   部     并购   部     及风
 部            部     部            部            控部
```

图 5-1　企业的"大财务"管理框架

很多企业由于汇报线条多，导致内部相互扯皮，效率低下，责任不清。上面忙，影响下面更忙。有时大家看着都很忙，其实是在瞎忙，做的很多事情是没有意义的，也不会创造一分钱的价值，反而产生更大的成本，造成极大的浪费。

最伟大的管理是让复杂问题简单化。

如果一个组织人为地设置过多部门，多头汇报，这既会增加协调的难度，又会增加运营成本，结果很不好。有时很多部门在做同一件事，看起来很忙，这对下面的干扰很大，下面的员工来会很烦恼，感觉无所适从。

其实，财务、会计、法律、董事会秘书、投资者关系等工作是一体的,是紧密联系的,是一个财务管理业务链条上的一部分。在对外方面,需要统一规划,统一指导,统一口径,统一行动。这是财务管理最佳选择的需要,也是企业形象提升的需要。

若能把这几个部门很好地融合,可以起到事半功倍的效果。但是,财务负责人一定要明白,管得越多,责任越大,来自各方面的非议也在所难免,万一某件事没有处理得当,也要承担责任。为此,财务负责人要和老板、总裁等关键人物保持密切沟通,坦诚相待,涉及公司的重要事项,一点儿都不能隐瞒或不实汇报,若有必要,最好有文字记录为证。

动态掌握公司产权树形结构图

本节问题：

1. 你了解所在企业的股权关系吗？试着去了解一下，看看能了解几分。

2. 财务人员掌握股权关系为什么很重要？如果你知道原因，该如何了解相关信息呢？

所有集团的结构都可以看作一张树形结构图。

所谓树形结构图，它不是指企业内部管理需要的组织架构图，而是企业集团属下的法人公司与法人公司之间的股权关系图。正常情况下，这张树形结构图是完整的、清晰的、最优的、可供查阅的。但现实不是这样，它常常呈现出产权关系不完整、表达不清楚，公司与公司交叉、不是最优，你中有我、我中有你，表内表外交易频繁等特征。这些特征导致财务管理工作的难度加大。

从理论上讲，所有管理者都要了解集团内的股权关系，即使未能了解全貌，但至少要掌握最为重要的几家实体公司的股权关系。我经历过几家大型集团，公司的大小法人达数千家之多，有的在上市范围内，有的在非上市范围内；有些在境内，有些在境外；有些在中国香港注册，有些在印度、英属维尔京群岛（BVI）、开曼、迪拜等国家或地区注册；有些从事地产投资和开发，有些从事高科技，也有些从事股权投资；有的企业性质是外资，有的是内资。面对这种情况，绝大部分员工和领导搞不清楚也情有可原，但集团财务人员必须要搞清楚。只有搞清楚了，才知道发生业务后该处理在哪家公司名下。

公司产权树形结构图

打仗需要作战图，航行需要导航图，企业管理则需要股权架构图。因此要实现总揽全局的目的，财务负责人要把公司的股权关系图——树形结构图——铭记于心，以企业产权关系为基础，总览全局，开展及优化各项工作。

企业产权关系图就是企业内部的股权关系，股权关系常常会变成一张张图，展现在各级财务负责人和财务人员的面前。这一张张图非常重要，就是企业内部DNA，成为我们开展各项财务工作必须考虑的因素，比如资金调度、费用承担、税务筹划、报表合并、股权变更、注册资金增减、同业竞争、关联交易等财务工作在进行前，都要从股权关系入手，才能处理到位。

企业树形结构图一旦乱了，一切都会乱。

这张图需要时常更新和优化。在阳光集团任职期间，我把这件重要工作交给法务及风险管理部管理。每过一段时间我就会召集相关人员开会，了解情况，然后寻找优化方向。这一方面让大家重视了这项工作，另一方面的确使树形结构图得到了优化。优化之后的树形结构图，结构简单、明了，逻辑清楚，公司完整，一个没有少；而且与财务管理系统直接打通，需要查看某一家公司时，只要直接点击，就能找到它完整的注册文件、过程的变更资料，以及最新的财务数字。

企业股权的变更和管理

企业树形结构图是企业长期运行的某一个时点的结果。

中海集团于1979年创立时只是一家公司，叫中国海外建筑工程有限公司。经过29年的发展[①]，已有近400家法人公司。原来的中国海外建筑工程有限公司更名为中国海外发展有限公司，品牌叫中海地产，并于1992年在香港上市。因管理需要，该公司在上面创立了一家控股公司叫中国海外集团有限公司。如果有人想查公司的变更情况，一点问题都没有，因为财务部门保留着完整的变更档案。这说明，企业产权变更由财务部门统一办理和管理是十分必要的，也是十分重要的。办理和管理主要从以下几个方面入手：

---

① 这是中海集团于2008年6月30日的情况。

新设立公司

事实上,每设立一家公司就会给财务工作增添一份麻烦,这时候财务人员要独立设账,独立开设银行账户,独立核算,独立纳税,独立核数。这些工作往往是在浪费财务资源,而不能创造任何的经济效益,但对业务部门来说,他们不一定了解财务人员要为此做这么多的事情。因此,设立公司要慎重。在设立新公司时,能不设立的决不设立,能临时借用某公司开展业务的就暂时借用,慎重起见,还须报设立公司的可行性研究报告。

注销公司

很多业务单元设立公司时十分积极,可在注销公司时拖泥带水,没有专人跟进。我们从事的房地产业务,每隔几年就会产生一批发展完成的项目公司。事实证明,只要公司还存在,哪怕存在一天,就会发生必要的费用开支,也许还有其他法律责任。我们在制度中写得很清楚,各级财务部门要主动清理那些没有存在价值的公司,并由业务单元协同限期注销。这件事,财务部门要主动管理,定期发出清理要求,这是财务人员分内义不容辞的有意义的工作。

公司变更

一家法人公司在运行过程中，根据发展需要，时常发生各式各样的变更。可能发生的变更主要包括股东、注册资本、经营范围、注册地址、董事、章程、合作合同等。每次变更都要到有关政府部门办理变更手续。财务部门要及时审批变更的必要性，在各方面审批后立即办理相关的变更手续，最后妥善保管这些变更资料。公司变更经常也占用财务部门很多时间，因此，要做到有效性，得从源头抓起，就是要求财务部门以不变应万变。

资料保管

公司新设立、注销或变更等事项完成后，都会产生一堆新的资料。这些资料包括内部批准文件、股东会记录、董事会决议，以及政府相关部门批准文件。财务部门要及时将这些文件分类归档，便于日后查阅。随着信息化技术的广泛应用，可将重要的文件扫描放在内网上，在授权范围内供企业员工在网上随时查阅。事实上，无论某一家法人公司是不是一家上市公司，从规范化管理的要求出发，都要建立完整的公司档案。因为公司档案和会计凭证资料都属于最为重要的资料，可列为特级保管范围进行保管，来不得半点的疏忽。

集团内上市公司的财务运作

一个集团企业，往往会有若干公司列入上市范围，有若干公司列入非上市范围，还有一些公司列为体外公司。从管理角度来说，这些都属于集团管理范畴，因此要用树形结构图反映。对财务工作来说，这些法人公司虽同属于一个大集团，但在财务运作上一定要完全区分开，否则后患无穷。

账目须分开

每家法人公司需要独立设置账目，汇总报表时，按照股权关系逐级汇总。如果归属上市公司范围，因每年定期公布业绩的需要，所以需要聘请外面的注册会计师进行审计，编制综合报表；若为一个集团公司，既有上市范畴也有非上市范畴，因最终股东、债权人、债务人、管理层的需要，编制最终的合并报表；因管理需要，还要编制管理会计报表。所有这些都要从法人独立账目做起。

业务往来资金须分开

同属一个集团，非上市范畴的资金可以调动给上市范畴使用，但上市范畴的资金绝不能调动给非上市范畴使用。上市公司如果有派息安排，可以同比例派息给所有股东。同理，担保、信用证的安排也是一样的。无形之中，这将一个集团内的资金平衡切分成为两大资金池，一个是上市范围的资金池，一个是非上市范围的资金池。集团最佳的财务管理是两大资金池的信息是通的，但资金不能调动。我们许多业务领导不理解这一点，可这是规则，谁也不能触犯，否则董事们要承担刑事责任。

关联交易须先行处理

上市和非上市范围的企业时常有业务来往，构成关联交易。关联交易是指上市公司或是附属公司与关联公司直接或间接占有权益、存在利害关系的关联方之间所进行的交易。关联方包括自然人和法人，主要指上市公司的发起人、主要股东、董事、监事、高级行政管理人员以及其家属和上述各方所控股的公司。为了保护小股东的利益，上市公司的监管非常严格。只要上市公司计划与股东等相关人士或公司进行业务往来，必须向证券交易所报告，在证券交易所同意之后，根据金额大小的不同进行不同的处理。事实上，这项工作多数委托给律师、评估师去完成。

对于关联方规定，内地和香港两地的上市条例规定是不完全一样的，内地规定的更细、更全，延伸得更广，因此要熟知。总之，一日没有处理妥善关联交易，就一日不能进行业务往来。

在这一点上，财务人员要死守原则，不能同意业务部门先斩后奏，以身试法。

同业竞争须避免

同业竞争是指上市公司所从事的业务与其控股股东、实际控制人及其所控制的企业所从事的业务相同或近似，双方构成或可能构成直接或间接的竞争关系。这个定义很清楚。集团财务部门在资源配置时要千万小心，避免引发投资者的质疑，而导致解释不清、管理混乱、股价波动。

此时，实际控制人的管理行为最终会影响股东的最高利益。在这种情况下，财务人员要主动与实际控制人进行积极的沟通，甚至强行"洗脑"，洗得越干净越好，越彻底越好。

除了以上四个方面必须处理好，管理人员的相互兼职问题、战略规划问题等也都要小心处理。当然，许多业务事项都不可能是铁板一块，或者只有一个答案。现实中，有些公司总是试图踩法律红线、走灰色地带，但财务人员要有敏感度，要学会爱护自己，并有保护自己的能力。

所以，我们可以从完善企业树形结构图入手，动态地掌握最新情况，然后用不同颜色和线条表示，就可一目了然了。我们要学会底线思维和底线管理的方式，这于公于私都是一件好事。只有把应该做的好事做好，才是大智慧的体现。

正确进行筹资活动管理

本节问题：

1. 什么是筹资？筹资仅仅是向银行借款吗？

2. 对于筹资负责人身边始终放一张筹资作战图这一建议，你能理解吗？这么做的意义是什么？

财务工作最大的职责之一是开展筹资活动。

狭义上讲，筹资是一个企业筹集资金的行为与过程。一般来说，企业筹资有三大目的：第一，要扩张；第二，要偿还债务；第三，又要扩张又要还债。但从广义上讲，筹资也叫金融，就是货币资金的融通，是公司通过各种方式到金融市场筹资的行为。

筹资不是从金融机构借钱那么单一，而是一项与业务发展、战略规划紧密相关的活动，需要回答公司战略、财务战略所关注的战略问题。一个领先的筹资活动管理系统由五部分组成，分别是筹资团队、筹资平台、筹资工具、筹资需求和筹资理念。此五大因素缺一不可，这样才是完整的筹资有机系统。

筹资团队

筹资工作需要团队。

组建一支优秀的筹资团队,要从财务战略高度出发,而财务战略高度是由公司发展战略决定的。基于此,一支优秀的筹资团队需要同时满足五大要求:一是负责人要有全局观,二是主要业务骨干经验要丰富而且队伍基本稳定,三是每一个个体的综合素质要高,四是要懂财务懂业务,五是要有信息化管理能力。

这样一支团队在集团内部的组织关系大致有三种情况:第一种,是一个独立部门,叫金融部,设立在财务管理中心下面,向首席财务官汇报工作;第二种,也是一个独立部门,也叫金融部,但向筹资总监汇报,筹资总监与财务总监并行,共同向集团总裁汇报;第三种,在集团设立一个副总经理职务,分管金融部,直接负责筹资和筹资管理事宜。这三种情况都是存在的,也是常见的。到底选择哪一种组织形式,取决于董事会及总裁。

按业务划分,筹资团队可分成三组人,第一类负责传统筹资,第二类负责创新筹资,第三类负责境外筹资;若按层级划分,可分成集团总部筹资团队和下属公司筹资团队。事实上,还有很多种划分方法,而划分的标准取决于管理的需要。

在很多房地产企业的组织架构中,筹资团队是一个庞大的团队。有的头部房地产企业总部的筹资人员有30多人，中型房地产企业也会有20~30人。若加上区域或下属公司的筹资人员，相比企业部门而言，人数就更多了。

还有一种情况是普遍存在的，就是筹资团队的地位或职级比从事财务会计工作的人员要高，甚至高很多。在薪酬方面，估计要高20%以上。当然，这个水平是由行业整体水平决定的。还有一些公司，筹资团队的一半收入是固定的，另一半收入与年度完成的筹资额挂钩。这说明筹资工作很市场化，也很有挑战性。

为了做好筹资工作，筹资部门的负责人要有一张筹资作战图。此图就是全年筹资和还款的KPI分解，分解到每月、每周，分解到每一个工作小组。负责人每天更新这张表的进度，然后看着这张表做事。这张表就悬挂在负责人的办公桌前。多少年下来，看着表做事，忙而不乱，重点突出，效果就会很好。

此外，优秀的筹资团队要在实战中磨炼，在失败中成长。未经风雨的磨炼，难以担此大任。一家房地产企业若能拥有这样一支筹资团队，筹资活动管理就能百战百胜。

筹资平台

从理论上讲，一个企业集团的筹资平台是多种多样的。例如，从级次上讲，每个层次的实体公司都可进行筹资；从业务类别上讲，每块资产、每个项目都可以筹资；从筹资种类上讲，随着金融创新力度的加大，筹资种类可以说多种多样，丰富多彩。而现实也是如此。

这么一说，是不是有些人觉得筹资平台有些乱呢？别说外人很难看懂公司的筹资状态，就连内部的人要看明白也非常费劲。有这么一家企业集团，我们当时想并购它。该公司的总公司设在北京，总公司和另外一个上海股东共同注册了一家上海公司，又在上海公司下面派生了数十家各类公司，有些是全资附属公司，有些是控股公司，有些是参股公司，这些公司下面又派生了若干公司。它们的审计报告我看了数月，既看不懂又看不透，只能用一个字来形容，那就是"乱"。后来才明白，在日常运作中，这一系列公司每个层级都开展筹资。筹资时，相互担保，资产抵押，为了避开征信还提供暗保，还有个人担保，筹资来的资金相互打通使用。

2005年5月，中海地产为了境外发债，聘请了穆迪和标准普尔进行信用评级。从筹划到最后评级结果出来，我有一个非常深刻的感受，那就是评级机构高度重视公司筹资及筹资管理活动是如何进行的。由于中海地产选择的是集中筹资模式，表现出的特点是：第一，筹资活动集中在总部，实行统一管理；第二，筹资总额的80%由集团总部作为借款人，仅20%由下属公司作为借款人；第三，无任何形式的抵押贷款，也无任何形式的交叉担保和暗保。这些特点让评级机构对中海地产的筹资活动一目了然，便于风险评测。最后，穆迪和标准普尔给了中海地产当期最高的投资级别的评级结果，那在当时可是了不起的大事件。

当2014年我回到内地分管筹资活动时，面对内地的筹资环境，我有些难以适应。内地的筹资环境和香港是完全不同的，这一方面取决于内地金融政策的监管要求，另一方面是房地产企业几乎都选择了高负债、高杠杆推动房地产业务扩张的模式。基于此，筹资平台呈现出多层级、多类别的特点。从筹资实现和筹资成本两个维度出发，筹资实现远远高于筹资成本的控制。换句话说，能筹到巨额资金的团队就是好团队。因此，对于筹资平台的选择和优化，就显得不那么重要了。

所以说，我们仍需要不断努力，让筹资活动的管理变得简单。事情简单了，效率会提升，成本会下降，信用评级的结果便会更好。

筹资工具

因为有需要，国内房地产企业这些年的筹资工具的创新可以说是说日新月异，令人眼花缭乱。正如前文所述，为了便于推广、便于记忆、便于相互学习和能力提升，我们把正在使用的筹资工具做了系统梳理和总结并将其归成十八大类，然后在每一类下面还找到了几种做法，最后形成了筹资的"十八般武艺之三十三种工具"。①

筹资"十八般武艺"是：

1. 发行股票买资产；

2. 股权筹资；

3. 传统筹资；

4. 房地产基金；

5. 短期过桥；

6. 战略伙伴、合作拿地；

7. 引进投资者；

8. 承债式收购资产；

9. 与资管公司合作并购不良资产；

10. 限制性价资产打包出售；

11. 产业地产未来收益权质押筹资；

12. 境外筹资；

13. 分期付款、账期管理；

14. 资产证券化；

15. 建筑公司工程款筹资；

16. 标准化筹资；

17. 客户的首付贷、装修贷；

18. 商票、保理及总包垫资。

---

① 本书第四章已对这18类工具做详细阐述，此处仅简要叙述。——编者注

这是一份经验与实操相结合的总结，能让企业在筹资时有依据、有参考、有抓手。基于此，阳光集团在筹资方面，无论筹资工具的使用还是使用的成效，都处在行业的领先地位，其中在多个筹资工具的使用上是行业的开拓者和创新者。

据统计，阳光集团到2020年12月底，一共使用了18种筹资工具，分别为信托前融、并购贷、开发贷、自持物业抵押、股权夹层、金交所产品、外保内借、商票、信用、境内发债、境外发债、合作方、ABS资产支持证券、ABN资产支持票据、CMBS商业资产抵押贷款、CMBN商业资产抵押票据、类REITs、保理等。

筹资需求

开展筹资活动时，需要研究筹资需求。

一般而言，筹资需求来自三个方面的资料支持：第一，年度全面预算编制的结果；第二，年度资产负债率的控制水平；第三，年度资本开支的总安排。当把这几方面的需求量化之后汇总在一张表中，年度筹资需求就基本清楚了。当然，年初制定的筹资需求不是一成不变的。随着业务发展，可能出现这样或那样的结构变化，而导致筹资需求发生一些调整。比如，有一个重大的并购机会是年初未曾想到的，得知这个消息后，筹资团队就得抓紧设计筹资方案。如果设计的筹资方案得到金融机构的支持，这个并购案子就可以推进。如果得不到金融机构支持，也没有其他解决途径，这个并购案子就无法进行下去。像这样突如其来的案子总会发生，要求筹资团队及时应对。还有，金融市场时常会发生一些"黑天鹅"事件，如2008年美国次贷危机引发的金融危机，万一不幸发生了，年初制订的筹资计划也许难以实现，为此，筹资需求需重新调整。

换个角度来看，年度筹资需求不外乎以下几种情况：

1. 借新还旧。在发过的一笔债券还款即将到期时，时常会预先发一笔新债，待发债成功后把旧债清还。

2. 并购贷筹资。为了并购业务成功，向银行申请一笔并购贷，也叫过桥贷款。有些并购贷的还款期很短，也就半年，也有一年到两年不等。

3. 开发贷筹资。这是房地产企业新获得一块土地后，首先想到的最为有效的筹资需求。只要满足银行的筹资条件，成功筹资的概率极大，成本相对较低。

4. 股本筹资。大多是因优化资本结构、降低负债水平的需要，而选用这种筹资方式。内地房地产企业的负债率水平普遍偏高，为了继续扩大业务规模，降低运营风险，通过股本筹资是最为有效的方式。

5. 证券化筹资。这也是近年房地产企业广为使用的一种筹资创新活动。

6. 供应链筹资。它正在如火如荼地应用之中。

当掌握了企业筹资的具体需求，再结合金融市场的实际情况，我们就能制订有针对性的而且最优的筹资解决方案。

筹资理念

企业筹资是一项非常重要的经营活动。要做好企业筹资，需要先进的理念，包括先进的技巧。

1.筹资活动是全天候的工作。企业无论处于哪个发展时期，无论出于什么样的目的，都要时刻开展筹资活动。

对一家房地产企业来说，资金资源永远是有限的，永远是稀缺的。这也许就是企业发展的一条必经之路。企业困难时，为了生存要筹资；企业发展平稳时，想要再上一个台阶，想要挤进龙头企业行列，想要冲出国门走向世界，于是扩大投资、并购企业，也需要筹资。这些惯性的思维永远存在于企业最高管理者的思想中，也成为企业永远向前的动力。微软公司的规模足够庞大了，它当年还想吞并雅虎。中国的阿里巴巴、腾讯等企业也够强大，它们还想着继续扩大业务版图。随着绩效考核和管理者的利益挂钩，在利益的驱动下，众多的管理者像战场上杀红眼的将军，他们有投资的冲动、跨行业的冲动、做行业老大的冲动、成为中国第一的冲动……而冲动的背后就是要有源源不断的资金做保证。由此而知，筹资工作要全天候开展，闲时未雨绸缪，战时就有用不完"弹药"。

2. 筹资活动从管理现金流量表开始。每家企业都有一张现金流量表，并需要由专人管理。若能管好现金流量表，在某种情况下就意味着管好了这家企业。若能让企业处于一个良性的运行状态，企业才有机会抵抗财务危机。

1997年亚洲金融危机冲击香港的前一年，国际热钱不断涌入，银行"求着"企业花钱。对部分企业来说，有银行愿意给钱，而且成本很低，那就借吧，那就尽情地花吧。可是金融危机以后，倒了一批企业。

有人说银行最喜欢做"锦上添花"的事，绝不干"雪中送炭"的活，的确如此。所以企业内部在筹资时要谋划清楚，要清清楚楚地回答筹来的资金要做什么。这虽然取决于投资决策部门的判断，但财务部门也要参与意见，具体可以采取以下两种做法：一要对宏观形势有一个基本判断，二要把内部财务状况动态地分析清楚。这两方面说起来容易，但由于受诸多因素影响，做起来十分困难。

2007年9月以前，中国股市、楼市日创新高，很多企业的投资欲望高涨，可在2008年，一方面发生了全球金融危机，另一方面发生了多起严重的自然灾害，比如雪灾、地震，国家又出台了打压通货膨胀的政策，因此很多企业步入了严冬。

2018年以来，随着严控房地产行业的政策陆续出台，未能管好现金流的企业，从2020年下半年开始，出现债券违约、现金流断流，就此倒下。这些倒下的房地产企业有头部企业，也有中部企业，但更多的是中小房地产企业。

所以，成熟企业要持续强化对现金流量表的管理，要以动态管理为根本出发点，在任何情况下都要保持理性筹资的态度，这才是负责任的行为。

3. 筹资方法需要精算。当决定进行筹资且确定了筹资金额后，到底选择哪种筹资方式，实际上非常考验操盘团队的水平。我们知道，如今筹资工具很多，每个筹资工具都有它的专有用途和利弊，因此选用时要做一些功课。如果比较之后仍不能做出精确判断，可借用外部财务顾问的力量。外部财务顾问一般来自投资银行或证券公司。但要记住，财务顾问不会是免费的。一旦采用了财务顾问的某些筹资建议，这笔生意就要交给他们来做。

经验证明，有一些基本财务观念是一致的：

（1）当企业的综合资产负债率超过50%，可建议进行股权筹资。意思是说，可请求原股东按持股比例注资，扩大资本金。若为上市公司，可安排增发新股，或发行可转债解决资金需求。在中国内地，综合资产负债率若按60%划线，是不符合实际情况的。如果按照住建部2020年8月发布的"三道红线"[①]

[①] "三道红线"是指2020年8月，央行和住建部针对房地产行业的企业颁布的一个监测政策，以防止发生系统性的金融风险。检测三大指标的上限分别是：剔除预收款后的资产负债率不大于70%；净负债率不大于100%；现金短债比小于1倍。

监测系统作为依据,综合资产负债率的上限应控制在70%。然而站在公司的运营角度来看,到底是选择股权筹资还是债权筹资,可用成熟的公式计算得出结果。

(2)如果经济环境预期继续向上,高负债并不可怕。由于举债筹资成本低,股东权益又不想被摊薄,可优先选择债权筹资。在选择年期上,一年以上的借款期比一年以下的借款期好;在选择种类上,信用借款比担保借款好,担保借款比抵押借款好。

(3)筹资的币种选择也是有讲究的。自2003年以来,人民币升值的动力持续增加,那么大举筹资美元,然后结汇,对企业来说有巨大的好处。如果预测人民币将要贬值,那么要积极筹资人民币,而非美元。

4. 筹资理念要在实战中不断完善。筹资工作是财务战略的具体实施举措。在选择筹资方式时,要有战略思维,要有全局观。意思是说,筹资有时不能就事论事,而应兼顾全局,高瞻远瞩。

(1)在股权筹资方面,如果选择增发新股筹资,会摊薄原有股东的利益,但会给公司带来一批新的股东;如果选择股东按持股比例供股,首先需要咨询大股东的意见。供股一事很敏感,对股价影响可大可小。当然,股价波动是暂时的,并非永久的,永久影响股价的主要因素是企业的基本面。在股权筹资方面,企业还可以通过发行可转换债券进行融资。

（2）在债权筹资方面要考虑以下问题：如果选择短期借款，这是出于什么样的考虑？如果选择中长期借款，又出于什么样的目的？在进行中长期筹资方面，可选择银行借款，也可选择发行公司债券，但哪一种方式对公司最有益是没有定论的。

总之，筹资时要进行多视角考虑，在面对众多组合和取舍时，关键取决于企业目的。如果企业领导都不清楚筹资目的是什么，那财务人员最好不要去筹资。

5.筹资活动要讲究沟通技巧。对业务领导来说，资金永远是多多益善，但对财务人员来说，这个看法未必百分之百正确。财务是公司的大管家，既然是大管家，就得有大管家的样子，要确保资源分配合理，确保可持续增长，确保公司安全运营……因此，财务人员不应唯命是从，也不应固执僵化，换句话说，财务人员做事的关键是要掌握好度。此外，财务人员要善用自己对公司各种财务资源的了解，以及利用资本市场、银行、股票、投资者的看法、分析报告，也就是独立第三者的观点，也许对财务主动性有很大的帮助。

采用这种方法时，要学会下毛毛雨，先送一些独立研究报告，在不经意间谈自己的想法，传递一些有关的信息。有时也有必要正面纠正老板、总裁或业务经理的错误，找机会一起讨论。总之，所有的沟通要顺畅而不能生硬，最后达到目的即可。经验证明，有些事情急不得，只要方法正确，总能解决问题。

6.筹资活动要勤于总结和调整。筹资活动是一项常态工作，因一次又一次筹资完成而相互连接。只有不断总结，才能走出一条适合企业发展的筹资之道。总结不是停留在一点点文字上，而是从客观出发，从实际出发，找出工作的得与失，并融入团队的血液。

另外，由于市场是多变的，以及企业内部因为某些条件的变化而产生一些连锁反应，筹资工作就得相应做出调整。调整包括两个部分，一是对过去完成的筹资做出调整，二是对未来的筹资工作做出新部署。

我在中海集团供职期间，公司在相当一段时间内一直大量融美元资金，然后汇入内地，既享受了人民币升值的好处，又获得了低成本的资金。2006年之前，公司八成以上的筹资来自外汇币种，但随着内地金融业日趋活跃，公司顺势加大人民币筹资力度。到2007年，两种筹资比例调整到5∶5。2014年我加盟碧桂园集团，很多境外筹资也是首次进行。2017年我加盟阳光集团，公司才开始进行美元筹资，到2020年年底，人民币筹资和美元筹资占比已经达到8∶2。

筹资工作需要不断总结。总结能让我们找到规律，这样在调整筹资方案时才能做到有的放矢。

做好财务资源配置管理

本节问题：

1. 什么是财务资源？财务资源包括负债吗？包括应收款吗？

2. 在财务资源配置时，财务部门到底是什么角色？起什么作用？

财务工作最大的职责之一是做好财务资源配置。

财务资源的配置至关重要，关系到一家企业能否实现发展战略、能否实现高质量发展、能否有效进行内部产业转化等影响企业前途和命运的问题。

财务资源的定义

财务资源是指企业所拥有的资本以及企业在筹集和使用资本过程中所形成的独有的不易被模仿的财务专用性资产，包括企业独特的财务管理体系、财务分析与决策工具、健全的财务关系网络，以及拥有企业独特财务技能的财务人员等。

这是一个被普遍认可的定义。

从这个定义我们不难发现，特定企业的财务资源主要包括拥有的资本、拥有的资产、拥有的财务网络、拥有的财务团队。换个角度看，企业的筹资能力、负债水平能力、对外担保能力，都是财务资源的一部分。

每个企业都拥有这些财务资源，差异仅在于拥有的多与少、强与弱。对大多数企业来说，每当谈起财务资源，多集中在拥有的资本或有形资产方面。事实也是如此。财务资源的形成与企业发展的阶段是分不开的。一家优秀企业拥有的财务资源是雄厚的、广泛的，而发展一般的企业拥有的财务资源则相形见绌。从经济学的假设去思考，无论是优秀企业还是弱小企业，其财务资源都是稀缺的。大公司有大公司的稀缺性，小公司也有小公司的稀缺特点。所以，所有企业对财务资源的拥有非常看重，对财务资源的投放或配置也非常谨慎。

财务资源的内涵和配置要求

从理论上说，财务资源配置是指资本在不同形成方式上的组合和在不同经济用途之间的分配，涉及财务活动的两个基本方面。一是对资本的形成进行组合，即筹资中的资源配置。这里的资源配置表现为资本在不同时期之间和不同性质之间的合理安排，从而形成筹资的核心问题——筹资结构的合理安排，包括长期资本和短期资本的安排、债务资本和权益资本的安排。这正是财务战略强调的第一方面。二是对资本的使用进行分配，即投资活动的资源配置。这里的资源配置主要表现为资本的合理和有效分配，从而形成投资的核心及关键问题——资源流向和流量的调整。这也正是财务战略强调的第二个方面，即筹资所获资金的投资和分配。

所以说，财务资源配置是针对资本而言的，它不单纯是筹资及投资的概念，而是一个投、筹资的完整概念；不单纯是资本总量拥有多少的问题，而是资本内在结构的组合和安排问题。如何合理地设置这些复杂的结构，除了有一定的硬性的技术指标，有时还充满着经验及机缘。对复杂多变的经营环境而言，没有配置资源的绝对优化方式，也没有绝对的权威，但会有相对最优做法。

财务资源配置的依据

财务资源的稀缺性，在客观上讲，永远是存在的。

既然如此，就要求人们对财务资源进行合理管理和有效配置。如何才能达到这个要求，就是要想方设法将稀缺的财务资源投放到能为企业创造高价值的地方。既然要求很清楚，就要不断优化筹资结构，不断优化投资组合，不断强化资金周转率，不断寻求投入产出——资本收益率较高的业务或项目。

对企业来说，通常年度财务资源的配置主要依赖年初制订的全面预算方案，以及因为内外因素变化而做出的预算调整方案。这里主要强调的是产业布局及产业布局的规模。就像房地产企业一样，每年在新增土地储备方面的资本开支也许占据年度财务资源配置的80%以上，而留下的20%将投放在新产业或新技术方面。

如今，许多企业已经实施了全面预算管理。全面预算管理不是财务人员的全面预算，而是公司整体经营活动的预算。预算不是财务数字的简单汇总，而是年度经营策略的研究和制定。预算主要解决的问题包括是否要修订公司发展战略、是否调整发展产业格局、是否支持某一个产业，这是对年度经营目标的量化，是对经营措施的具体化，也是考核和激励指标设定的依据。因此，年度全面预算是财务资源配置最为重要的依据。

除此之外，财务资源配置也有偶发性。这主要表现在公司老板或决策层。有的时候，机会突然降临，这就要老板和决策层马上决策。如果决策之后认为值得投资，那么财务资源配置就要跟上。这样的情况也时有发生。

财务资源配置的调整

年度全面预算不是财务资源配置的万能或唯一的依据。随着各种因素的变化，财务资源配置也不可能一次完成，而是有一个持续配置与持续调整的过程。为了保证这项工作卓有成效，财务资源配置需要不断跟踪研究，不断做出调整方案，这需要一个组织专项负责。

影响当下财务资源配置的最大不确定因素是对未来的把握。未来是不确定的、波动的，也是多元的。未来经济走向到底如何，几乎没有一个专家每一次都能预测准。2008年美国因次贷危机而引发的全球金融危机，就是一个"黑天鹅"事件，一下子把全球市场搞乱了，几乎每个国家和每家企业都要立即调整年度财务资源投放计划。记得当时，中海集团在半年经济活动分析会结束后，将全年投资计划下调一半，也就是说，2008年的新增投资计划只是2007年的四分之一。

内外因素的变化是客观存在的，只有用实事求是的态度认清形势，然后按照一定的审批流程调整预算，再依据调整之后的预算方案配置财务资源，才是一种科学的方法。这正说明，配置财务资源是动态的，也是严肃的。

财务资源配置的后评估

当今，大型企业的所有投资都采用后评估制度。

后评估制度的目的十分清楚，即要求投资人回过头来对之前所做的决定及行动进行总结，以便说清楚得与失，并给具体责任人奖励或处罚。比较时兴的说法叫复盘。

周航的《重新理解创业》一书也谈到复盘。他认为："除了团队要复盘，领导者在成长中更应该复盘，每天复，事事复。复盘是最好的学习过程。"

在这方面，阳光控股集团创始人林腾蛟主席十分重视。他要求每一个业务单位都要及时编制案例，把做过的事情记录下来、整理出来，然后反思。他要求董事局的会议记录也要记录决策事项的决策过程、决策结果，以便将来事情结束后进行对盘和复盘。

稀缺的财务资源配置是一件大事，人们很关注财务资源配置完成后的效果，比如赢在哪里，输在哪里。在这个意义上讲，企业财务资源配置的效果问题应当充分考虑两个最基本的约束条件：第一，资源配置后，企业成本是否降低，收益是否增加；第二，资源配置后，社会平均成本是否降低，社会平均收益是否增加。这两个约束条件意味着财务资源的优化配置对单位财务资源的投入带来的边际收益要考虑边际成本和平均成本的关系。财务资源配置的效率不仅要考虑平均成本，还要考虑目标收益。从全社会范围看，财务资源配置的微观效率和宏观效率往往是不一致的，财务资源的配置还应考虑社会边际效益问题。

上面这段话，我参考了教科书上的写法，读起来感觉比较绕口。实际上，在企业进行财务资源配置后的后评估时，应重点关注以下四点：

1. 项目是否实现了预定的投资回报目标。

2. 在公司层面，随着筹资活动的结束，公司的财务结构、资产结构是否实现了预定的目标。

3. 众多的投资完成后，整个集团的资产结构、债务结构是否更加合理，盈利能力是否提高，抗风险能力是否大大加强。

4. 是否为企业高质量及可持续发展发挥了一定的正向作用。

财务资源配置的后评估工作往往由集团多个综合部门共同进行，这样才会形成一个完整的客观的复盘报告。例如，管战略、管财务、管投资、管人力资源、管内控等部门，都应参与后评估。进行后评估时，要尊重历史，尊重科学，尊重那时那刻的心情。后评估工作千万不能流于形式，要实实在在地开展。只有有成效地开展此项工作，才能总结好的做法并发现不足，为日后进行财务资源再配置工作提供有力的依据。

财务资源配置后评估工作，最好每年进行一次。为了避免重复工作，可和年度工作总结、年度预算总结及编制下一年度全面预算工作结合起来。如此安排，可一举两得，事半功倍。当然，还有一些重大投资项目，因为时间跨度比较长，可进行分段后评估，或待整个项目结束后再进行全投资后评估。

明确财务对投资的要求

本节问题：

1.很多人认为的投融（筹）资一体化是什么意思，你是否搞明白了？

2.投资只是投资部门的责任吗？财务部门、财务负责人应发挥什么作用？

稀缺的财务资源如何配置、配置到哪里，主要服从于高层投资决策的结果，换句话说，是通过一个又一个投资决策把可用的财务资源投出去，因此，投资工作对财务资源配置影响巨大，扰动也最大。

企业改变始于投资，企业未来也依赖投资。因为投资既可以创造辉煌，也能让一个强大的企业毁于一旦。

由兹维·博迪、亚历克斯·凯恩、艾伦·J.马科斯合著的《投资学精要》一书给投资下了一个定义。书中说："投资是指在当前付出资金或其他资源，以期在将来得到更多好处。"这里所说的投资，不仅指资金付出，还包括股权交换、物与物交换以及信誉、时间、感情等。"虽然这两种投资在很多方面有不同之处，然而它们有着所有投资都具备的一个关键特征：你现在牺牲了某种价值，期望未来能从这种牺牲中获得收益。"

摆在一家企业面前的投资事项多如浩瀚星辰，企业可以投资黄金、股票、债券、期权、期货、衍生工具等；可以投资加工业、技术、制造业、研究领域；可以投资钢铁、能源、电力、银行、互联网、5G、人工智能等；可投资企业股权，也可投资企业债券。很多有远见卓识的企业重金投资人力资源，21世纪，谁拥有了一流的人才，谁就有可能获得一流的收获。

如果按照这样的思路走下去，你或许会反问一句，是不是可选择的投资标的多如牛毛呢？回答可能是肯定的，也可能是否定的。不过，所有投资都是有风险的。这是一个被证明过无数次的颠扑不破的真理。

面对瞬息万变的经营环境，投资能否成功、能否实现预期甚至超预期目标，取决于企业的核心理念。

企业核心理念决定投资风格

企业核心理念等于企业的"核心价值观"与"公司愿景"之和。

企业的核心价值观是企业长盛不衰的根本信条。也许形成的最核心的信条只有那么几条，比如诚信、创新、技术领先等，但非常重要。这些信条不能与特定的文化或作业方法混为一谈，企业也不能为了财务利益或短期权益而自毁立场。大家关注的企业价值观，实际上反映了企业的真实目的，而此目的是融入企业运营整个过程的使命和信念。

公司愿景，也体现了企业家的立场和信仰，是企业最高管理者头脑中的一种概念，是他们对企业未来的设想。换个角度讲，公司愿景是指企业的长期愿望及未来状况，以及组织发展的蓝图，体现了一个组织的恒久追求。

企业的核心理念构成了企业文化的内核，形成了企业做事的风格，必然制约企业的投资取向，最后影响企业的财务投资准则的制定。

基于经营性现金流量设定投资准则

财务部门对投资部门及投资结果，永远抱着巨大的期待。

一般而言，企业的投资准则是指企业管理总部基于企业在市场中的竞争优势，为实现企业价值最大化与资本保值增值目标而对投资回报所确立的必要水准，是从价值角度决定投资项目可行与否的基本依据。

由于各企业的核心理念不同，在进行投资时，所把握的准则差异就很大。但无论差异有多大，企业在投资决策问题上要形成内部共识，然后用制度固定下来，这才是最佳的做法。

在制定制度时，要清楚地回答：什么行业可投资？什么情况下可以立项？什么条件下开始试探性投资？什么时候可进行大规模投资？又是在什么条件下投资计划应果断停止或进行修正？在出现投资不安全时应该如何处理？对一项投资立项和实施需要哪些决策程序和环节，各环节是什么关系？如何对投资决策人和执行人进行约束和激励，投资要求量化的财务指标最低要求是什么？

对投资决策来说，如此多的变量，如此多的条件，有些能定量，有些只能定性，那又该如何取舍呢？投资决策看似是一个动作，其实背后有超强的有预见性的创造。

纵观投资理论的研究，其趋势是向定量研究方面靠拢。

那么，企业投资准则的设定及投资指标的测算，均基于对投资项目未来可预见的经营性现金流量的预测。既然是预测，就无法克服人为因素的调整。有人希望投资某项目，预测的经营性现金流就相对比较乐观；若有人对项目投资持悲观态度，预测的经营性现金流就比较谨慎。在现实中，若想克服人为因素，几乎是不可能的。

投资项目现金流量表现是现代理财学中的一个重要概念，是指企业在一定会计期期间，按照现金收付实现制，通过一定经济活动（包括经营活动、投资活动、筹资活动和非经常性项目）而产生的现金流入、现金流出及其总量情况的总称。现金流量管理是现代企业理财活动的一项重要职能，建立完善的现金流量管理体系是确保企业生存与发展、提高企业市场竞争力的重要保障。

前文讲过，项目利润是由会计假设得来的，而经营性现金流量的结果才是企业经营情况的真实呈现。有利润未必有经营性净现金结余，但有经营性净现金结余一般是有利润的。

为此，现金流量是企业评价项目投资可行性的主要指标。投资项目可行性评价方法有动态法和静态法。动态法以资金成本为折现率，进行现金流量折现，若现金净流量或净现值大于0，则说明该投资项目可以接受；反之，该投资项目不可行。静态法是指投资项目的回收期（即原始投资额除以每年现金净流量），若小于公司要求和期望的回收期，则投资方案可行；否则，投资方案不可行。也因此，在估算项目投资回报时，企业大都丢弃了投资回报率的概念，而采用内部收益率（IRR）的概念。

为了减少内部矛盾、快速决策，中海集团把不同业务投资决策时最低需要达到的内部收益率写入公司制度，由大家共同监督投资行为。从实操结果来看，效果非常好。

投资决策时财务要把好四道关

任何人只要从事财务工作、有机会晋升到不同层次的财务负责人的职位，就都要不辱职责赋予的使命。在参与投资决策时，要努力做好以下几件事：

把好经济行为关

一切投资都要从经济规律中寻找理据，从而做出正确的投资决策判断，并发表独立意见。从大的方面来说，财务工作是经济工作的分支。任何投资行为，也可理解为经济范畴的行为，那也属于财务工作所涉及的内容。由于财务工作掌握着公司财务资源，那么所有的投资行为包括交易程序、交易价格、交易条件等的设定，都不可能越过财务的基本原则，这正是财务人员可发挥独特作用的机会。

把好投资前期的研究关

投资是个过程，一般至少经历三大阶段，即前期可研、中期控制、后期评估。在做出投资决策之前，财务人员必须从专业和职责出发，做好深入调研和尽职调查工作。当然，调研的内容很多。国际上的做法通常是，在有了初步投资意向之后，均会聘请律师和审计师进行尽职调查。尽职调查的目的很清楚，就是要把投资标的从法律、账目方面搞清楚，以便揭示风险，找到化解风险的办法。

把好内部投资管理程序关

每一个企业的投资管理工作都建立了适当的投资管理程序。建立制度实际上是一件很容易的事情，而能否按制度执行才是关键。在我们周围，不按程序办事的例子屡见不鲜，追究责任时会发现，往往不按程序办事的人正是公司最有权力的人。财务工作最讲审批程序，如果发现审批程序不完善或不合规，或跳跃式审批，财务人员有权拒绝办理相关的财务业务。可以想象，如此一来，财务人员会得罪人，甚至会丢掉工作。

把好投资风险关

投资的愿望是可以理解的，企业都想通过投资获得更高的收益，但是投资却是有风险的，风险有时很大，呈现不可控的状态。一般来说，投资有四大风险要关注，其一是战略风险，其二是财务风险，其三是法律风险，其四是操作风险。这四大风险中的任何一种风险无不内含财务把关问题。因此，财务人员要有风险意识，守好最后一道关，用负责任的态度尽力规避风险。如果有些风险没法规避，起码应该有几套预案。

除此之外，财务人员要积极参与投资标的公司治理结构的设立，委派合适的财务负责人参与日常工作，要建立以财务为主的可以控制资金活动的体制，建立可以有效运行的财务管理制度，等等。

财务人员应在三方面表明观点

以上罗列的投资方面的财务职责，可能会有财务人员觉得范围太大、责任太重，如果全由财务人员负责，一方面可能有越权嫌疑，另一方面可能导致内部矛盾频生。的确会这样。每一个企业的领导对财务工作的理解、依赖和期望都是不同的，因此他们对财务工作的授权有所区别，有的授权大，有的授权小，有的依赖性强，有的干脆不依赖。单从专业和职责出发，财务人员一定要明确说明以下三点，而且要告知所有人，最好记录在案。如此一来，才会让财务工作变被动为主动，变随意为严谨，更能保护财务人员的安全。

严格执行全面预算

全面预算的编制工作，通常由公司一把手或委托财务负责人主持。全面预算一旦正式下发，就给集团以及集团下属公司、部门设定了经营目标、经营措施以及管理目标。此时，这份预算相当于一部法则，具有严肃性、强制性。财务部门依据这份文件，过程中要不断检查、分析、监督，并将各方面执行结果及时汇报给公司领导。如今，财务工作由于启用了先进的信息系统，完成这份报表并不难。如果能做到每月完成相关的分析资料，对了解和改善内部运作大有助益。

之所以强调全面预算要严格执行，是因为现实中这项工作常常不能严格执行。大凡编制预算的那段日子，上下还是比较重视预算编制及对预算指标的厘定，可过了这段日子，因为种种原因，上下都会放松。放松最大的隐忧常常是轻视经营性现金流预算的指标。按照惯例来讲，企业领导一般比较重视当年营业额、利润、管理费等经营指标，反而忽视最为关键的经营性现金流、资产负债等指标。

企业领导为什么比较重视经营指标呢？其中一个重要原因是企业的考核体系。如今，包括上市公司的投资者在内，都把视觉焦点放在公司的营业收入、利润及利润构成的成长指标上。雷曼兄弟公司的倒闭就是管理层一味追求利润最大化，企业利润增长快，员工分配的奖金多。该公司总裁一年的收入在打工行业中可能傲视全球，一人独得奖金3.5亿美元，这主要是由于极高的杠杆比例发挥了魔术效应。该公司生存了158年，如今被清盘了。回头看，多么可惜！这是一个极好的反面教材，可以让全世界的老板和管理者保持清醒。

对上市公司来说，严格按照全面预算要求更为重要。上市公司要在投资者面前树立一个良好的形象，其中有规划地规范管理很重要。投资者对企业的估值及预期，很大程度上依赖企业的预算及预算的完成情况。很多上市公司，每年大小路演数百次，但投资者问得最多的还是企业预算的当前完成情况以及预期完成情况。说一千道一万，财务数字是铁一般的事实。企业只有树立长期的严格全面预算的理念，才是正确的选择。这也是财务人员的天职。

既然严格全面预算是财务人员的天职，那么在进行投资决策时，参与决策的财务负责人首先要把拟投资项目纳入预算，分析是否超出预算投资总额，是否超出年初圈定的投资范围；如果超出预算，财务负责人一定要清楚地讲出来，让参与投资决策的每一位领导先行商讨超出预算的问题该如何处理，是增加预算还是维持原预算；如果大家建议增加预算，那要按照增加年度预算的流程完成相关审批。

预算管理是一项严肃而又认真的工作，来不得半点随意和马虎，否则一旦经济环境恶化，将导致企业的短期资金流动性不好，会令企业陷入生存危机。

尽量明确资金现状

公司资金状况分为两个时段，一个是现状，另一个是未来。一般来说，现状能说清楚，而对于未来，由于存在很多不确定性，是说不清楚的。无论说得清楚还是说不清楚，都要尽力说清楚。千万不能因为说不清楚而忽略，或干脆让说不清楚继续下去。

企业资金有一个特性，那就是动态，会随着外围环境以及内部因素的变化而变化。例如，在市场环境好的情况下，预期的收入能实现，有时还会好于原来的预期；当市场环境变差时，预期的收入则难以实现。2007年，在世界经济一片向好的预期下，每一家地产公司都赚得盆满钵满；到了2008年，前后仅仅几个月的时间，地产公司的预期收入就均未能达到年初的目标。为此，企业要依据这些变化对投资以及各种费用开支做出必要的调整。换句话说，在决定是否投资一个项目时，除了要满足预算安排，还要分析当时公司财务状况是否能承受这项投资。

有些企业在投资决策时有这样的原则要求：不符合国家投资导向和非主业的项目坚决不投资；无法控制风险的项目坚决不投资；投资回报率低于行业平均水平的项目坚决不投资；资金来源未落实的项目坚决不投资；股票等风险业务坚决不投资……要严格控制投资预算，所有投资项目的支出应与现金流量预算相匹配，未列入预算的一律不准进行。由此可见，投资是有铁律的，万不可随心所欲、我行我素、感情用事，甚至作为某种交易而发生。

为了让投资决策委员会的成员能接受自己的观点，财务人员在上会之前务必做足功课，有需要时，可把公司的财务状况全盘告知大家。这项要求看似简单，其实并不简单。有些财务人员往往会因为反对一些投资项目，而没有认认真真地把公司财务账目告知大家，这样反而无法获得大家的认同。

尽量明晰资金状况是一项常态工作，并非因一时兴趣而去做。因此，从事财务工作的人，要努力借助于现代计算机信息技术及数字化管理系统，让电脑随时呈现公司综合的财务数字，同时做好未来12个月或更长时间的现金流预算，并将这些数据分析、加工、存储在脑海中，潜意识地推动和平衡各项投资业务。根据需要，临时抱佛脚地整理资料的做法也是可以的，但会因为囫囵吞枣而出现许多漏洞。严谨的做事态度会让你的工作游刃有余、恰到好处，也能让你得到别人的尊重。

谨慎对待可行性研究报告中的财务、法律问题

参与过项目评估的人都知道在评审项目时，手中必须要有一份可行性研究报告。可行性研究报告是审批一个项目必须具备的一份重要报告。一般来说，没有这份报告，是不能评审项目投资的。该报告的形成过程可能非常漫长、非常复杂。这份报告的编写，不可能由一个部门来完成，常常会有多个专业部门一起协作才能完成，其中财务部门是一定要参加的。

财务部门从职责出发，需要在两个重要方面参与报告的编写，一是投资项目的法律意见，二是投资项目的财务意见。

法律意见主要来自内部和外部相结合的尽职调查[1]，以及双

---

[1] 尽职调查通常指调查客户介绍、标的界定、对方提供的各类文件（如注册文件、核数报告、契约等）的真实性。

方就买卖事宜初步达成的共识[①]。如果你所在的企业是一家上市公司，那么，所有投资在决定之前都必须进行尽职调查，否则，如果投资失败，股东会向法院提起诉讼，控告董事及管理层。

财务意见是指财务评价方法和结论。一个客观的财务评价非常重要，通常从收集财务数字开始，将所获得的相关数据放在投资模型中不断调试，再不断寻求重大的不确定因素分析，最后形成若干个财务评价结果。这里特别强调客观，就是要有客观的心态，不能受任何其他利益目的的利用。保持客观的心态，是做好财务评价的根本保证。

财务评价结果用得最多的指标有：投资利润率、投资回收期、财务内部收益率、财务净现值、借款偿还期。很明显，进行财务评价的指标可分为两类，一类是静态评价指标，另一类是动态评价指标。后一类指标由于以现金流量为基础，运用了贴现方法而使其科学性大大增强，能在很大程度上弥补静态评价指标的严重不足，是现代理财学的立论基础。

内部收益率计算得客观还是不客观、可信还是不可信，主要取决于投资项目未来的现金流量的测算。一个投资项目从立项到结项，一般都要经过较长的投资和收益期。项目未来的现金流量测算，根据发生的时间阶段不同分为初始流量、经营流

[①] 买卖双方初步达成的解决方案，可能涉及交易程序、交易结构、转让方式和条件（如付款安排），交易前后的公司结构，交易前后的内部管理流程，政府部门优惠政策的可靠性，等等。

量和终结流量三部分。其中，初始流量因其发生的时间阶段比较靠前，一般在估测时偏差较小；终结流量虽发生的时间阶段较晚，但其现金流量较小，贴现后对整个项目的影响不大；因此关键在于近 3~10 年的经营流量的测算。经营流量也称经营净流量，它是项目投资后在漫长的收益期内的现金流入量扣除现金流出量之后的净额，是按计息期分期测算的。从经济分析来说，只有项目收益期的经营现金净流量的现值能完全弥补投资额的现值，并有余额，这才是可行的项目。若以一年为一个计息期，某项目的收益期为 10 年，那么每年的经营性净现金流量预测值与未来的实际情况差异过大，就会使投资项目经济可行性评价的实际意义大打折扣。

  编制项目投资之后的现金流量具有真实性、客观性、前瞻性。这就要求参与人员有责任心、有水平、有智慧。

财务工作对职业操守的要求

本节问题:

1. 为什么对财务人员职业操守的要求如此之高?会不会太苛刻了?

2. 能不能把财务负责人混同于业务领导?财务负责人责任巨大,会不会令很多人却步?

财务负责人有必要积极塑造财务人员的职业操守,并以身作则、严于律己,自己定的规矩自己首先要接受,并用更高、更严的标准要求自己,成为一个有担当的内外兼修的财务负责人。

财务负责人应具备的综合素质

工作方面的要求

1. 及时了解企业集团发展战略和所在公司的经营目标;
2. 掌握企业集团财务状况和所在公司的财务状况;
3. 认真落实集团公司的财务管理制度及执行过程中的补充

规定，并成为制度的维护者、实施者和宣传者；

4. 掌握集团公司在不同时期所主导的财务战略及理财原则，并在工作中具体落实和实施；

5. 积极落实队伍素质建设的基本要求，要把财务系统打造成一支团结、专业、高效、创新、廉洁，以及能管理、善控制、精核算的队伍；

6. 顾全大局，坚持按组织原则办事；

7. 不断学习，完善自我，坚守底线，"诚信为本，操守为重，坚持原则，不做假账"。

观念方面的要求

1. 建立竞争观；

2. 建立价值创造观；

3. 建立货币时间价值观；

4. 建立财务风险管理观；

5. 建立财务公关观；

6. 建立良好的个人形象观。

职业素质方面的要求

1. 职业道德上，要作风正派，有敬业精神，对企业绝对忠诚；

2. 知识上，要动态掌握所在区域的宏观和微观经济情况，熟练掌握财务、会计和信息化知识，了解和掌握当地或跨地域的法规和政策；

3. 做事能力上，具备组织、驾驭和协调能力，具备分析和判断能力，具备参与决策的能力，具备沟通和交流的能力，具备财务风险防范和监督控制能力，具备用人和培养人的能力。

财务从业者的核心价值观

每一个财务从业者都一定是一家企业的员工，因此要承认、接受所在企业的价值观。比如，阳光集团的核心价值观是简单透明、结果导向、合作共赢、持续奋斗，阿里巴巴的核心价值观是客户第一、团队合作、拥抱变化、诚信、激情、敬业。企业的价值观就是全体员工的行为准则、行动指南。

财务工作的特殊性要求财务从业者不仅要承认和接受公司的核心价值观，还需根据财务专业的需要接受以下价值观。

1. 诚实做事。在这个高速运行及商业意识浓厚的时代，更需要诚实的财务从业者，无论面对的财务事项或数字是好还是坏，至少让决策者了解和掌握真实情况，而不被误导。此品德是财务从业者的基本要求。

2. 独立思考。财务从业者凡事一定要独立思考，发表不受任何人诱导或干扰的看法。这一点说起来容易，做起来非常难。财务从业者从事敏感业务，管着钱，管着资源分配，也管着财务结果的评价，势必会因为错综复杂的利益关系受到很多方面的干扰。有些干扰很严重，财务从业者若不接受，可能就会失去工作机会，或者被扣上许多大帽子。为此，财务从业者要从心出发，排除这些干扰，进行独立思考，发表独立看法。

3. 遵纪守法。对财务从业者而言，遵纪守法是天职，法律是不能碰触的红线。然而在商业社会，由于利益诱导，很多老板为了利益最大化铤而走险，要求财务从业者去操盘，或者制造一些虚假的事项。财务从业者为了生存，也不得不做出配合。如果配合了，若真的触犯法律法规，那就是同犯。同犯也会受到处罚，也许从此毁了一生。法网恢恢，疏而不漏。这一点，大家一定要明白。所以，财务从业者要坚守法律法规底线，宁可丢掉工作，也不能为实现老板或自己的利益而违法犯罪。

4. 创造价值。现代的财务从业者，必须要坚持价值创造的核心理念。如果不能围绕价值创造开展工作，财务从业者就是失职。把价值创造作为日常工作的动力，实现目标的驱动力，或者重要工作的目标，无论老板有没有如此要求，财务从业者对自己都要有如此要求。在商业社会的大潮之下，凡是能算账、能发现价值、能赚钱、能给公司带来附加值的，都应该大力提倡、积极鼓励，在物资上给予奖励。

5. 跨界圈层。财务从业者要勇敢地走出财务会计小圈子，扩大朋友圈，扩大视野，提高其他能力。在信息爆炸的年代，财务从业者万不可故步自封，固守一亩三分地，甘做井底之蛙，而应该是与社会潮流融为一体，形成协作及互补的关系。还要学会跳出财务看财务，跳出企业看企业。若能如此，才能很好地了解同行，了解其他业务，才能协同公司做好发展定位，对公司在战略定位方面给予很好的支持。

第六章

强化财务思维,求解管控方案

本章将从 10 个方面进一步聚焦财务组织架构、组织架构之内的细微财务观念和方法论。随着财务职能的转变，财务工作的内容和边界变得极为广泛，大到战略，小到一笔业务。与此同时，随着外部环境变得越来越复杂，强化财务思维下的管控方式变得越来越重要。基于此，无论是从广度还是厚度而言，财务工作都足以让我们喜欢一生、实战一生、感悟一生，并从中获得解决问题的真正智慧。有智慧，才有未来，才有卓越的财务管理。

财务负责人的组织变革路径

本节问题：
1. 财务负责人到一个新组织后，应如何推进工作？
2. 什么是投石问路？这个做法灵验吗？

一个财务负责人到一家新公司分管财务，要想推动财务工作，首先要做的就是进行组织变革和人事调整。这是不可避免的，也是公司领导最为期待的动作。

在履新初期，我们可能不知道从哪里入手，但可以学中医讲究的望、闻、问、切，对症下药，按照自己想好的做事方式寻找症结和突破口。

2017年5月，我加盟阳光集团。在8个月的时间里，我们一连发布8个沟通文件，摸着石头过河，慢慢地找到了突破口，各项财务管理调整初见成效，从而让我树立了威信，对纵深改革也有了一定把握。

通过我这一次投石问路的经历，希望告诉大家，要想让一个职能部门既充满活力又成绩卓著，需要从设定具体目标着手。每个组织都有自己的目标，而职能部门就是要围绕组织目标开展工作。职能部门的职责就是职能职位或岗位应该承担的责任。职能部门的职能既有专业技能的需要，也有清晰的部门或岗位所包含的工作范畴的界定，而职责强调应该做什么、该怎么去做。一个职能部门的目标、职责、职能，需以公司组织目标设置原则为基础，再结合部门特有的范畴来落实。公司这个组织有组织目标，而职能部门要有小组织目标。小组织目标的核心要从两个要素出发：专业化、高效化。若按激活组织较高要求来论述，则是要求组织要有创造价值的能力。而创造价值，已经成为自我革新和迸发无穷力量的驱动因素。

投石问路的过程——发布1~8号沟通文件

发布第1号沟通文件

关于当前工作问题及解决思路

（2017年5月10日）

1. 部门目标是什么？建议结合董事局、公司、中心的要求来确立。

2. 人员编制是否合理？建议开始时从紧，然后根据需要再做调整或补充。

3. 业务主管及操作人员从哪里来？建议通过内部提拔、招聘等途径解决。

4. 对新入职人员的培训怎么进行？建议要有一套完整的培训计划，由经办人具体落实。

5. 内部分工清楚吗？我的看法是，内部分工一定要清楚。若目前还不清楚，要尽快清楚分工，明确职责。

6. 每个人的工作目标及完成目标的标准清楚吗？建议用KPI管理工具去建立，让每个人做到心中有数，并及时检查。

7. 每个人横向、纵向了解其他部门在忙什么工作吗？建议做好沟通，唯有沟通才是解决问题的根本办法。

8. 内部有没有一套行之有效的绩效考评及奖励办法？建议一定要有，而且规则要公开，同时部门之间要有一个平衡机制。

9. 每个主管都有创新思维吗？如果没有，建议督促他们从制度、流程、效率等方面不断尝试。创新一旦被采纳，可给予其奖励。

10. 做事重点突出吗？建议掌握"二八定律"，以此抓住重点工作和环节，把不可能变为可能，把每一件事做到极致。

发布第 2 号沟通文件

关于部门管理的安排指引

（2017 年 5 月 16 日）

之前发了《第 1 号沟通文件》，现结合近日所了解的情况，有以下几个要点期待进一步统一。

第一，在队伍建设方面，我期待我们的团队应具有以下特征，即专业、高效、稳定、步调一致，以及具有价值创造意识；

第二，在员工编制方面，从紧、从严，用合适的人、做合适的事，当前，人员安排可稍富余一些；

第三，结合 KPI 要求，尽快建立公开、公平、公正且有竞争力的薪酬机制，并设立优秀人才晋升的通道。

关于当前部门管理实施安排，建议按标准框架提交，期待于 5 月 22 日前审定执行。提交的内容主要包括：

1. 部门年度管理目标（5~10 个）；
2. 部门组织架构及人员编制；
3. 近两个月重点工作及 KPI 安排。

综上几点，请 CFO 结合各部门提交的意见加以分析和总结，待我确认后执行；同时，各部门需提交部门 KPI 文件，待确认后，由 CFO 与部门负责人签署责任状。

在1号、2号沟通文件发出后，我发现了一些亟待解决的问题，并从现代财务管理的核心之一是"价值创造"入手，建议重构原财务管理中心的组织架构。

发布第3号沟通文件

关于《财务管理》和《证券管理》制度修订的想法

（2017年5月23日）

制度是企业管理和运营的重要文件，也是管理者的意志、要求、想法的具体体现。制度既是规则，又是要求。为此，期待大家重视制度建设工作，并要在过程中不断完善。

第一，在修订制度前，应思考以下问题并加以整理：

1. 董事局在想什么？
2. 经营层在想什么？
3. 法规及专业领域有什么要求？
4. 同行有哪些先进做法？
5. 总纲、原则及操作之间的逻辑关系是什么？

第二，建立制度的总体思路：

1. 制度包括哪些方面？
2. 制度的框架是什么？
3. 制度如何体现管理者的要求？

4.跨职能中心的制度如何与其他中心沟通、会签？

第三，财务管理和证券管理制度，主要包括以下内容：

1.财务会计：会计政策、会计核算、会计报表；

2.管理会计：预算、统计、快报；

3.资金筹措管理：一般性筹资、资本性筹资、证券化筹资；

4.资金管理：资金预算、现金流管理、年化股东资金回报；

5.资产管理；

6.负债率管理；

7.费用报销管理；

8.投资标准管理；

9.财务信息化管理；

10.共享中心搭建管理；

11.财务战略管理；

12.市值管理。

第四，每项制度必须包括以下主要内容：

1.原则；

2.规定：体制、分工、职责；

3.内部流程（节点）；

4.考核及奖罚。

以上仅为我的基本思考，也可视作指引。请财务管理中心负责人、证券管理部负责人分别带领部门同事抓紧研究，分工到人，并于6月底完成相关制度的基本规定，随后再逐步细化。

加盟阳光集团近一个月后，我发现财务管理制度和证券管理制度虽在某些方面有一些规定，但内容过于简单、粗糙，既不系统也不全面。其中还有一个令人不可思议的误会，即财务各级负责人以为对外公布的标准制度内容可等同于内部实操制度。修订制度是一项艰难的任务，不仅要改变规定的内容，更要推动财务人员管理意识的转变。

发布第4号沟通文件

关于构建优秀团队的问题

（2017年6月8日）

财务管理中心、证券管理部是集团两大重要的综合管理部门，肩负着重要职责。和大家一起工作了一段时间后，我觉得各方面工作都在加强和有序推进之中。但从长远来看，我期待我的想法能进一步得到落实，也希望各位主管能尽快适应我的做法，并紧随我的要求主动调整工作节奏，让工作有"质感"。

以下几点，希望大家能记住：

第一，永远要学会抓大放小。在重点工作目标上下功夫，而不是"眉毛胡子一把抓"。随着重点工作逐一突破，你的进步就会很明显。

第二，永远要主动简化工作。好的领导要带领大家在复杂的环境中走出捷径，而不是把简单的工作复杂化以证明自己的存在和能力。

第三，永远要想出解决问题的办法，变不可能为可能。好的管理者都是解决问题的高手。只要你知识、经验丰富，又能发现问题，然后用严密的逻辑做全方位推导，那么问题就会迎刃而解。

第四，永远要了解公司的真实情况。公司无时无刻不在变化，要清楚掌握公司当前以及未来一段时间内最为关键的事项，若属于你分管范畴，须尽力尽快推动解决。

第五，永远要持之以恒地学习。学无止境。中国企业这些年迎来千载难逢的发展机遇，这对财务工作的要求非常高，挑战也是前所未有的，大家应通过学习、实战及良好的心态去适应。

第六，永远要学会相互分享。每个人的工作经验都有限，在内部只有定期或不定期地主动分享，才能共同进步。另外，视野要宽，不能只盯着自己的工作范围，还应看到周边的工作及环境发生的变化与自己的关系。

最后，期待经过一段时间的努力，在"合作共赢"精神的要求下，以价值创造为根本出发点，把团队构建成具有专业、高效、协作、服务至上等特质的优秀团队。这也是公司与个人发展的一个必然选择。

我管理过两家规模较大的地产公司的财务，知道一支优秀的团队对企业的重要意义，所以这个阶段的工作重心放在了构建优秀团队上。但如何构建一支优秀的团队呢？构建时要注意哪些问题呢？

对此，我首先提出了我的标准、观点和理论依据，并与大家共同讨论，形成了基本共识：在财务管理中心下设三个部门，即金融部、税务并购部、报表预算部；在证券管理部下设三个组，分别是合规组、投资者关系组和境外筹资组。

发布第 5 号沟通文件

面对千亿企业，财务管理该做哪些调整？

（2017 年 6 月 29 日）

这是一个既严肃又急迫的课题。

任何事情，都是因量变而引起质变的。管理一家千亿企业一定不同于管理一家百亿企业。而当财务管理中心处在一个与战略同步且支持战略实现的关键节点上时，我们该怎么办呢？请大家思考以下问题，并给出回答：

第一，财务管理体制方面：当前的体制合适吗？如何做到又管、又控、又服务？在高效要求下，放权放多少、放到什么程度？

第二，财务资源方面：财务资源总是有限的，但如何在有限的资源下，合理分配资源来发挥资源的最大效用呢？

第三，推进"双赢机制"方面：这是组织走向变革的重要手段，该手段落地还有什么困难？能持续发挥激励作用吗？

第四，关于一体化问题：与战投中心、营运中心、营销中心等部门形成一体化了吗？如果没有，如何改进？

第五，在核算方面：所有公司都覆盖了吗？信息化到位了吗？财务共享中心何时启动？能满足无限项目拓展、管理、经营需要吗？

第六，在资金筹措方面：所有筹资工具都用到了吗？当前，用哪一个工具最有效，既节省成本，又不增加负债率？

第七，在资金周转方面：我们实现高周转了吗？如果没有，问题在哪里？财务能做什么？

第八，在激励机制方面：能激发员工发奋工作吗？能凝聚一个优秀稳定的团队吗？如何完善？

第九，关于团队建设：我们是一个专业能力强且具有创造力和活力的团队吗？

以上问题如果回答清楚了，我们的调整才能有的放矢，才能产生效果，才能适应千亿格局的变化。

2017年6月，新聘请的总裁上任，集团在业务拓展方面有了新思路：规模上台阶。

总裁是阳光集团地产板块经营层的一号人物，他的一举一动、一言一行影响万千。依我的经验推断，以下方面都与总裁直接相关：第一，新一轮的人事变化不可避免，需要做好预判和应对；第二，按董事局决定推动经营工作，并协助董事局制定公司发展战略，根据公司发展战略设定年度相关指标，提出年度重要工作举措；第三，建立健全、优化和完善内部业务管理体系，制定业务流程与相关管理制度；第四，全面管理公司的日常运作；第五，策划推进及组织协调公司各种资源，推进重大运营计划的实现；第六，定期对管理范畴内的工作和存在的问题进行总结、复盘和改进；第七，针对组织提升和工作绩效达成提出改进方案；第八，协调和建立各种关系，为相关利益者创造应有的价值。为此，我要求财务管理中心要积极顺应新总裁的要求，做好必要配合和调整。

发布第 6 号沟通文件

关于文字表达能力

（2017 年 7 月 5 日）

真不好意思，我是一个喜爱用文字表达的人。我最近看了财务管理中心、证券部的若干规定、通知、表格，发现文字表达太过随意，某些表达极不到位。一个优秀的管理者，在这方面一定要足够重视。行文是有基本格式要求的。我们能从行文看出每个部门的工作态度以及工作能力处在哪个水平上。为此，我就一些文字表达常识问题提出如下要求：

第一，拟定的相关制度、规定方面：文字表达要清楚、准确、简洁，一是一，二是二，多一个字都不可以。一个字能说清楚的要求绝不用两个字。在使用标点符号时，也要反复推敲，直到合理。这方面可参考国家颁布的法律行文方式。

第二，表格表达方面：为了整齐，一目了然，表格内的文字按层级左对齐，数字右对齐；注意货币、面积、百分比等单位的表示；数字要有千分符表示，小数点及小数点后面保留几位，均要统一。可参考统计学书籍上的格式。

第三，文字报告方面：一定要注意报告的标题、序号与内容。标题是文章的核心；序号有序号的表达方式，不可乱来，不能同一级标题既有一、二、三，又有A、B、C，还有Ⅰ、Ⅱ、Ⅲ……；报告内容也要简练，逻辑清楚。文章不在长，而在内容、思想及解决问题的方法。

第四，演示文稿（PPT）课件方面：如今PPT的功能十分强大，你要学会用PPT来表达重点，并附上合理的插图及色彩，使PPT能准确传递出你想要表达的信息。

为此，每个部门必须有一个文字把关人，文字初稿出来后三校，拿出来的制度、规定、表格、文字报告和PPT等要统一规范，统一格式，统一叫法……这是一种养成良好习惯的做法，也是提升部门综合能力的途径。对个人而言，这种能力受益一生，也必将成为个人进步的助推器。

总而言之，文字表述要清晰，词要达意，尽可能尽善尽美。

我是一个追求文字和格式美的人，当看到部门的汇报材料、PPT、制度行文、数字写法等乱七八糟的时候，我很是生气，有意让经办人及其部门领导多次修改，甚至有点折腾大家的意思。其间，我召集大家并亲自授课，用最简单的方式告诉他们什么是我需要的，什么是我反对的。我期待通过"折腾"，引起他们的重视。

尽管如此，效果仍欠佳，真可谓冰冻三尺，非一日之寒。

虽然这些看上去是小事，不值一提，但多年的财务工作经验让我坚信这是基本功，是一个团队的基本素养，若上纲上线，这就是一个团队的"面子"。不得已，我只能从长计议。

发布第7号沟通文件

关于财务人员的表达力

（2017年10月27日）

很多财务人员比较固执，不管什么报告，都坚持用专业术语，其实你面对的并非都是专业人士、同行或同业人士。公司里其他部门的大多数人对财务、会计知识一知半解，或者略有了解，但他们在理解企业经营指标等方面却显得异常敏锐。为此，财务人员应当在这方面加以重视及改善。

第一，凡是沟通都要有效果。

沟通一般分口头、文字表达。无论哪种，都要改换成别人听得懂的语言。例如，财务人员时常爱讲"会计科目""借方""贷方""EBITDA"等，这些概念很多人听不懂。若对方听不懂你在说什么，或似是而非，不就达不到效果吗？所以要转换成非财务专业出身人员听得懂的语言。只有这样，才能达到有意义的沟通目的。

第二，关于PPT的表达要用心。

对外输出的PPT内容，一定要强调重点、关键点。我们时常会犯两种错误：一是密密麻麻地堆积了许多细节，比如复杂的计算过程，让看者云里雾里找不到重点；二是以为别人能理解，把不该省的逻辑关系省了，突兀地得出结论，又画蛇添足地展示出许多不重要的内容。如此一来，效果可想而知，遭到领导批评在所难免。

第三，凡是汇报都要从目的出发。

每次汇报，无论是口头还是文字，均要认真准备，从目的出发，优化汇报的内容和结构，这样条理就会十分清楚。所谓从目的出发，就是要从解决什么问题出发，问题清楚了，那么一切解决问题的过程、理据也就清楚了。同时，不要就目的而目的。财务是一个企业的中枢、过程及结果的反映，它与许多事项是相关联的、有黏度的，而非独立的，为此，在做财务结论时切不可顾此失彼，简单了事。要注意，听者有可能从不同角度突然提出问题，你应考虑到。因此，要有一个合理的闭环。

提升表达能力，是财务人员迈向更高层级管理者的必修课。以上供参考，期待对大家有所帮助。

工作推进要求在不断细化和深入。要想成为一个优秀的财务从业人员，无论口头还是文字的表达能力都要提高，把每一次表达当成一次面试，如果表达效果好，不仅能给听者留下深刻印象，还会让大家明白你的观点、看法和理据。

发布第8号沟通文件

对优秀团队的新要求

（2018年03月30日）

在《第4号沟通文件》中，我期待我们团队在"合作共赢"精神的要求下，以价值创造为根本出发点，把团队打造成具有专业、高效、协作、服务至上等特质的优秀团队。

《第4号沟通文件》是在2017年6月8日发给大家的。

时间过去了8个月，但我认为我们团队仍有不少提升的空间，为此，针对存在的问题，我认为以下方面仍要引起大家的高度重视：

第一，专业。秉承职责，做事一定要专业，万不可随心所欲，得过且过。专业表现为技术、方法，也表现为沟通。当区域需要我们时，我们的每一句话、每一个看法都是要有建设性意义的。关于发文，一定要记住，不该发的文不要发，别给下面增添不必要的麻烦。

第二，尽责。总部工作人员肩负着岗位职责，代表公司行使权力，因此做事一定要尽责。尽责是职业道德的要求，也是做事应有的态度。只有尽责了，事情才能处理好。

第三，高效。近来，区域反应总部有点讲层级，做事拖拉，办公自动化（OA）批复及给出意见均不及时，此现象要不得，应立即改正。在"双赢机制"下，高效是必然的选择。高效是衡量一个组织是否先进的重要标准。总部是否高效，对下面的影响极大。

第四，服务。面对区域，服务至上。区域在一线，会面临来自外部的许许多多的挑战，而作为后方，总部在方方面面应无条件地服务好，而不是摆出一副官架子，像上级领导一样。唯有服务好区域，总部才有存在的必要。

为此，务请各部门负责人认真学习《第4号沟通文件》及此文件的四点要求，从改变作风做起，从"心"出发，并对组织内每一个成员进行宣贯，使其成为区域及各业务单元的好帮手。

我从加盟阳光集团算起，到这份沟通文件发出，已有8个月，我关注的大量问题都得到了解决，还有一些问题需用更长的时间来解决。此时，我已经分管了5个部门，除了之前的财务管理中心、证券管理部，还分管了法务及风险管理部、流程及信息化管理和战略发展部。此时，有必要进一步强调团队建设和工作推进要求，通过不断地塑造和建设一支优秀的团队，实现企业的稳健及快速发展。

投石问路后的结论

企业在蜕变，财务组织也要蜕变，而蜕变的核心是要不断强调价值创造这一核心，并付诸行动。财务组织到位了，也许一顺百顺，诸多工作或改革就可以实施，财务负责人的理念就会水到渠成地落地。

财务组织变革很敏感，涉及人和事，需要具体情况具体分析。"投石问路"是一个好方式。我们无须用最简单粗暴的方式换人，或把自己的人空降到一些关键岗位，正确的做法是从内部提升，让内部人不断成长。

让财务保持弹性

本节问题:

1. 财务也强调弹性,这是为什么?若财务失去弹性,意味着什么?

2. 如何界定财务弹性?财务弹性的合理区间是多少?

财务不仅掌控着企业财务资源的配置,还掌控着企业财务风险防范。财务风险防范是企业的生命线。一旦没有防范好财务风险,企业会走向万劫不复。

2021年以来,不少房地产企业遇到了资金周转压力,导致债务逾期归还及商票难以兑付,股价和债券价格双双大跌。这些都是因为它们的资金流动性出了问题,所以市场极度担心和恐慌。以一家四川地产公司为例。这家地产公司综合实力在全国排名前20,一个月前,管理层给市场传递的信息还非常正面,但仅仅过了一个月,公司就陷入了财务危机。不得已,股东不断变卖资产,但仍无法摆脱危机,只能出售上市公司权益。这一事件发生后,殃及地产同行,令同行的日子雪上加霜。

20年前,我目睹了1997年亚洲金融危机爆发之后三年产生的严重后果，得出了财务要保持一定弹性这条教训。那时，香港市场惨不忍睹，广州信托倒闭了，粤海集团出现危机，中海地产濒临破产，香港数百万人的资产瞬间为负，香港银行拨备，老板跳楼、自杀的个案接连不断。

财务弹性也称为企业安全垫的薄厚。有人把财务弹性简称为现金弹性。若结合房地产企业的具体情况，也许称为可动用现金弹性更加准确。财务弹性的度量如图 6-1 所示。

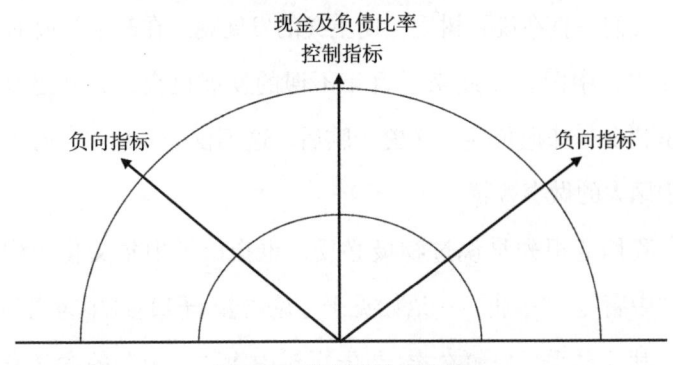

图 6-1　财务弹性的度量

在市场环境好的情况下，企业安全垫稍薄一些没有太大问题；但在市场环境转差或预期继续转差的情况下，企业安全垫要迅速增厚。除此之外，还要依照企业自身经营情况做出研判，以确定企业安全垫厚度。企业安全垫的薄厚决定了财务弹性的空间的大小。安全垫较厚，平常看似财务保守，但当发生系统危机时，财务的腾挪空间较大，也许就能化解财务危机；如果安全垫较薄，当系统性危机出现后，资金周转会立即出现巨大压力，财务的腾挪空间就有限。我很理解很多时候企业家什么都想要，但财务负责人如果一味地简单迎合，在突发事件发生后企业就非常被动。这个时候，企业家就不得不为五斗米而折腰。

中庸是长期主义者需要掌握的精髓

我们一直在说要树立长期主义的发展观。在改革开放的40多年里，中国企业迎来了百年不遇的发展机会，就开足马力、只争朝夕，却把长期主义置于脑后。这不仅令人痛惜，也不符合中国人的做事智慧。

我们老祖先早说过物极必反，也指出了中华文化的内核是"中庸"。"中庸"一语始见于《论语》。子曰："中庸之为德也，其至矣乎！民鲜久矣。"朱熹对中庸之"中"的含义有过这样的解释："中只是个恰好的道理。"可见，中庸即是把两个极端统一起来，遵循适度原则。因此，可以把中庸的高明之处理解为寻求平衡，即做任何事情都要保持一个度，万不可走极端。近十多年来，华尔街的天才们设计了一个又一个赚钱模型，运用杠杆效应，为股东们的投资带来了令人振奋的回报，可是，由于资本的贪婪性，每过一段时间就会产生一场经济或金融危机。离我们最近的一次，也是教训最深的一次，就是2008年的全球金融危机。

如果我们用中庸的思想建立长期主义的发展模型，有时看似慢了，但当拉长时间去看，一点都不慢，反而快了。《孙子兵法》是我国第一部兵书，也是世界上诞生最早的兵书。这本军事著作在很多方面广为应用。它强调的不是以少胜多，而是以多胜少；它强调的也不是战胜之法，而是不败之法。做企业和打仗一样，首先要保持不败、不出局、不被淘汰，这就是最大的胜利。

财务弹性的两个量化指标

十多年前，我提出"财务弹性"这一概念，后来从管理角度，经过多番研究和取舍，找到了一套量化指标。此外，通过研究香港各类优秀上市公司的公开财务数字，我得出两个重要结论：一是它们始终保持着比较低的负债水平；二是它们手中始终保持着相当高比例的现金存款。

在国际上，信用评级机构、银行在研究一家企业偿还债务能力及安全性的时候，几乎都摒弃了传统意义上的资产负债率的计算结果，反而重视净负债率的高低。

很多教材告诉读者，如果企业的现金存量多，不仅会损失存款和贷款之间的存贷息差，还会因为未能最大限度地发挥周转和投资效应，而导致现金效应的浪费。现金占比和净负债率这两个指标很长时间在教科书上是没有的。

2004年，我要再次修订中海集团的财务管理制度时，对这两个指标提出控制目标，经过反复计算和模拟，第一次明确提出了它们的控制值。这是一次创举，是首次在企业财务管理制度中引用评级机构对企业最感兴趣的量化指标。站在第三者的角度看公司，这两个指标正好就是财务弹性所需要的量化控制指标体系。

$$现金占比 = （库存现金 \div 总资产） \geqq 10\%$$

$$净负债率 = [（银行借贷 - 库存现金） \div 净资产] \leqq 50\%$$

近十年来，中国房地产市场热火朝天，但与此同时，从政府主管部门到银行、投资者及房地产企业公司都担心房地产企业的财务风险，也十分关注房地产企业现金占比、净负债率这两个指标，而它们也已成为衡量一家房地产企业在遇到系统风险时是否安全、是否具有较大弹性的标志。

2021年房地产企业的惨痛教训给行业敲响警钟

"天道"的规律是因果报应、物极必反、否极泰来。当事物发展到顶点时，就会朝相反的方向发展。一家企业如何预测发展的顶点及其到来，并在财务方面做出未雨绸缪的调整，对企业发展至关重要。

2021年，也许就是地产行业走下黄金岁月的拐点。这一年，房地产企业普遍资金周转不灵，特别在恒大事件后，房地产市场急转直下。究其原因，是过去长达20多年的地产风光已成习惯，2018年以来政策调控明显调整后，很多房地产企业还继续把全副身家及通过加足杠杆融来的资金赌在地产上，使得财务彻底失去了弹性。

下面是一家房地产企业为了"活命"，在2021年的自救纪实。

他们使出浑身解数，好在老板决策坚决，立即停止买地，停工缓建，启用商票支付工程款、材料款，全力应付到期的刚兑的融资款、土地款及发放员工工资，才让公司勉强度过了5月、6月和7月。

8月又是一个还款高峰期。

该企业上下一刻不停，四处"找钱"。加大楼盘销售力度，折扣力度极大；加大处理持有资产，有些股权归边，有些整单资产贱卖；加大各类筹资力度，包括从供应商处融资借款；加大开源节流力度，减薪裁员，停掉一些费用开支大的活动。如此情况下，才勉强度过了8月。

然而，9月依然是一个还款高峰期。

只有在这个时候，所有人才真正明白财务失去弹性的后果。

这家企业连续开会，又一次强力布置。老板不无感慨地说，过去经历过多次资金周转压力，但从来没有像这次一样真的感觉天要塌下来了。不得已，全公司的其他工作都停下来，开始全员营销，全员抓回款，每一个领导、部门都扛有销售和回款指标。

由于市场太糟糕，负面情绪加剧，公司不得不推出更加激进的促销政策：若能一次性付款，给八五折折扣；先收款，承诺一年之内无理由退房；向员工销售员工喜欢的房子，并给更大的折扣；若推包销，首付款低于30%也行；处理尾货，可对半价格出售；可出售酒店资产、公寓资产、写字楼资产，随行就市。凡能想到的快速、大额回款的做法都可用。

以上做法，要求思想上高度统一，行动上高度一致，回款大于一切事务。如若有人不服从，可马上将其辞退。

苦战30个昼夜，9月也算熬过去了。

进入10月，如果银行、债权人不恶意要求提前还款，这家企业就算挺过了年度还款高峰期。此仗打得惨烈，该企业虽度过了几个还款高峰期，赢得了少许喘息机会，但损失巨大，从此它进入漫长的疗伤阶段。

这一次房地产企业没有等来政策利好，没有等来银行活水，没有等来小业主按揭款流入，没有等来私募基金、投资客的涌入，反而谣言、谎言和名目繁多的恶性事件四起，牵连甚广，不少知名房地产企业"躺"了下来，甚至倒下来进入清算阶段。所有的这一切，都是因为企业自身财务失去了弹性。

面对以上情况，很多房地产企业归咎于政府政策，香港地产商陈启宗在2021年年度博鳌房地产论坛上说："我也奉劝我的同行们，不要太多地埋怨政府，他们是在做自己该做的事。"我很赞同这一看法。市场监管和地产商的目标本来就是不同的。地产商应该做的，就是做好自己的产业选择，控制好发展节奏，控制好财务风险，走稳健发展之路，除此之外，别无选择。

财务弹性管理的意义和期许

很多时候，管理一家企业的指标非常多，但一定要找到其中最为直观、最为重要的。以下三点或许可以为房地产企业提供一些借鉴意义。

要管好概率高的事情

中海地产、碧桂园集团、阳光地产板块的主业都是投资、开发住宅房地产。房地产属于重资产业务，是资金密集型行业，因此要把对现金流的管理永远放在最为重要的位置。面对高投入、高产出、高周转、高波动的房地产行业，我们心态一定要好，唯有长期秉持稳健的财务政策才能立于不败之地。企业家一定要明白，应该更多聚焦在可持续发展的大是大非问题上，而不是带着赌性和侥幸，抱着一夜致富的心态做事业。

实际上，每个企业可根据自身情况来探索和确定这两个指标的控制值。如果不好确定，可以找出行业若干家公司，或找出规模相当的若干家公司，然后计算出它们的平均值，再来确定公司应该控制的目标。

谁都可能会犯错，就像亚当理论也可能出错，它所说的是概率很高的事，而不是绝对肯定的事。做对的次数越多，它就越容易失去弹性。当连续赚了六七笔钱之后，这时的我们难免扬扬自得，许多做法就会失去弹性，会向我们要回以前赚的所有钱，也许还要搭上老本，外加一点鲜血。所以要永远记住，我们所处理的是或然率，而不是绝对值。

拥有现金才可能拥有未来

较多的现金或可随时提用的贷款额度若留在身边，在市场环境一片向好的情况下，可能会使企业失去一些发展机会。而大部分企业常犯同一个错误，即当它有钱时，个个企业都有钱，当它没钱时，个个企业都没钱。

2007年之前，由于国家政策好、股市好，银行资金充裕，很多企业的钱一下子多得无处可用，都在为花钱寻找出路。步入2008年，受美国次贷危机影响，中国股市一路下跌，银行银根紧缩，企业一下子都缺钱。如果2008年个别企业有钱，则是抄底投资的大好机会。就土地成本而言，2008年买地的成本比2007年高峰期下跌了至少三成。如果此时有钱，那才叫真正意义上的有钱。要做到这点，财务的弹性管理就显得尤为重要。当然，财务弹性管理还可以帮助企业渡过难关。如果财务具有很大弹性，当投资机会来临时，企业能迅速拿出现金，当内外环境变差，至少可让企业有渡过难关的时间。

建立财务弹性要科学

建立财务弹性理念就像开车一样，要时不时看一眼指示灯，当偏离路线很多时拨一拨方向盘，当超速时要踩踩刹车。由于企业现金活动是动态的，因此绝不能用静态的眼光和心态看待，否则会影响业务发展。

弹性理念管理始终让企业运行在一个预定的安全通道中，有时可能是在通道上端，有时可能是在通道下端，这都是可以接受的范围。普华永道会计师事务所说过，财务负责人是企业未来发展的总设计师，有责任处理好企业发展快与慢的辩证关系，他们在这方面比任何一个业务领导都要用心。

因此，优秀的财务负责人在董事局、总经理的领导下，手里应始终拿着一根指挥棒，使很多人、很多业务单元都跟随指挥棒舞动。这种舞动不是无序的群魔乱舞，而是有序的、有节奏感的、有艺术魅力的舞动，能舞出人生和企业的精彩新高度。如果有一天，财务负责人能像一个交响乐团的指挥家一样，手里拿着指挥棒，指挥着财务资源配置，使财务的真实意义得以发挥，这才是公司的福报。

对财务及财务数字要有极高的敏感度

本节问题：

1. 若对钱、数字没有兴趣，能做财务工作吗？这么提问，会不会有偏见？

2. 对财务数字敏感的人，会不会在生活中对什么都敏感？

如果有人对钱不感兴趣，对数字没有敏感度，那千万不要做财务工作。如果一不小心做了，那将是人生最大的不幸。我们时常认为每个人在对事对人的态度上过于敏感不好，财务工作则恰恰相反，财务从业者要对财务数字有极高的敏感度。

什么是财务数字的敏感度

财务数字来自很多方面，可以是一次业务汇报，可以是财务报告，可以是投资人发表的研究报告，也可以是领导们关注的经营数字。财务数字要变成有用信息需要一个加工过程。随着企业数字化时代的来临，财务数字的深度分析和快速反应就更加有意义。

讲到敏感度，我们不妨拓宽一下视野。

倒车雷达是汽车停车或倒车时的安全辅助装置，能以声音或更为直观的画面告知驾驶员周围障碍物的情况，帮助驾驶员解决视野死角和视线模糊的问题，提高驾驶的安全性。如今，几乎所有的车都有这样的装置，让驾驶员更舒适。

为什么许多外国画家都在法国成名？像西班牙画家毕加索和米开朗基罗、意大利画家莫迪瑞安尼、荷兰画家梵·高、俄国画家夏加尔。对此，何一夫的回答是，首先是因为法国文化的开放性和兼容并蓄性，给这些画家的精神抒发提供了自由的土壤；其次是法国人的色彩敏感度、视觉敏感度较强。再比如，德意志民族的听觉敏感度较强，所以出了许多音乐家。拉丁文化更注重视觉艺术，所以法国、意大利出了许多画家。

我喜欢摄影，出过画册，开过影展。我早年只是喜欢摄影，后经大师指点，加上勤奋实践，终于获得了一些成就。摄影的敏感度就是对光、色彩、构图和思想的集中反应，并瞬间记录下来。只有把这四个元素糅合好，按下快门，才能拍出满意的照片。

在词典中，敏感是指在生理上或心理上对外界事物反应很快。随着计算机信息技术的快速发展，电子系统测试也有不同程度的感应。那么，敏感度应是指本体对外界事物反应的程度，这个程度大体分为敏感度高、低或零。

综合以上情况，我们不难发现，财务数字敏感度是指个体对财务数字的敏锐察觉能力，是用来评估个体对财务数字及其代表的意义所表现出的应激式反应与洞察力。

对提高财务数字敏感度的建议

做过财务工作的人也许都知道，财务工作多数情况下都处在公司矛盾的旋涡中。这是由财务职责所决定的，无法避免，必须直面应对。如果处理不好，于公于己都不利。

在复杂的环境中，若财务数字出了纰漏，很少有人会主动搭救你。一个铁一般的定律是：一定要有极高的财务数字敏感度。

财务数字的敏感度源于很多因素，也是很多因素作用的结果，比如财务负责人的地位、职责、经历、学历、圈子、研究、喜好等。以下有几点建议，也许对财务负责人提高财务数字敏感度有所帮助。

1.财务战略强调抓大放小。凡是涉及有可能影响公司中长期发展的财务议题，一定要绷紧神经，认真对待，不可掉以轻心。一旦决策下来，财务人员就得实施或必须执行。如果实施不了或无法执行，财务负责人必然面临挑战。如果昧着良心做事，不仅自己难以过关，还将给公司带来不利影响。这样的议题我常遇到，比如引进策略性投资者、发新股、发债券、突破负债率的上限等，对其中任何一件事情的处理都要抱有高度的敏感度。

2.公司开会决策一项投资，作为财务代言人有机会表达意见时，一定要有充分准备，万不可马虎大意。因为一旦决定投资，立即要回答很多问题：资金从哪里来？是合资还是独资？若为合资，财务怎么管？若为独资，财务又怎么管？投资回报如何保证？要不要派财务人员，如果要派，该派谁？投资回报是多少，如何确保投资回报的实现？很多问题都要有预案，也就体现在财务敏感度上。

3.汇编出来的财务报告要深入了解整个编制和调整的安排。这虽然是财务日常工作的一部分，但也要重视。当财务报告呈现在财务负责人面前时，如果你就是财务负责人，千万不能视而不见。财务数字会说话，会告诉你很多故事。敏感度较高的财务负责人，很快就会透过数据发现企业存在的问题并找到解决办法。我经常见到有些财务负责人很忙，忙着应酬，忙着拉关系，却没有静心把会计报表完整地看一遍。长期以来，很多财务负责人是不做具体工作的，具体工作由下面人去做，可要命的是他们宏观方面也没有做好。

4.财务制度一般有很多详细而又明确规定，如可报销什么、不可报销什么、如何报销。然而，违反财务规定的大多是公司的一些高层员工。面对这些情况，财务报销经办人一般睁一只眼闭一只眼。那么，财务负责人发现后怎么办呢？财务负责人一定要有高度的敏感度，既要坚持按制度办事，又要考虑可能发生对自己不利的后果，若能善意提醒或由公司领导从旁警告，也许是有益的做法。

5.在调度资金时，要十分小心。为了调度一笔资金，我们常常要经过三个层面九道确认手续。到了我这关，我总会问很多为什么，翻看前后相关的原始单据，甚至有时还要稍微压一压，目的在于把事情搞清楚。日常内部资金调度会放松一些，因为即使有错也错在内部；如果涉及对外付款，要打起100%的精神。财务付款是最后一关，如果财务这关把不好，那就是失职。若要追查责任，财务要负主要责任。

6.一个企业集团在运营过程中，必然会设立若干公司，清理公司是一项日常工作。因为有些公司在完成历史使命之后，逐渐没了业务，成为空壳，财务部门要安排专人清理。清理那些没有存在意义的公司需要常态化。但我们很多管理者喜欢公司大，喜欢公司多，喜欢看上去热闹，似乎管的公司越多越好，似乎资产规模越大越好，其实不然。财务人员在这方面要有极高的敏感度，首先能发现问题，然后提出解决问题的办法。清理公司也是一项艰巨的任务。

有这样一个例子。某人是一家子公司的财务经理，从管理架构上来看，在他之上还有财务总监、总经理。因内部调动，财务总监尚未到位，财务经理就要充当临时财务负责人的角色。某天，总经理要求支付一笔土地款，约3000万元，财务经理见手续齐全就审批通过了，于是问题发生了。因为集团内部有规定，所有土地款的支付须经上一级投资部门审核后方可通过。

就因为少了一道审批程序，就支付了一笔不该支付的款项，导致总经理被停职查办，财务经理被免职。这说明，该财务经理缺乏处理这类事情的敏感度。

提高对财务和财务数字敏感度的方法

人的性格各不相同，有人适合做财务工作，有人不适合做财务工作，但一名优秀的财务管理者，要对财务和财务数字保持较高的敏感度，此能力一方面来自天性，另一方面来自后天训练。

提高对财务和财务数字敏感度，可从以下几方面来训练：

1. 财务人员要喜欢财务这份工作。在我见过的财务人员之中，的确有些人身为财务从业者却并不喜欢财务，对财务工作的兴趣也不是很浓，而当下之所以还从事这份工作，主要出于挣钱的需要。现实中这样的情况比比皆是。如果真是这样，我建议这些人尽早离开财务岗位，这样也许对大家都好。俗话说，如果想干好一件事，首先要真心喜欢它。只有喜欢了，不管遇到什么困难，才都能克服。因为喜欢，就会学习，就会要求上进。喜欢是做好财务工作的前提和保证。事实上，有心的财务领导可通过诱导、推压、训练等方式让下属喜欢财务。想当年，我上大学及毕业之后的职业，自己是没法选择的，可是慢慢干、慢慢学也就慢慢产生了兴趣。我做财务负责人也是走了这么一条路。如今我很喜欢财务，工作起来就有激情、有创意、有灵性、有能动性，效果就比较好。

2. 财务人员要喜欢财务数字。某种意义下，财务和数字可以说是一回事，财务要靠数字说话，财务工作离不开数字。资产负债表、损益表、现金流量表、资产明细表等都是数字。公司运营中会产生很多财务报表，报表上全是数字。如果不能通过报表数字了解更多的内容，那么财务数字就是死的、枯燥的、无意义的。财务人员只有喜欢财务数字，明白数字之间的有机关系，明白数字背后的故事，才能令数字为己所用。很多人喜欢看小说、听故事，这是因为小说和故事有吸引人的情节。如果财务人员能把看报表数字视同读有情节的小说，他一定是合格的财务人员。以我的经验看，不喜欢数字的人很难成为优秀的财务负责人。所有财务人员都要强化自己喜欢数字的能力，面对财务数字要多记、多思，与事件多关联。

3. 财务人员要勤用财务数字说话。在企业运营过程中，财务数字虽然是冰冷的、没有表情的，但它无处不用，无时不用。比如通过财务数字来分析和比较企业的成长能力、偿还债务能力、资金周转能力、实现利润能力等。获取财务数字除了通过常见的会计报表，还需要用管理会计的概念进行搜集、加工和整理。获取财务数字后，要将其融入生产经营活动之中，通过采取一些措施，促使企业可持续健康发展。随着全球经济一体化进程加快，企业成长不仅仅依靠自然运营方式发展，而是越来越多的采取并购、合作模式，为了给股东创造更大的利益和价值，合理运用财务数字、构建财务模型，是财务人员发表意见的重要依据。优秀的或具有说服力的财务负责人，他们脑子里装了大量的财务信息，汇报时条理清楚，得出的结论有理有据，这样一来，不仅便于处理各种复杂事务，还能彰显自己的工作能力。

4.要透过财务数字思考事件的前因后果，做出正确的判断。在企业里，几乎每项经济活动都与财务相关。比如投资一个项目、出售一项资产、股权重组、提高工资水平、控制运营成本、建立一项激励机制，等等。每项经济活动都不是孤立的，很可能牵一发而动全身。对每件事情进行处理时，也必然要考虑前因结果，但前因和后果是不是我们想象中的那样呢？如果根本不是所期望的结果，我们却未能及时察觉和纠正，有可能造成不良的连锁反应。大家都知道，运营中做出的错误决定同样难以回头。若能透过财务数字做出超前的、有效的正确判断，将对发挥财务作用意义重大。

提高财务工作者对财务和财务数字的敏感度任重道远，就像一个人修身养性需要一辈子一样。当有了较高的财务敏感度时，我们既能有效处理各项事务，还能有效保护自己。对于财务这份工作，从业者对财务和财务数字要具有较高的敏感度，有时过分敏感也可接受。社会太复杂，在复杂的环境中，若能成为一个对财务和财务数字非常清晰的人，那是上天对你最佳、最有意义的眷顾。

动态使用财务杠杆

本节问题：

1. 什么是财务杠杆？为什么每家企业发展过程中都要加财务杠杆？

2. 不要把财务杠杆妖魔化，虽然它确实是一个"魔棒"，但用得好和用得不好效果千差万别，那具体有什么标准呢？

本节我们将一起探讨财务杠杆这一"魔棒"的作用。

之所以称之为"魔棒"，是因为财务杠杆如果用得好，可以为公司创造巨大的价值和投资回报，让公司快速发展；如果用得不好，有可能一夜之间把公司拖垮，使公司永远不得翻身。

阿基米德曾说："给我一个支点，我能撬动地球。"有人研究过，要想撬动地球，所需杠杆的长度需要230万光年！这个距离，即使是时速2000千米的超声速飞机昼夜飞行，也要飞1.2万亿年！因此，阿基米德的这句话只是想说明杠杆的力量是非常大的。

阿基米德所说的杠杆和本节讲的杠杆似乎是一回事。

投资界常常有以小博大的说法，比如如果你愿意拿出10万元，就会享受100万元的投资，这叫加杠杆投资。在企业，常常会遇到基金经理人和你大谈杠杆效应，以追求超乎想象的投资回报。这么多年来，杠杆成了投资界人人见面不能不说的时髦词。在这个名词背后，似乎暗藏着无限商机。事实也证明，很多中国地产商过去十多年价值暴涨，就得益于敢加财务杠杆。

财务杠杆

在物理学中，利用一根杠杆和一个支点，就能用很小的力撬起很重的物体。那什么是财务杠杆呢？从西方的理财学到我国目前的财会界，对财务杠杆的理解大体有以下三种观点：

第一种观点将财务杠杆定义为"企业在制定资本结构决策时，对债权筹资的利用"，因而财务杠杆可称为筹资杠杆、资本杠杆或负债经营。这种定义强调财务杠杆是对负债的一种利用。

第二种观点认为财务杠杆是在筹资中适当举债，以调整资本结构，给企业带来额外收益。如果负债经营使得企业每股利润上升，便称为正财务杠杆；如果使得企业每股利润下降，通常称为负财务杠杆。显而易见，在这种定义中，财务杠杆强调的是通过负债经营而引起的结果。

第三种观点认为财务杠杆是在企业的资金总额中，由于使用利率固定的债务资金，而对企业主权资金收益产生的重大影响。这种观点也侧重于负债经营的结果，但与第二种观点对比，其将负债经营的客体局限于利率固定的债务资金。

在以上三种观点中，第二种观点比较契合大多数投资人的真实想法。几乎所有人在投资的时候，都期望能尽量少动用自有资金，然后获得尽量大的投资回报。在过去房地产市场化推动的二十年里，很多房地产企业为了获得更大收益，在投资开发项目时都尽可能少动用自有资金，而是充分利用银行筹资、非银机构筹资、供应链筹资、发债信用筹资和"楼花"预售政策，这也让它们获得了巨大成功。这一时期的成功，就是靠高杠杆、高负债率的推动来实现的。这已经不是行业的秘密，而是所有地产商的行动和成功秘诀。

财务杠杆就是指在筹资及投资过程中的适当举债。用这种方式，可调整资本结构，可给企业带来高额收益，使 IRR 达到非常高的水平。

所以，财务杠杆和负债率似乎讲的是一码事。它们也的确在很多逻辑、出发点上是一致的，不同之处就在于前者强调的是加负债的动作，后者强调的是执行的结果。正因为如此，两者时常混着使用。

使用财务杠杆的利和弊

财务杠杆的利益或损失是指负债筹资经营对所有者收益的影响。负债经营后，企业所能获得的资本收益，可用如下公式表示：

资本收益＝企业投资收益率[①]×总资本－负债利息率×债务资本

＝企业投资收益率×（权益资本＋债务资本）－负债利息率×债务资本

＝企业投资收益率×权益资本＋（企业投资收益率－负债利息率）×债务资本

整个公司的权益资本收益率的计算公式为：

权益资本收益率＝企业投资收益率＋（企业投资收益率－负债利率）×债务资本÷权益资本

由此可见，只要企业投资收益率大于负债利率，财务杠杆作用使得资本收益由于负债经营而绝对值增加，就能使权益资本收益率大于企业投资收益率，而且产权比率（债务资本／权益资本）越高，财务杠杆利益越大，所以财务杠杆利益的实质便是由于企业投资收益率大于负债利率，由负债所取得的一部分利润转化给权益资本，使得权益资本收益率上升。若是企业投资收益率等于或小于负债利率，那么，负债所产生的利润只能或不足以弥补负债所需的利息，甚至利用权益资本所取得的

---

① 此处的企业投资收益率＝息税前利润÷资本总额，即息税前利润率。

利润都不足以弥补利息，而不得不以减少权益资本来偿债，这便是财务杠杆损失的本质。

负债的财务杠杆作用通常用财务杠杆系数（DFL）来衡量。

财务杠杆系数指企业权益资本收益变动相对息税前利润变动率的倍数。其理论公式为：

财务杠杆系数＝权益资本收益变动率／息税前利润变动率

通过数学变形后公式可以变为：

财务杠杆系数＝息税前利润／（息税前利润－负债比率×利息率）

　　　　　　＝息税前利润率／（息税前利润率－负债比率×利息率）

根据这两个公式计算的财务杠杆系数，后者揭示负债比率、息税前利润以及负债利息率之间的关系，前者可以反映出股权资本收益率变动相当于息税前利润变动率的倍数。企业利用债务资金不仅能提高主权益资本的收益率，而且也能使权益资本收益率低于息税前利润率，这就是财务杠杆作用产生的财务杠杆利益（损失）。

财务杠杆与财务风险的关系

风险是一个与损失相关联的概念，是一种不确定性或可能发生的损失。财务风险是指企业因使用债务资本而产生的在未来收益不确定情况下由权益资本承担的附加风险。如果企业经营状况良好，使得企业的投资收益率大于负债利息率，则获得财务杠杆利益；如果企业经营状况不佳，使得企业投资收益率小于负债利息率，则获得财务杠杆损失，甚至导致企业破产。这种不确定性就是企业运用负债所承担的财务风险。

企业财务风险的大小主要取决于财务杠杆系数的高低。一般情况下，财务杠杆系数越大，股权资本收益率对于息税前利润率的弹性就越大，如果息税前利润率上升，则股权资本收益率会以更快的速度上升；如果息税前利润率下降，那么股权资本收益率会以更快的速度下降，风险也就越大。反之，财务风险就越小。财务风险存在的实质是，负债经营使得负债所负担的那一部分经营风险转嫁给了权益资本。

将财务杠杆发挥到极致又无财务风险，一般人往往是做不到的，除非是那些从事风险投资而且不计较个别项目亏损的人。国际上有风险投资基金。风险投资基金又叫创业基金，是当今广泛流行的一种新型投资机构。它以一定的方式吸收机构和个人的资金，并将资金投向那些不具备上市资格的中小企业和新兴企业，尤其是高新技术企业。风险投资基金无须风险企业的资产抵押担保，手续相对简单。它的经营方针是在高风险中追求高收益。风险投资基金多以股份的形式参与投资，其目的就是帮助所投资的企业尽快成熟，取得上市资格，从而使资本增值。风险投资基金往往会投资很多项目，但它们并不是追求每一个项目都成功，只要其中几个成功，就可获得巨额收益。

大部分企业都不是风险投资基金。它们的经营要靠长期规划以及清晰的商业模式，靠日积月累，一步一步地向前走，因此，到底公司负债率多高为宜，显然要因地制宜。有这么一家家族企业，它最早在珠海从事实业，后把总部迁至上海。该企业老板的风险意识十分强，坚持有多大能力办多大事情，很少向银行借款，如今他成为中国富豪之一。有的企业则拼命借款，拼命发展，在经济环境好的情况下也获得了巨大成功。顺驰地产就是运气差了一点，如果它能稍微稳健一点，或者再熬半年，也许也能成为内地十大地产企业之一。所以，对企业发展而言，加不加杠杆都很重要，机遇也很重要。

"去杠杆化"掀起全球热潮

受2008年金融危机的巨大冲击，"去杠杆化"一时间成了基金经理、经济专家、企业财务负责人和政府讨论的热门话题。

综合各种说法，"去杠杆化"就是一个公司或个人减少使用财务杠杆的过程，把原来通过各种方式或放大效应"借"到的钱尽快还掉。

"去杠杆化"会导致市场上原来有机联系的许多循环突然出现巨变。美国"债券之王"比尔·格罗斯认为，全球金融市场在那段时间处于"去杠杆化"的进程中，导致大多数资产的价格出现下降，包括黄金、钻石、谷物，一旦"去杠杆化"全面爆发，风险利差、流动性利差、市场波动水平都会上升，资产价格也会因此受到冲击。这个进程不是单一的，而是由多种因素相互影响和推动的。

有财经专家认为，这次"去杠杆化"的根源在于：第一，美国经济结构失衡，全民高负债经营，政府大举举债，百姓预支了未来的钱；第二，商业银行违背了可偿还性原则发放按揭贷款，货币必须根据商品交易的多少来发行，过多发行货币必然会造成通货膨胀和资产泡沫；第三，投资银行违背了让客户充分了解风险的原则，创造了过于复杂的衍生产品，使人看不到风险的真实存在；第四，监管当局失职，没有对金融产品的杠杆率进行必要限制。

总之，"去杠杆化"浪潮源于财务杠杆用得太大、太高、太足，当市场环境恶化时，失去了资金的流动性及偿还债务的能力，也就失去了弹性和周转余地。解铃还须系铃人。只有把一个个泡沫清除，让市场逐渐恢复其本来面目，"去杠杆化"浪潮才会平息下来。这就意味着，"去杠杆化"并不代表着完全消灭杠杆，而是要告诫人们，财务杠杆只能恰当地使用，不可滥用，不可贪用。任何事情都是这样的，物极必反。人生有度，好在适度，误在失度，坏在过度。太过用力的企业，迟早会遇到灭顶之灾。因此，企业要以此为戒，合理安排财务杠杆水平方为上策。

2008年金融危机带来的全球伤痛，经过各国政府的努力，到了2012年前后，很多流动性问题获得了缓解。这个阶段，中国公布了4万亿元基建投资。2015年、2016年，中国因为去房地产库存的需要，出台了多项政策，使房地产行业顿时沸腾起来。市场"去杠杆化"的热潮开始减退，加财务杠杆的预期又蠢蠢欲动。

市场好，要加杠杆，加得越大越好。

这就是现实，就是市场，就是人性，但这也是魔鬼。随着房地产行业的热度继续上升，房价飙涨。政府生怕引起社会问题，引爆金融危机，2017年开始，政府很想让房地产市场"稳"字当头，希望地产商主动降杠杆，并采取了多项严厉的限制政策，但效果仍未达到预期。不得已，2020年8月，政府为房地产企业控制负债率划了"三道红线"，同年12月又为金融业发放贷款划了"两道红线"[①]，它们的目的一致，都是倒逼房地产企业降财务杠杆，倒逼银行资金不能再向房地产行业倾斜。

---

① 两道红线是指2020年12月31日，央行和银保监会共同发出的《建立银行业金融机构房地产贷款集中度管理制度的通知》，将银行业金融机构划分五档，分档设定房地产贷款占比上限以及个人住房贷款占比上限的两道红线。

"去杠杆化"的有效做法

"去杠杆化",实际上就是借势去除泡沫。

对企业来说,去除泡沫的最有效办法就是自动降低负债率水平。降低负债率水平最关键、最直接有效的有两招:

第一招,股东注资。股东注资可分为主动型和被动型。主动型是指股东自觉自愿地给公司注入资本金;被动型是指公司面临资金周转危机时,如果不注资,公司将面临倒闭。倒闭就要清算,清算可能导致各方面的巨大损失。若是被动型,时常会引发债权、债务重组。

第二招,顺势强化经营性现金流管理。这是一个企业发展、成长及成为优秀企业的核心动作。这个动作要常抓不懈,要有常设机构长期跟踪,把目标、动作和措施都具体化;要能落地生根,把这个事项的重要性融入每个人的血液中。

2008年金融危机带来的教训极为惨痛。但是,随着危机过去,一片繁荣又将出现,那么下一次危机也许就在路上。人性有个巨大的弱点,就是忘性大于记性,经常是好了伤疤忘了疼。作为企业,要从长计议,防患于未然,永远要有如履薄冰的危机感和安全意识。

坚决反对超融是公司的一项财务纪律

本节问题:

1. 什么叫超融？超融有量化标准吗？

2. 若企业的资金流动性出了问题，是谁的责任？

一个企业的财务状况是好是坏，是稳健还是保守，要关注它的资产、负债、股东权益之间的比例。如果说资产是一块硬币的正面，那么负债就是它的反面。资产和负债犹如孪生兄弟，从存在的那天起就血脉相连，难以分开。

诊断企业财务状况常见的五个指标

诊断是医学术语，也可用于企业。我们把企业比作求诊者，如果要了解它的健康状况，就需要进行一系列的检查和计算。过去，这一过程都是手动完成，而如今，则由计算机自动完成。理论上讲，企业需要诊断的指标很多，其中最重要、最常用的有五个。

指标一：资产负债率

$$资产负债率 = \frac{总负债}{总资产} \times 100\%$$

此指标数值越高，说明财务风险越大。若计算结果大于100%，意味着公司即使变卖所有资产亦不能还清债务。因此，若股东及债权人投资一家资产负债率较高的企业，将面临较高的还款风险。万一公司倒闭，股东或借贷人未必可以收回全部本金。

指标二：权益负债率

$$权益负债率 = \frac{长期债务}{股东权益} \times 100\%$$

此指标反映的是企业负债与股本的比例。计算方法是将公司的长期债务除以股东权益。部分投资者在计算时，只采用需要支付利息的长期债务，而不采用总负债。它用来显示在与股东权益相比时，一家公司的借贷是否过多。

指标三：净负债率

$$净负债率 = \frac{有息负债率 - 银行存款}{股东权益 - 永续债} \times 100\%$$

此指标也叫净借贷比。此比率的解释和权益负债率基本相同。在资本市场上，投资者、评级机构、银行很看重这个指标。一般来说，当企业出现财务危机的时候，银行是第一债权人，投资者是最后的受益者。

指标四：流动比率

$$流动比率 = \frac{流动资产}{流动负债}$$

相对于资产及股东权益比率，即使负债处于健康的水平，也并不能完全认定公司不可能陷入财政困难。若公司短期资金不足以偿付短期负债，也是挺危险的。为此，企业还要留意自身的流动比率。流动比率是公司偿还短期债务的一个重要的财务指标。此指标数值越高，说明短期偿还债务的能力越强。而流动资产构成中，如果存货占比过大，在企业遇到财政困难时，因存货难以马上变现，也会影响企业度过财政危机的可能性。

指标五：速动比率

$$速动比率 = \frac{现金 + 可买卖证券 + 应收款}{流动负债}$$

此比率进一步说明企业面临突如其来的财务风险时的偿还

债务能力。这好比突发地震，信用卡、现金、黄金等有价值的物资一拿就可走人一样，而其他有形资产则是没法拿走的。此指标数值越高，说明短期偿还债务的能力越强。

为此，财务负责人为了进一步观察企业应付债务危机的能力，应把注意力放在持有现金、证券及应收账款等套现能力较强的项目上。计算速动比率，就是让我们要有这样的管理视觉。

投资银行的评估结果会影响企业公开发债

企业为了公开发债，都要找投资银行（或证券公司）帮忙。在这方面，投资银行是乐意的，这是他们工作的一部分。大部分情况下，如果市场好，投资银行都会打破头承揽这笔生意。如果市场不好，投资银行也不敢积极承揽，即使承揽也是软性的，不可能是刚性的。而此时若有投资银行说可以刚性承揽，那它也不过是为了承揽生意而随便说说，万不可以当真。

国际上，很多投资银行都有一个庞大的投资分析部门，里面分出若干个业务组别，如银行组、地产组、新能源组、汽车组、高科技组，等等。这些年来，健康医疗、大消费业务很受关注，也就有了这方面的业务组别。所以，投资银行为了更好地服务企业和高净值人，会在这些方面做足功夫。

2008年4月，瑞银及瑞信投资银行发布了他们对2008年内房股净负债率预测，以引导投资者识别这类企业的财务风险。

该报告解释说：比较净负债率，再分析现金流量及手头的现金，得出的结论是，中海地产是众多内房股中的强势股之一。截至 2007 年年底，该公司现金为 85.7 亿元，净负债率为 30%。富力地产虽然属于龙头股之一，但其 2008 年预测的净负债率仍高达 112%，加之短期内无法在内地发 A 股集资，因此该企业现金流动可能会出现问题。至于碧桂园、SOHO 中国，虽然持有丰富的现金，但是作为区域性布局的公司，可能受宏观调控影响比较大。最后报告认为，由于内房股普遍缺乏长线的收租物业，没有稳定的现金收入，在国家收紧货币政策的形势下，若售楼步伐放缓，没有资金到位，高负债的企业所受的打击较大，随时可能要减价售楼还债。另外，高负债的企业在这种情况下筹资也十分困难。

这个时段早已过去，回头再看他们的报告，有些看法是对的，有些看法是不对的。但是，在当时那种气氛下做出这样的引导，对投资人来说影响还是比较大的。但这份报告有两个指标非常重要，第一个是净负债率，第二个是手头可以动用的现金。这就是投资银行看待房地产企业的视角。此视角一直没有变，而且越来越被证明是对的，还会长期使用下去。

如何有效管理好公司的负债率水平

1. 以国内外成功企业为标杆，保持合理的负债率水平是企业长期制胜的法宝，也是一项财务纪律。事实上，内地企业的负债率高得惊人。最可怕的是很多企业决策者并不觉得负债率高有什么可怕。香港地产界有四大领军企业，分别是新鸿基、恒基兆业、新世界、长江实业，它们的运营非常成功。在香港法治建设好、信用体系健全的情况下，它们完全有能力去借更多钱，可它们长期将净负债率控制在 20% 左右。1997 年亚洲金融危机爆发后，很多企业沽售资产，可这四家却买资产，后来赚得钵满盆满。2020 年以来，内地实施了"三道红线"和"两道红线"管理方法，众多高负债企业度日如年，可就有那么几家企业却游刃有余，大力逆势扩张，原因就在于其对负债率水平的控制。若负债率高，在横盘和下行的市场环境下，没有能力扩张，能活着已经很了不起了；而负债率低的房地产企业正好相反，大举买地，未来房地产天下就是属于它们的。

2. 了解所处行业的平均负债水平，以保持合理的负债率水平。行业不同，负债率的标准不同，这是常识。地产行业是资金密集型行业，资金周转风险大，所以负债率不能太高。基建行业、物业出租行业因有稳定的现金流收益，负债率可以较高一些。这些标准可来自财务顾问、审计师、投资银行的研究报告，也可把同类上市公司公开的资料拿来自行计算，找出平均值。对于主营业务相对清晰的企业，比较容易找到同类上市企业的资料，但对于那些综合性企业集团，则要研究许多行业，分别寻找同类企业的资料。事实证明，只要有心去做这方面的研究，就能获得相关的数据。优秀的企业都在量化管理企业，都是用数字来说话。越坚持量化管理，越能找到解决问题的办法。

3. 注意负债结构的合理搭配。负债永远都要有一个合理结构。例如，长期债务和短期债务的关系，一般性债务和银行债务的关系，流动资产和流动债务的关系，境内负债和境外负债的关系，总资产和总债务的关系，报表负债和或然负债的关系，表内负债和表外负债的关系……既然彼此之间有关系，必然存在结构搭配和合理性问题。这里强调的是合理性搭配，而检验是否合理有以下三条原则可把握：一要确保公司安全和持续运行；二要节约筹资成本，实现利润最大化；三要给公司和股东创造最大价值。

4. 做好经营性现金流管理，动态监管负债率的动态变化。动态变化可通过画 K 线图来展示。经营性现金流管理是经营活动的核心和结果。如果一个企业长期经营而没有经营性现金流净值，说明他们是亏损做生意，而亏损造成的缺口要么靠股权筹资填补窟窿，要么靠举债筹资填补窟窿，除此之外，别无他法。当我们明白了这个道理，就明白了坚守经营性现金流管理的重要性。一家企业若要长期存在，就必须得盈利——有现金流的利润，如果长期不赚钱，必然导致负债率如滚雪球一样越来越高，使其最终走向灭亡。

5. 大力宣传和纠正企业负债率管理不全是财务部门的责任，

而是全员责任的观念。企业发展和运营涉及很多方面，比如项目投资决策时，财务部门没有最终的决定权；再比如洽谈贸易合约时，财务部门不会直接参与，而这些活动一旦成事，都会占用资金，就会做出很多承诺，由此可能造成很多非财务人员实质控制企业的事实。既然财务人员有些事情没法控制，那么控制负债率的任务就要全员负责，特别是有实权的领导要负主要责任。民营企业，更应由老板负责。如果这个观念没有很好地树立起来，没说清楚，没有制度来保障，则会导致职责不清、奖罚不明，影响企业的发展。

6. 发挥金融部的作用。一家企业中，必然有财务管理部门，旗下一般有金融部，它是管理负债率的具体经办部门。金融部一方面管理资金的筹措，另一方面便是监控公司负债率水平。金融部负责人手里要时刻拿着一份筹资管理作战地图，时刻关注负债率的变化，时刻调整促使这种变化向良性发展；并且要对这一结果迅速做出反应，有些需要及时报告给公司决策层，有些筹资活动既不能超融也不能随意去推进，否则当生米做成熟饭，企业步入危险地步时而不知，后果可想而知。

企业负债率高低，由谁来掌控

很多道理一讲就明白，但关键是要落地。落地需要组织保证，而组织保证的关键是谁说了算。界定谁说了算，要看运行过程中的真实情况。

当下，中国房地产企业没有经历过行业严重下行的折腾，不知道其中的艰辛，几乎每家房地产企业在筹资问题上都是严重超融。据观察，造成融资超融的始作俑者是企业实际控制人，比如老板、董事长、主席，如果有一天企业陷入资金周转或流动性危机，第一责任人必是实际控制人。

这是一个非常危险的现象。然而，成也萧何败也萧何。

2021年年初，我接触过几家集团的财务负责人，面对继续严控的房地产政策导致资金链吃紧的状况，他们十分担忧。据说，他们一直建议要不惜代价降低有息负债额，可老板不但不听，反而认为有危才有机。很多企业家的成功，大都是逆向思维，时常听从内心，而不听专业人士的话。中国房地产企业的民营老板，尚没有经历过大周期或"黑天鹅"事件的颠覆性影响，也就是说，没有血的教训，反而一路成功了。这样的成功人士往往比较自负，我行我素，根本不会把专业人士放在眼里。

事实上，2021年7月以来，不少房地产企业的流动性出了大问题，有的可能就此"躺"了下来，等待救援。这个时候，我们不得不反思一个问题：企业负债率到底由谁管理最合适？

现实中存在着许多选择，比如：第一种选择，老板负责战略，总裁负责执行，财务负责人负责负债率管理；第二种选择，老板负责战略，又负责负债率管理，而总裁和财务负责人只是执行人；第三种选择，老板负责战略，总裁负责执行——包括负债率管理，财务负责人协助总裁工作。也许还有第四、第五、第六种选择……

我所见到的大多是第二种选择，无论是公司战略、还是负债率管理，都是由老板一手抓、一手定、一手评判，总裁和财务负责人就按照老板的意思全面落实。落实过程中，若总裁和财务负责人有不同意见可以提出来，但决定权在老板手中。换句话来说，即使财务负责人对公司负债率过高提出了一些改进建议，但是否听从还是取决于老板。老板是企业实际控制人，那必然拥有绝对权威。有一个集团财务负责人——职业经理人的身份，他说，他给老板正式谈了自己的看法，建议一定要降负债率，他尽了自己的职责，但感觉老板不会听。其实，这样的现象比较普遍。

一个企业在运行过程中，最怕老板、总裁、财务负责人都过于激进，从来不管负债水平是否过高，永远激情满满地高歌猛进，这样的组合或公司治理结构需要审慎考虑。而比较合理的组合是老板激进、总裁务实、财务负责人理性，他们之间保持一种默契和制衡。

出现超融时，该如何应对

2020年3月，我应邀"诊断"过一家房地产企业，发现该房地产企业的实际运营结果与有息负债额根本不匹配，这说明它的融资活动太活跃，需要减速、减额。所谓匹配，即运营结果若得 70 分，有息负债额也得 70 分，这就是匹配。而如今，该企业的运营结果只得 70 分，有息负债额却得了 120 分，竟然超出 50 分，这是非常危险的状况。

我对该企业的财务负责人说：贵公司已经严重超融，必须马上纠正。具体要求是，须把有息负债额降下来，须减少短期负债额的占比。他们倒是听进去了，但没有真实执行。后来他们告诉我，他们用技术手法把部分有息负债藏在表外，达到了我的要求。这实际上是自欺欺人的做法。

一年半后，这家企业遇到了严重的资金周转困难，于是四处卖盘求生，期待奇迹出现。究其原因，是这家房地产企业的财务负责人说了不算，而说了算的是老板和总裁，财务负责人唯一能做的只有在报表上做适当的技术处理。我在想，如果一年半前该企业按照我的建议去做，时间很充裕，做事就很从容，还有较大的议价能力和腾挪空间，不至于落得如今结果。

总而言之，超融是导致企业发生流动性危机的罪魁祸首。超融带来的破坏力是巨大的，颠覆性的，一旦市场下行，必将给公司带来毁灭性的打击。

衡量企业超融的四个关键指标

1.净负债率。若计算出来的结果大于 100%，是不可接受的；若能控制在50%之内，算作最佳结构；

2.权益销售额与有息负债额之比。若计算出来的结果小于1，也是不可接受的；若能大于2，算作合格；若能大于3，才算最佳结构；

3.有形资产是否全部用于融资？比如公司股权、土地、待售物业、酒店、商场、写字楼、公寓、应收款、未来收入权益等均做了融资安排；

4.实际控制人、一致行动人及企业总裁、财务负责人等个人，为了获得企业融资，提供了连带及不可撤销的担保责任。

以上四种情况，若有一项触及红线，就可认定是超融了。

计算"三道红线"时，要特别关注可动用现金因素

以净负债率指标为例，超融又分成三种情况，即一般超融、中位超融和严重超融。若计算结果为100%~150%，为一般性超融；若计算结果为150%~200%，为中位超融；若计算结果为200%以上，为严重超融。事实上，很多房地产企业已经严重超融，只是把部分表内负债转移到表外使其看上去不高而已。

此外，我们也需要重新认识"三道红线"要求的净负债率不高于100%的问题。由于各类资金监管比例越来越大，企业表面上有现金但不能全部随时使用已是公开的秘密，基于保守

稳健原则，在计算此比率时应予以扣除，还原其真相。

假设2020年12月31日某公司有息负债额1000亿元、银行存款610亿元、股东权益400亿元，那么它的净负债率为97.5% [=（1000-610）÷400×100%]。此结果说明，该公司符合监管要求。

假设其他条件不变，而银行存款610亿元中有510亿元被监管，不能随时被公司调用，那么在计算净负债率时应予以扣除。因此，该公司的真实净负债率应是225%。依照上述划分的标准，该公司已属于严重超融，导致财务杠杆过高，必须做出调整，否则财务风险巨大。

基于这一推断，结合当下企业生存环境，这家企业"三道红线"要求的净负债率不高于100%的标准过高，应定在50%左右。除非监管资金这一被忽略的重要因素消失，否则企业自己要头脑清醒并做出实质性调整。

事实上，筹资超融后财务随时会失去弹性，并在最需要流动性的时候，因为所有资产都被限制而无法变现，又找不到能快速变现或筹资的资产。一旦出现债务违约，就是天大的事件。如果大环境好，出售资产套现是可行的方法；如果大环境不好，万一很多家地产公司都要出售资产，此时即使资产大幅折价都没有人愿意购买。2021年7月以来，房地产市场就是这样的惨况，房地产商需要吸取教训。

因此，我们应从善意出发，决策层保持理性，要量力而行，要认真研究市场走势，必要时放慢发展速度以调节财务弹性。只有做好现金流管理，坚持长期主义，才能来日方长。

做好财务风险防范工作

本节问题：

1. 财务风险与经营风险、操作风险放在一起来看，到底谁的分量最重？

2. 防范财务风险应从哪方面着手？是不是可从建立财务风险管理机制开始？

企业有三大风险不可避免，它们伴随着企业的业务和发展长期存在。这三大风险是指经营风险、财务风险和法律风险。然而，风险有大有小。小风险是完全可以抵御的，也可以不当回事，而大风险能否抵御就说不清了。所以，我们一般强调的是风险防范、未雨绸缪，把企业的"篱笆"扎好。那么，如何才能达到这个要求呢？实践证明，这要求企业建立风险意识，做好风险管理。

经营风险的防范工作可交给战略发展部或企业管理部门对口应对，假设没有这么一个组织，也可交给财务部门。财务风险防范工作要交给财务部门，法律风险防范工作要交给内部法务部门。若法务没有这么一个部门，也可交给财务部门。

一位著名的教授论述过企业成败的关键，他认为，归根结底，导致一个企业关门的最主要原因无非有两个，一个是财务出了问题，一个是法律出了问题。换句话说，如果企业不能很好地预防财务和法律风险，关门是必然的。如果还没有关门，那只是时间的问题。一个企业发展可以快可以慢，但要想长久不衰，百年基业长青，一定要从防范财务风险和法律风险做起。这两项工作都很基础，但很多高管不重视，也许只有血淋淋的教训才能让他们顿悟。

从寻找企业风险源开始

做好风险管理，要从寻找风险源开始。

从一般意义上来说，风险源是指引起或产生风险的源头，或者说动因，或者说漏洞。工程项目的风险源大致分为两大类，一是自然原因，二是人为原因。人为原因又可找出若干条来。

企业的风险源有哪些呢？

首先，要从经营活动全过程去寻找。这主要包括战略、经济、市场、政治、政策、技术创新、收购或被收购、合作伙伴、经营地域等。

其次，要从政策法规方面去寻找。这主要包括上市条例、公司法、税法、会计法、合约法、劳工法、刑法、安全与环保要求等。

最后，要从企业财务方面去寻找。这主要包括投资回报、利润率、现金流、负债率、流动比率、速动比率、收款、付款、债权债务等，甚至还包括因财务基础工作混乱带来的风险。

除此之外，有专家认为还有第四类风险源，比如企业文化虚无、公司治理结构缺陷、股东结构设计不合理、股东其他投资失误、内部营运不畅通、产品品质有瑕疵、核心技术被淘汰、品牌口碑欠佳、管理信息更新不及时、重要资料保留不全等。

麦肯锡咨询公司研究认为，企业风险源一般来自三大方面：第一，战略风险，如方向、目标、措施；第二，财务风险，如资源配置、现金流动性、财务信息的真实性；第三，操作风险，未按要求实施，或因为内外因素变化而未能及时做出必要的调整和修正。除这三点之外，在内地做生意，也要注意行业政策风险。在政策主导型国家，政府这只手很强、很硬，又很灵活多变。若不抓住这个特点去调整企业的发展节奏，就会遇到巨大发展阻力而不敏感，由此导致银行融资、外汇结算、正常发债受干扰。在特定环境下，这是一个重要的风险源。

从这两种情况不难看出，财务风险是最大最多的风险源。这由财务的范围、职责和操作所决定。

财务工作是企业价值链上不可或缺的一部分并处于打通和

链接各项业务的超然地位，财务资源分布在企业每一个领域、每一个角落，每个领域、每个单元和个人代表公司所签订的各种合约、协议最后都涉及财务事项的安排，因此，财务部门可进一步划分和分解财务风险源的构成和形成，还原事件真相。只有认认真真地找和找到风险源，才能有的放矢对症下药地建立防范机制，保证企业在财务管辖领域不出问题。

做好财务风险防范是财务工作者的天职，但寻找财务风险源是一项艰辛的任务。由于企业是一个变动的和资源整合的组织，很多财务风险源未必一下子能看清楚。发现风险源本身就是一个擦亮眼睛的过程。很多事情在没有发生前，大家并不认为存在什么风险，只有发生了，才恍然大悟。所以，企业财务负责人每过一段时间就要让自己慢下来、静下来，对经历的工作和事项进行小结、复盘。这些都是有效的动作。

我在中海集团负责财务工作期间，寻找财务风险源时采用了"三位一体"的"组合拳"：一是聘请国际知名的有经验的财务咨询顾问介入；二是在财务系统开展访谈和问卷调研，要求每个人从自身经验和理解出发，列出企业十大财务风险；三是与同行交流，从交流中获得启示。找到财务风险源后，将财务风险源归类，找出影响全局或企业生死的重大风险源，然后制定了管理措施。

这是一项系统工程，需要从制度和组织上做出保障。

强化财务风险的意识

企业追求发展，以盈利为目的，这是事实，但在追求发展时也伴随着一定的风险，也是一个事实。这些风险或隐藏在筹资活动中，或隐藏在投资活动、汇率变化等事务之中。不管你在这些方面是否关注，是否在意，它们都是存在的。它们就像依附在人体上的病毒，你不预防、不治疗，它就会随时跟你过不去。风险意识是指对风险的认识和防御能力，如果你重视了风险，对它们有充分认识，做足了防范措施，还做了治疗备用方案，这才说明你有了这方面的风险管控意识。

具有财务风险意识很重要，而且必须将这种意识内化，这是财务部门及财务负责人最基本的工作要求。

财务纪律

坚守财务纪律是防范企业犯颠覆性错误的根本保证。财务部门作为经办部门，需时时刻刻将相关指标执行情况向管理层和决策层汇报，并提出独立建议。

财务纪律可归纳为三点：第一，关于超融，公司必须旗帜鲜明地反对任何形式的超融行为；第二，关于现金占比，公司要始终坚持可动用现金占比不低于10%；第三，关于净负债率，公司必须动态控制净负债率（扣除不可动用现金）不高于100%。

筹资活动

很多企业长期有一组人负责筹资活动。这既是一份日常工作，又是一份职业责任，在筹资时要考虑很多因素。

我接触过许多民营企业老板，由于民营企业成立年头不算长，资本金长期匮乏，他们在衡量企业财务负责人是否称职时，大都侧重于财务负责人的筹资能力和筹资成果，至于筹资款花完后到还款期没法还钱时怎么办，老板们从来不担心，要么拆东墙补西墙，要么"躺平"。早期这样的情况也许还能应付过去，但随着外围环境日益规范，这样的做法就行不通了。

如果你是一个有远大理想的企业老板，在决定筹资时，至少要考虑这些因素：

1. 是进行股权筹资，还是债权筹资？
2. 是进行短期筹资，还是长期筹资？
3. 筹资金额多少才合适？
4. 如果选择债权筹资，是否提供担保，或者是否提供资产抵押？
5. 筹资成本应该控制在什么水平才能接受？
6. 筹资还款如何安排，是分期归还，还是到期一次性归还？
7. 支付利息是按季度支付还是到期一次性支付？
8. 筹资成功后资金投向哪里，是短期投资还是长期投资？

只有综合分析以上诸多因素，才能决定是否进行筹资。

投资活动

很多企业长期还有一组人忙于投资活动。实际上，在进行投资活动时，要考虑的因素也很多。推动企业发展、变革、迈向伟大和卓越，必须靠投资。可很多企业老板很愿意同时尝试搞新领域投资，但往往血本无归，那么问题出在哪里？

站在财务风险意识的角度，我们可以关注如下问题的选择：

1. 投资时，是专注于一项主业还是多项主业，还是推进多元化？
2. 是投资实体经济、虚拟经济，还是高科技？
3. 是独家进行投资，还是联营进行投资？
4. 所投资项目，有组织、团队和人员保障吗？
5. 有没有进行法律、财务尽职调查，如果做了，所揭示的问题是否都有化解的办法？
6. 对于投资回报率的测算，是否能达到制度要求的最低标准？
7. 对于投模上的现金流量的测算，是保守还是激进？等等。

当我们把以上问题编制在一张表上，并一一比较和权衡时，才能形成最后决定。这仅仅是第一步。当投资决定了，投资款也付出了，就进入投后管理阶段。投后管理往往是企业最为忽视的环节。很多人以为，只要投资的资金付出了，再派上几个人就能实现投资预期，这种想法大错特错。投后管理如果做得好，可以纠偏，如果做得不好，好投资也会收不到好的投资效果。

汇率问题

汇率是一国货币兑换另一国货币的比率，是以一种货币表示另一种货币的价格。汇率是国际贸易中最为重要的调节杠杆，因为一个国家生产的商品都是按本国货币来计算成本，但要拿到国际市场上竞争，其商品成本一定会与汇率相关。汇率的高低也就直接影响该商品在国际市场上的成本和价格，直接影响商品的国际竞争力。

对一家跨国企业或在国际资本市场发行美元债的公司来说，如果不能很好地预测汇率走势，并随之进行有效管理，也许会给企业带来巨大损失。以人民币和美元汇率来说，过去20年来，有一阶段人民币升值，有一阶段美元升值，又过一段时间人民币升值，这是常见的波动状态，波动区间往往比较大，如果不能顺应这种变化而做出适当安排，企业就会在还款时产生巨大损失。

预测汇率变动是一件大事，是财务要关注的问题。因此，在开展业务的同时，要及时根据市场变化做出积极调整，这才是正确的做事态度。也因此，需要固定团队长期跟踪，还要借助于国际研究成果做出自己应有的判断。

以上提到的三方面内容，旨在说明树立财务风险意识的重要性，而非列举财务风险意识的全部。我们要习惯于这种意识的强化，而非削弱和视而不见。企业只有强化了财务风险意识，才能在一个相对可控范畴或轨迹中运行。在这样的状态下运行，企业成功或跨越周期波动影响的机会就大多了。

建立财务风险管理机制的做法

防范财务风险，需要一个有效的管理机制。

一般有三种风险管理机制可以选择：一是将风险钳制在业务部门及日常商务活动中；二是设立财务风险管理部门，专职进行此项工作；三是将两者融于一体，共同对付财务风险问题。

这三种选择各有利弊。中海集团选择了第一种做法，把财务风险控制融入业务和商务活动。碧桂园集团、阳光集团则把防范财务风险交给法务部门。总而言之，无论选择哪种方式，最后都要用事实说话，用结果印证。

为保障财务风险管理的有效性，要建立若干制度，包括流程、标准，并在运行过程中严格执行，不断完善。还要和优秀企业进行比较，寻找差距。制度制定之后的关键环节是执行。如果执行不到位，或视制度为无物，这样的制度就失去了存在的价值。

企业财务负责人要有促进企业建立符合企业财务风险管理的机制的职责。相信很多负责人都有这方面的意识，但也有例外。从我管理的财务团队看，即使有些负责人有这方面的意识，但对财务风险的认识不尽全面、不够专业，当遇到问题时，时常靠经验或一知半解的判断来处理。因此，完善这方面的制度，健全这方面的功能，并做到事前、事中及事后的跟踪管理，才是我们需要的财务风险管理的有效机制。

不可忽视的财务线条管理法

本节问题：
1. 财务线条是什么？为什么要重视财务线条管理呢？
2. 财务线条具有普遍意义吗？

"财务线条管理法"是我在2007年提出的，转眼十多年过去了，这个方法仍然很有价值。重视财务"线条"管理可以使我们在工作时更有节奏感，有美感，还有边界，进而成为一名优秀的财务工作者。

意识是思想，更是潜在行为。重视线条，实质就是一种做事能力的体现，是一种悟性的呈现，是关注点的聚焦。现代公司财务与业务、流程、价值创造、坚守原则、激励机制、企业发展等之间的关系错综复杂，你中有我，我中有你。这种现象对非财务人员来说，如一堆乱麻。财务工作者就是要在这样的环境中理顺各种关系，做到忙中不乱，乱中唯我清楚。事实上，很多企业很重用有经验的财务负责人，因为他们会把财务事项管理得井井有条，无论热度还是湿度，都掌握得恰到好处。这就是线条管理法的魔力所在。

如何梳理企业财务线条的全貌

如果要把企业复杂的经济关系理出头绪，画出重点，分级分层实行管理并制度化，让每一个财务工作者尽心尽力做好，我们可以从以下角度去梳理。

财务人员人手一张有效的股权架构图

对一个集团来说，拥有上百家公司是常见的情况，而每家公司的形态不同，可能是独资也可能是联营，公司之间可能有直接股权关系，也可能只是兄弟姐妹关系，财务人员一定要研究清楚。最直观、最简单的做法是把股权关系图画出来。

股权关系图相当于一家企业的家谱。有了这份家谱，就能说清楚每家公司在集团的层级和重要性。

股权关系图的表达方式一般有两种，一种是表格方式，另一种是树形方式。我习惯用树形方式，因为它直观，上下关系一目了然。

股权关系图的管理要制度化。为此，必须坚持四点：

1.要明确此事由专门部门管理，专人负责；

2.要保持和人力行政部门的有机衔接，一旦出现持股量、法人、董事、监视等变动，股权关系图的负责人要及时掌握，并尽快安排时间去完成外部变更；

3. 随着外部变更完成，内部也要做好存档资料的变更修订，要永远保持内外的一致性；

4. 所有变更完成的资料都要整理、分类归档，尽可能用计算机信息技术来实现。

由于股权关系图是一份极为重要的公司资料，有一定保密要求，因此要做好保密和分级授权管理工作。子公司只能看到子公司管理范围的股权关系图，集团总部也要进行适当的权限划分，只有最高权限的人才能看到股权关系的全貌。

财务人员要严格处理各项会计账目

只要是一家法人公司，不论有没有实体业务，都要独立设立账目，独立开设银行账户和独立申报纳税。这是最基本的要求。

为了避税和日后交易简单化，企业常常在一些实体公司下面设立一家或多家壳公司。这些壳公司的注册地点可能是国内某一个自由贸易区，也可能是在开曼群岛。这些公司每年可能只发生一两笔费用，尽管如此，财务部门也要设立一本完整的会计账，并保留完整的会计档案。

对法人公司来说，通常有三种经营方式：一是本身做业务，有收入，有成本；二是投资控股，控制董事局，平时无业务，在会计上列为长期投资；三是参股投资，不控制董事局，偶尔有一些业务，在账本上列为联营。无论哪种方式，财务人员都要搞清楚。当发生收入和支出时，要清楚准确地记入该记的法人公司名下，而不是平时糊里糊涂记账，月末结账时再花时间调整。

一家集团公司往往因为管理需要，分拆出若干业务板块，平时只观察某一家实体公司，这是不全面的，应观察综合报表的结果。编制综合报表并非简单的管理合并，而要依照公司之间的股权关系及会计准则来完成。

以集团利益最大化为原则设置公司并做好税务管理

一个集团公司往往业务庞杂，项目利益有高有低，交易又频繁，同时要顾及各方利益，因此只有财务系统通力合作，才能获得集团利益的最大化。如何做到集团利益最大化是公司所有财务人员必须重视的课题。这也是优秀财务团队要具备的条件之一。

近年来，全球都在打击利用壳公司、离岸业务进行避税、隐瞒税务的行为。过去利用 BVI 公司避税的做法越来越难以实施和落地。但是，作为财务部门，一定要有专人负责税务工作，要提前研究、策划、沟通，和国家相关部门保持联系。税务工作万不可以硬来，无中生有，我行我素。事实证明，如果税务工作能做到了解税法，了解集团内部税务资源，掌握税务技巧，在法律法规允许情况下做出必要安排，效果还是不错的。

总而言之，优秀的财务人员永远要保持头脑冷静、线条清晰，以事实为依归，以创造价值为诉求，真实、合理及灵活地反映各种数据结构，这也是财务职业操守的要求。

提升财务线条管理能力的做法

第一，把线条管理作为一件提升思维能力的要事，长期关注，长期训练，长期总结，直到自己满意。在这个过程中，要勤于思考，勤于补漏，勤于修订规则。

第二，落实在具体事项和具体行动上，达到知行合一。你如果分管股权关系图，那就要把这件事干得漂漂亮亮，让领导满意；如果你负责报表汇总，就要按照会计准则逐级逐层来汇总。在这些领域，你要变成专家。若成了专家，这就是你的核心竞争力。

第三，要学会解决和主动推进一些改革。主动工作和被动工作的效果完全不同。如果你是一个线条清楚的而且富有改革精神的人，就要发挥长处，把发现的混乱的工作环境、工作秩序、组织结构、制度建设及事务处理等问题提出来，若有可能，对其进行改革。这对组织来说是件幸事，对个人来说也是一次展示才华的机会。

财务人员的财务表达技巧

本节问题：

1. 强调财务表达能力，有没有普遍意义呢？

2. 强调财务表达技巧，会不会有讨好之嫌？为什么要坚持这么做？

一个优秀的财务工作者至少需要提升三方面的能力：口语表达能力、表格表达能力及文字表达能力。财务工作者如果能在这三方面表现突出，必定能成就一番事业。

财务表达能力的提升方向

古人云，良言一句三春暖，恶语伤人六月寒。言多必失，沉默是金。这里说的都是讲话要讲究艺术。聪明的人懂得如何说话，懂得适可而止，懂得该说什么不该说什么，分寸拿捏到位。那么，放在财务工作上，我们该如何表达呢？

财务表达从内涵上讲，至少包括两项内容：一是立足于财务专业，讲专业看法；二是立足于财务结果，讲结果的意义。

要在口语表达上下功夫

相比之下，口语表达占比远远超过表格和文字表达。口语表达几乎每天每时都在进行。比如，老板突然请财务负责人汇报一个情况，此时，财务负责人根本没有准备的时间。口语表达看起来简单，实际上并不简单。口语表达得好还是不好，到位还是不到位，功夫要花在平时，临时抱佛脚是不行的，效果也不会好。

我有一个下属公司的财务总监，平时聊天时表达还不错，很流畅，语意也很清晰，可每到正式汇报财务情况时，就像变了个人一样。几年前的一次述职会上，他写了一份10分钟的发言稿，当面对30多位同事及领导时，他照着稿子念得结结巴巴，嘴里像含了一块棉花似的，发音含糊不清，给大家留下了很差的印象。

另有一名主管资金的负责人。她平时每次撰写的文字报告都非常到位，工作也认真负责，可一旦让她发言，便既不能展示她的才华，也不能证明她的工作能力。没办法，只能我替她诠释，把她要说的话讲出来。好在大家对她的工作能力很认可，对她这点不足也不当回事，否则，她也很难在这个位子干上20多年。

财务人员的口语表达是非常重要的。先不说表达的技巧，起码要把财务情况说清楚，把自己的观点亮出来。口语表达就是一门艺术，有时需要长话短说，有时需要短话长说；有时需要柔和，有时需要强硬；有时需要直说，有时需要委婉地说，点到为止。但无论怎么表达，都要言之有物，有根有据，掷地有声。拥有良好的口语表达能力，实际上是给自己的发展插上了翅膀。

要在表格表达上下功夫

财务工作离不开数字，数字有着不同口径、不同范围、不同构成，加上货币单位有时统一为元，有时统一为万元，有时统一为亿元，还有平方米、立方米、吨等物体单位，若用一张汇总表反映出来，数字之间的逻辑关系会一目了然，还便于阅读报表的人记忆。

有很多业务领导，他们不愿意在长篇文字报告中找数字，而是喜欢看表格，看表格中的数字、数字结构和数字关系。财务工作者要满足这一基本需要。可是在实际工作中，很多财务人员不善于用表格表达，不精于用表格表达。实际上，表格表达是一门技术活儿，有教程、规范和格式。

记得我刚参加工作时，也是稀里糊涂，做出来的表格常被财务负责人挑毛病，于是我买了不少书来恶补这方面的知识。我比较喜欢国内出版的统计学方面的书，用心读完后，会基本了解正规的表格规范。在我成为财务负责人后，我对下属的要求一直很严格，希望他们具备无可挑剔的表格表达能力。加盟阳光集团以来，我继续重视我所分管部门的人员的表格表达能力。

要在文字表达上下功夫

能写一手好文章的人往往令人羡慕，让人赞叹。

如果财务工作者有良好的文学修养，当然很好。如果没有也不要紧，毕竟财务中的文字表达远没有文学表达那么抽象、隐喻、诗意、充满感情。财务中的文字表达往往需要直白，需要冷静，需要事实，需要讲真话，需要讲明看法。这些才是财务表达的基本功。

在我领导过的团队中有一位文笔不错的财务人员。入职不久，他就能驾驭上万字的长篇幅报告。他写的文章结构严谨、用词准确，深得领导喜爱。不久之后他就走上业务领导岗位。事实证明，能写长篇幅文章的人，基本上是逻辑清楚、框架思维到位的人。

好的财务文章，有时还考验一个人的人品。字如其人，文如其品。人品正直的人，写出来的文章就是正直的；诚实的人，完成的文章也是诚实的。好的财务文章是可以模仿的，这一点无须避讳。文章写出来后，同样要反复推敲，至少推敲三遍以上，才可以拿出去。有时可能时间很紧急，但也要推敲后送出。没有推敲过的文章，千万不能随意拿出去。记住，泼出去的水是没法收回的。

坚守用数字说话的原则

学会用数字说话，是财务人员的第一高尚品德。

但是，一定要明白数字是死的，情况是活的。财务人员唯有深入了解情况，才能让账面上冰冷的数字活起来，丰满起来。

在实践中，很多财务人员忙在办公室，对业务环节、生产环节、资金管理环节等情况知之甚少。很多财务人员还不屑了解相关情况，以为自己掌握的数字就是真相。

财务人员要有了解真相的意愿，还要有了解真相的能力。意愿就是需要，就是想法，就是工作的动力。但了解复杂真相的过程需要规划，需要协调，需要沟通。有时，要带着学习的态度，带着善意的态度，多听对方的解释。有时，还要学会站在对方的角度想问题，站在历史的角度辨析情况。

了解真相之后，在下结论时要推敲，在交出报告前要推敲，汇报形式也需要推敲。如果莽撞做事，就像泼出去的水再也收不回来一样，也许不仅会得罪人，还会给别人留下非常不好的印象，导致日后工作很困难。

如何提升财务表达能力

一个立志成为优秀财务工作者的人，一定要清楚财务表达能力的重要性，找到提升自己表达能力的方法。如果一时找不到立竿见影的方法，采用最笨拙的办法也未尝不可。

一般而言，最笨拙的办法有以下三种。

一是多写。在过去几十年的工作中，我坚持亲自写发言稿、纸质汇报材料，哪怕要写上很多遍。每个材料、稿子我都坚持自己找材料、梳理观点，然后写出来。写报告的过程也是学习的过程，是进一步熟悉业务的过程，是把握尺度的过程，是情感交流的过程。不要怕写文章，也许第一次难、第二次难，但写得多了，就会找到其中的诀窍。

二是多说。只要有机会，哪怕一分钟、几十秒钟，我都要大胆讲出自己的看法和理解。当然，很多会议是我发起或主持的，在会前我都会静思，把重要观点、看法写下来，到了现场，再结合现场情况做出补充。多说，不代表乱说、信口开河。有话可长说，无话可短说。身处较高位置的人要言之有物，也要明白言多必失的道理。

三是多悟。佛教讲"觉"，讲"开悟"。其实，做好财务工作要开悟，提升财务表达能力也要开悟。要开悟，就要研究、观察、学习、模仿，甚至还要上课。只要开悟了，财务表达就能一通百通。通则灵，灵则有自信。只有一个人自信了，事情才可能做好。

做好财务工作的内在逻辑关系

本节问题：

1.每个人做事都有自己的逻辑，那么做财务工作也要有统一的核心逻辑吗？

2.财务工作分为管理、控制和核算，会不会太武断？还有别的划分吗？

本节我想就财务工作的核心逻辑做出全新定位。

2008年，我提出财务工作是一个"三平衡理论"①，即管理动作、控制动作及核算动作保持一种内在平衡。它们就像一个等边三角形，三条边各自独立，相互联系，相互支持，构成一个极其稳定的结构。站在财务管理全辐射角度而形成的逻辑是，既要重视管理要素，又要善于控制节点，同时还要精于会计核算。我认为这是做好财务工作的最核心的理念。

财务工作随时代进步而发展。十多年过去了，我对财务工作的核心逻辑的理解和感悟基本没变，但在这个基础上有了一

---

① 该理论见于作者的论文《财务工作的"三平衡理论"》。作者凭借该论文获得中国总会计师协会颁发的"改革开放30年财务管理成就奖"。

些延续和拓展。于是，我在本书提出了"1+3"理念，即核心逻辑。"1"是指"财务价值创造"。财务价值创造是做好财务工作的前提、动因、目的、KPI和方法论。"3"是指2008年时我所定义的管理、控制和核算三要素及三者之间的关系。"1+3"理念是一个整体，是一个闭环，是一个有机体。

有关"1"的解释和实践，可参考本书第三章内容，此处不再赘述。有关"3"的解释，本书将延续我在《财务智慧》一书中的说法。

首先，我们可以将财务工作划分为三大部分，即管理、控制、核算。

财务管理如同其他管理，由计划、组织、指挥、协调和控制五大要素组成。它们是一个业务链，缺一不可。

当立足现实、展望未来，又从财务工作的特性出发时，我们可以将管理五大要素之中的"控制"要素独立出来，以凸显财务控制的重要性。

强调财务控制不是传统意义上控制财务活动的合规性、有效性，在今天，更应着重于企业内部的资金活动保持畅通、资源配置保持合理、关键财务问题保持处理到位，以实现企业财务价值最大化、代理成本与财务收益的均衡、低成本和未来高收益的统一。

强调财务控制是建立一个有效的控制体系，同时多管齐下。比如：重大的财务处理，要做到事前、事中、事后控制；控制的核心是既有约束，又有激励；控制的重点是对现金流入和流出的管理；控制的原则是要控制每一个财务环节；控制的组织架构，是以财务部门的组织架构和人员为主，集团内的所有人员都要各负其责。

至于财务核算，更多是指会计核算，这是财务工作最基础的职能。会计核算是以价值形式反映和监督企业及企业内部各核算单位生产经营过程的劳动消耗、物质消耗和资金占用及其经济效果的方法。会计核算是根据审核后的原始凭证，运用会计科目，填制记账凭证，登记会计账簿，以货币为计算尺度，连续、系统、全面地记录、计算各核算单位或核算项目的经济活动过程。

其次，"管理"要"重"，"控制"要"善"，"核算"要"精"。

也就是说，"重管理，善控制，精核算"是做好财务工作的根本要求（见图6-2）。之所以这样，是因为很多企业十分轻视财务管理，不善于财务控制，在会计核算方面不能做到精确。这要求财务负责人以及全体财务人员，在现代企业运行过程中，要有浓厚的财务管理意识，要在财务管理上下足功夫。事实证明，很多隐患都是因为疏于管理，或管理不到位。管理是一门科学，来不得半点马虎。

当我们落地管理各个要素的时候，财务控制凸显出它的独特而又重要的地位。控制不是管死，而是要抓住核心，使核心得以按预定方向运行。在企业运行中，关键点很多，如果不去

```
         /\
        /  \
       /    \
      / 财务  \
     / 价值创造 \
    /  ( )     \
   /_____\
```

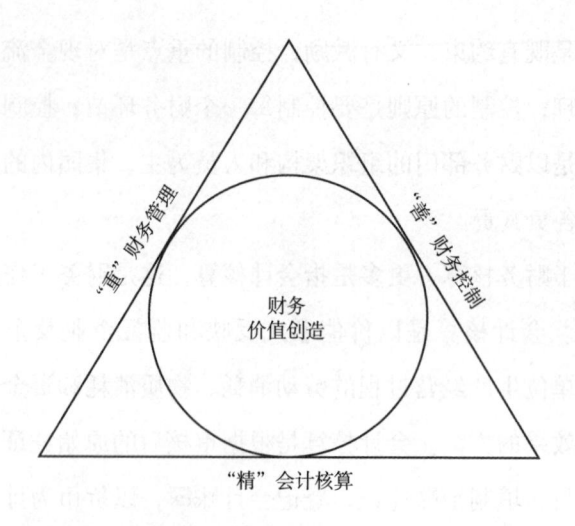

"重"财务管理   "善"财务控制

"精"会计核算

图 6-2　财务工作的核心逻辑

控制，有可能让运行走样，偏离预定轨迹。所以，这里强调的"善"，即善于主动、发挥主观能动性。

关于核算，更需要精，我们可理解为精于、精细、精确、熟练、全面。核算要精，看似要求较高，其实不然。随着计算机技术的日新月异以及会计核算的信息化，如今会计核算变得异常简单，但计算机技术不是核算的全部，还要听从财务的指挥。要想做到"业财一体化"，做到会计核算智能化，做到各种要素分析时颗粒更细，还需要做大量工作。

前面的分析正说明做任何事情理念都很重要，如果没有正确的理念，反映在工作上，就会重点不突出。如今，当我们将财务工作分为三大部分，再赋予一个形象动词，这对加深理解及推动工作是有益处的。

最后，管理、控制、核算应各有侧重，并保持动态平衡。

虽然我把财务工作切分为管理、控制和核算三大部分，但并不代表三部分互不相干。事实上，这三部分工作既相互独立，又相互联系，同为一体。在集团层面，三者的重要程度从排序上看，重管理为先，善控制次之，精核算最后；而在三级公司层面上，精核算为先，善控制次之，重管理最后；而作为中间公司层面，视情况而定。当然，无论在哪个层面上，财务工作都要兼顾这三部分协同。无论哪种组合，都要始终强化财务工作，强化价值创造的重要性。

一个企业要持续健康发展，必须要有良好的财务管理和法律管理，但关键是如何落实在行动上。如今，优秀的中国企业正迅速崛起，成为时代的骄子，那么，做好财务工作是必然选择，也是重要选择。

做财务负责人要有崇高的责任感

本节问题：

1. 谁都知道，鱼和熊掌不可兼得，难道财务工作者要变成三头六臂的人吗？

2. 做财务负责人责任巨大，那么，如何才能保护好自己呢？

  从事所有工作都有压力，财务工作亦是。我从做出纳、发工资开始，一路走来，再加上长达20多年的做财务负责人的经历，当我以财务人员的角度去梳理负责财务管理的感受时，出现在我眼前的有四个关键词，它们是"挑战""困难""冤屈""责任"。这样的感受十分突出，也十分真切。

  之所以选择这四个关键词，是因为的确如此。负责财务管理工作的人犹如漂泊在大海中的小船，所面临的有时是风平浪静，有时是波涛汹涌，有时则暗涌不断。这些波涛和暗涌，可能来自业务层面，可能来自人事层面，也可能是因为自己过度敏感。有时即便让自己迟钝一些、弱势一些，但这些就实实在在地摆在眼前，无法躲过，唯有积极面对。

究其原因，这是由财务工作的特性决定的。

财务工作的特性

财务工作说白一点，是帮企业管钱的业务。在每家企业中，管钱的部门只有一个，叫财务部门，而其他业务部门、综合部门加起来规模是财务部门的几倍。以此比例计算，财务部门占比较小。当控制开支、参与投资决策时，尽管可能有100个理由，哪怕有制度可循，但财务部门可能永远不会获得想要的结果。

财务部门流行着这样一句心酸话：业绩与我们无关，可"擦屁股"的事却总要我们去处理。

在投资决策时，财务人员即使不同意也会因为话语权较小，而导致任何投资要想通过都能通过。至于投资决定了，钱从哪里来，业务老总似乎认为和自己无关，反正已经决定了，钱的问题请财务解决。如果财务没能力解决，业务老总会威胁说影响了他们的发展，责任应由财务承担，甚至散布财务不支持工作的奇谈怪论，平白地制造出矛盾来，大有不把财务负责人赶下台不罢休的架势。

我见过许多这样的案例。2001年，有一个财务人员担任董事会秘书，在推进A股上市的时候，来自内部的压力把他压垮了，最后导致他得了抑郁症。财务负责人最大的困难是责任，特别在国有企业，责任有时比天大。很多时候，若有一些损失、交易不合规，在上级检查时，第一解释人是财务负责人，最后收尾的是财务负责人，如果有被处分的需要，财务负责人也无法逃脱干系。

对待财务工作的正确态度

想要做好财务工作，兴趣是前提和保证。

1. 做好财务工作永无止境，具有挑战性！财务工作不是简单意义上的加加减减，它有借有贷，有体系理论，可实践，要创新；看得见摸得着，又是和钱打交道，因此做好这项工作的难度巨大。随着公司业务扩张，遇到的问题更多，解决的难度更大，一旦解决好了，就会有较高的满足感。要做好这项工作，就要在合法合规的前提下，始终以公司利益最大化为原则，在操作上，坚持既独立又协作的原则。如果你已经是一位财务负责人，就要找出规律，运用好权力，分清责任，坚持红线管理原则，这样也许就能从中获得超越。

2. 财务工作需要很好的数理知识。财务工作处处是数理计算及数理的逻辑推算，因此要求从事财务工作的人员要逻辑清晰、线条清楚，语言和文字表达清楚。如果不具备严谨的数理能力，那么你很难成为一名出色的财务工作者。

3. 像看电视剧一样看财务结果。我曾经将我的小说《海之魂》改编为电视剧剧本，明白为什么很多人喜欢看连续剧。连续剧不同于电影的最大特点是长，细节丰富，需要若干集才能结束；而在叙事结构上，它多线并发，每集结束时都留有悬念；同时代入感强，能让观众置身于剧情之中，甚至成为其中一个角色。企业是一个商业运营单位，由若干部门组成，要完成预定目标，常常要把目标分解，然后配套上有效的激励机制。我们常说透过现象看本质，而我常常透过财务处理看公司运营，通过一年一度或定期的财务报告就能看出公司在做什么、经办人在做什么。其实，看财务处理，查看财务成果，也如看连续剧一样。有时你会拍手称快，有时会愤怒，有时会灰心，有时会郁闷，等等。

4.做好财务当家人，感受获得成功的愉悦。做一个方方面面都让人满意的财务负责人不容易，但如果真的做到了，那种愉悦胜过你做任何事情。如何才能成为一个优秀的财务负责人呢？这不仅仅要把钱看好，更重要的是在把钱看好的基础上让钱"生"钱，这包括：参与战略规划时如何表态，参与投资决策时如何表态，决定筹资时如何抉择，保证公司稳健运营时如何控制负债率水平，等等。

5.始终保持乐观和积极态度，这是化解困难和挑战的有力武器，是蔑视冤屈的有力武器，是把责任扛下来的有力武器。心态乐观不一定要整日看上去乐乐呵呵，而是在遇到难事的时候不垂头丧气，不怨天尤人，能够始终激励自己，想办法解决问题。保持乐观和积极态度，平时是要训练的，训练的方式很多，例如：多读励志类型的书籍，明白生活本来就是克服困难的过程；向王明阳学习，了解心学，练就一颗强大的心，学会在自己身上找原因；向禅宗学习，学会简单的打坐和修炼，长期坚持；坚持写日记，把开心和不开心的事情记下来；学会感恩，感恩时代，感恩帮助过你的人，感恩公司给了你成长的机会。

财务负责人要有强烈的责任感

严格一点说，财务负责人在做财务管理的过程中，不管遇到多大的困难及挑战，都要积极面对及妥善解决。这是一份义不容辞的责任。这份责任有时重于泰山。

1.要对会计资料、信息的真实完整性负责。这是职业的最基本要求。任何一名财务工作者，都要真实客观及时地反映公司的资产、负债、经营状况。从道理上讲，这个要求应该不存在问题，可现实中偏偏有些财务负责人不是这么做的。无论在什么情况下，只要会计资料、会计信息不真实、不完整，财务负责人就有无法推卸的责任。

2.要严格遵守相关法规和制度。公司内所有经济活动都和财务相关，财务强调依照各种规定做事前、事中、事后的全过程参与和监管，因此在规定面前要保持公正，坚持原则。比如：要保证公司依法设立，依法运营，依法缴纳税费；在内部，保证资金调度按程序进行，保证付款时完成相关审批后才进行，等等。也许执行过程中会得罪人，但还是要依照制度进行。

3.要按规矩行事，处理好与股东之间的关系。这里说的股东可能是国有企业，也可能是民营企业。从公司治理角度来说，有些业务需要董事局审批，有些业务需要股东会审批。为此，在公司层面，有些投资活动、资产处置、利益分配、激励机制的推进，必须按照公司治理规定来落实。如果未经董事会或股东会审批，或已经报董事局、股东会但没有获得审批的事项，就坚决不能执行。切记不能越权，一旦越权，责任巨大，财务负责人往往难逃干系。

4.要对企业筹资、投资、收益增长、资本保全与积累等方面承担应该承担的责任。这里提到的各项工作和目标，无论是决策过程，还是操作过程，财务部门及财务负责人都有参与。那么，财务人员在其中要发挥专业能力，发表意见。如果出现筹资不理想、投资达不到预期目标、收益增长及资本保全等指标差于预期的情况，财务负责人要负一定责任。

5.要以财务的头脑和眼光发现、挖掘和联想存在的问题与矛盾，提示相关的人和部门注意解决问题、化解矛盾，促进发展。财务部门是企业矛盾的中心，财务负责人要有化解矛盾的决心和方法。只要有利于企业发展，就要立足于求同存异来解决问题。

6.要保证公司健康发展。财务部门掌管着公司的财务资源，要通过配置资源、负债率的调整等手段，保证公司健康发展。这是毫无疑问的。之所以强调这一责任，是因为我们不少的财务负责人缺乏这方面的意识，以为这个议题是由公司董事长及总经理负责的。这个看法不无道理，但不全面。无论从专业技能还是职责所在出发，财务负责人都要在保障公司健康发展方面主动部署，积极工作，并随着内外因素的变化而调整策略。

请永远记住，财务负责人这一职位，虽是一份荣耀，但更多的是一份责任。既然是份责任，财务负责人就要始终情系公司，按规矩办事，要创造性地劳动，要站在一定高度上，围绕着职责，勤于思考、勤于防范、勤于应对、勤于总结。做到"在其位，谋其政"。我也明白，这些要求对财务人员来说很苛刻，但若把这些要求当成这份职业的努力方向，那应该没有异议。若能经过努力，将自己的业务能力从60分提升到80分以上，让自己从普通生变成优等生，那总是可以的。

人还是要有崇高追求的。

第七章

运用财务共享,推进数字化转型

1987年的一天，我毛遂自荐管理起中海集团的计算机及软件系统。从那时一直到现在，30多年的时间，我与计算机、企业资源计划（ERP）、信息化、数字化等结下了不解之缘：推进中海集团信息化建设、实施、升级，推进碧桂园集团财务共享中心建设、实施，推进阳光集团信息化建设、数字化转型及财务共享中心建设。在会计电算化还不普及的20世纪90年代，我就于1995年出版了《会计电算化——理论与务实》一书。当下，站在信息化的时代，站在财务管理的角度，我想说："让财务共享助力我们做得更好！"

中海集团的 ERP 系统发展之路[①]

本节问题：

1.ERP 系统过时了吗？企业信息化发展历程可否跳过 ERP 系统阶段？

2.在信息化、数字化时代，企业如何做到与时俱进，投资少，见效快？

1995 年，我正式出版了我的第一本书——《会计电算化——理论与实务》。这本书的撰写始于 1993 年，基于我在电算化管理实践方面取得的初步成果。

1987 年，我来到香港工作，起初并没有负责会计电算化的推进工作。我在大学选修了计算机编程课程，并且是学科代表，成绩还不错，毕业后被分配到北京，在北京长城 0520 计算机研究所实习过三个月，因为有这样的学习背景，我几次主动请缨，负责起公司的信息化工作。这项工作对我来说有一定的挑战，好在当时计算机水平都不高。会计专业出身的我，看到会

---

① 本文写于 2008 年，全文可见《财务智慧》一书。

计人员日常工作琐碎、辛苦、效率低下，常处于被动局面，因此想借用科技手段改变这一局面。

有了这样的想法和责任感，我一方面找来很多计算机编程的书籍，重新熟悉 BASIC、DATEBASE、FOXBASE 语言，另一方面积极和香港开发会计软件的公司合作。此过程得到了公司计算机部门的大力支持。1989 年起，我们就开始使用单机版软件系统处理会计业务。当然，和现在的处理系统相比，一个天上一个地下，显得非常可笑。当时的可笑不能笑我们，而应该笑计算机硬件技术及语言能力的不够成熟。总部日常记账电算化之后，在内部很成功。那时，市场出现了内部小型网络技术，于是我们又着手开发电算化的网络版。直到 1990 年，网络版启动，可以允许大约 20 个用户同时操作记账系统，这向前迈了一大步。

计算机在财务系统从上到下推广，推广过程十分困难。尽管如此，我们还是大力推进。1992 年公司上市时，会计工作电算化发挥了积极作用，得到了各方面的好评。

纵观当时市场以及整个行业、系统的情况，中海集团会计电算化工作很出色，具有先进性。那时，我已经掌握计算机软件编程，偶尔也写一些小程序，同时全面掌握了数据库维护工作，由此激发我写一本书，以推广我们的优秀成果。

这就是《会计电算化——理论与实务》一书的简单来历。

中海 ERP 系统的开发及应用

中海集团一向重视信息化建设，长期以来，由一个专门部门——集团信息化管理部——进行"整体规划，分步实施"，为推动内部业务发挥了积极作用。中海集团的财务软件系统的建设一直走在其他企业软件开发的前面，发挥着引领作用。

2003年12月25日，我们自主开发的工程动态管理系统通过了中国建筑工程总公司组织的专家鉴定会。鉴定会由中国工程院院士崔俊芝教授担任评审委员会主任，中国科学研究院、清华大学等单位的共九位专家参加。鉴定结果是："在施工企业信息化管理模式和理念方面达到国际先进水平，在系统的综合功能和实用性上达到国内领先水平。"在当时，这套软件系统获得了国家科技进步二等奖。

中海集团起家于建筑施工，在动态工程管理软件系统之中，财务系统占了非常重要的部分。但当时的情况是，针对每一个业务需求都开发了专门的业务处理系统（ERP系统），数据不能打通、不能交换。后来经过调研，我们提出对业务系统进行集成，对信息进行整合，消除信息孤岛，实现信息的重复利用。于是，我们提出将建筑总承包的各种系统集成到工程动态管理系统下，地产业务集成到一套ERP系统之下，集团层面则通过商业智能系统进行信息整合，为领导提供决策服务。

表 7-1　中海集团的信息化建设进程

年份	日期	工作事项
2003 年	6 月	开始进行地产业务 ERP 系统的可行性研究及系统选型工作
	8 月 29 日	集团设立了 ERP 工作领导小组、需求小组和实施小组，全面推进 ERP 工作实施
	9 月 15 日	集团与用友公司签订战略合作协议，标志着中海集团 ERP 系统建设的正式启动
2004 年	1 月 1 日	财务系统在内地上线
	2 月	与明源公司合作，引进集团版售楼系统
	4 月 1 日	人力资源系统在内地上线，内地决策支持的财务及人力资源部分验收，售楼系统、招标网上线
	7 月 1 日	项目管理系统及招投标管理系统提交测试，完成决策支持系统的设计、开发
	9 月 1 日	完成项目管理系统的验收，招标网进入全面推广阶段
	9 月 28 日	召开了 ERP 验收推广应用大会，系统验收完成
	10 月 8 日	召开有公司高层参加的 ERP 推广应用演示会，标志着 ERP 实施阶段已经完成，进入推广应用和完善阶段
2005 年	1 月	财务系统在中海基建总部、中海物流、中海物业、华艺公司、深圳中海建筑、深圳中海监理、海龙公司上线
	11 月	完成财务与售楼系统接口程序的开发
2006 年	3 月	完成财务与项目管理接口程序的开发
	4 月	完成物资采购监控管理模块，并完成调试
	6 月	完成售楼系统新增功能的开发，包括客户管理、快速销控、开盘分析、模拟销控等功能
	7 月	完成项目管理的成本预测预警与控制功能

（续表）

年份	日期	工作事项
2007年	1月	在内地地产启用人力资源员工自助模块，并在香港内派人员管理上于当年实施完成
	4月	完成手持终端（PDA）售楼辅助系统的研发、安装与培训
	7月	完成建筑设计管理软件的选型，进入调研、设计与开发阶段
	8月	完成项目管理系统工程合约的额度管理及审批功能
	11月	完成设计管理软件的开发，进入试用阶段
	12月	完成ERP系统升级，由原来的NC3.0升级到NC5.2，升级内容包括UAP平台、财务、项目管理、IUFO报表等
2008年		这一年中海集团的ERP系统已经集财务系统、人力资源系统、营销系统、物资采购系统、项目管理系统、建筑设计系统、决策者支持系统为一体；3月25日，房地产协同管理模式及系统的研究和应用通过了中国建筑工程总公司组织的专家鉴定

从表7-1中，我们可以看到中海集团对信息化建设的重视和取得的成绩。因身在其中，又对信息化很感兴趣，我本人也收获了丰富的信息化建设的实战经验，可以毫不谦虚地说，中海集团信息化建设我有不小的功劳。中海集团的信息化成了当时地产行业的信息化建设标杆，在内部发挥着巨大作用，积极促进财务工作的不断转型。

ERP 系统的启示

ERP 是英文 Enterprise Resourse Planning 的缩写，现被统一翻译为企业资源规划。它是一个以财务系统为核心的信息系统，识别和规划企业资源，从而获取客户订单，完成加工和交付，最后得到客户付款。换言之，ERP 将企业内部所有资源整合在一起，对采购、生产、成本、库存、分销、运输、财务、人力资源进行规划，从而达到最佳资源组合，取得最佳效益。

中海集团启动 ERP 系统时，市场流传着许多不利说法，比如开发 ERP 系统投资大，成功的概率不到 1/3。经过我们的周密部署，以及和用友公司的良好合作，我们的 ERP 系统开发成功了。其应用效果不断显现，主要有以下六点。

1. 系统运行集成化。通过 ERP 系统，集团的物流、资金流、信息流实现了一体化运行，突破了集团大规模扩张后带来的管理壁垒和信息孤岛，实现不分地域、不同时段的数据集成。

2. 业务流程合理化。原来，各业务单元的信息管理朝各自方向发展，应用 ERP 系统后，呈现出业务处理既有个性也兼顾整体的发展特点，因此流程更趋于合理化，内外部的满意度大大提高。

3. 绩效监控动态化。过去，绩效监控不能标准化、及时化，特别是动态化。这些问题通过 ERP 系统终于获得了解决。资金、销售、成本、采购、人力资源、决策者支持系统同属一个系统，其动态反映的情况是一致的，避免问题的发生，纠正了管理中存在的问题。

4.管理改善持续化。随着ERP系统的应用和业务流程的合理化，集团内部的管理水平得到持续提高。中海不定期公布运用系统评比的结果，然后赋予行政措施，促使方方面面得到改善。

5.管理决策科学化。ERP系统的应用，使集团各级领导、决策者能够更加方便、准确、及时地了解集团的各种经营管理信息，对各种报表进行综合分析，全面了解集团经营发展状态，以做出更准确、科学的管理决策。

6.财务人员的职能发生转变。过去，财务人员忙于会计基础工作的记账、平账及报账，现在这些工作都交给了ERP系统，财务人员有精力去强化管理方面、控制方面、战略规划方面、综合分析方面的工作。财务工作的内容发生了巨大变化。

用财务共享倒逼组织进步

本节问题：

1. 财务共享中心的建立和实施非常必要，你的公司做到了吗？你认识到它的意义了吗？

2. 建立财务共享中心，另一层重大意义是全面倒逼组织进步和变革，你认识到了吗？

在中海集团工作的时候，还没有财务共享的概念，但我非常清楚，利用财务信息化推动业务而达到"业财一体化"的管理是推动企业高效发展的手段之一。后来到了碧桂园集团，我深刻意识到了用财务共享系统倒逼组织进步的益处。

财务共享中心就是围绕"服务"、"管控"和"运营"开展工作，不断深化，不断拉通，不断标准化，不断沉淀数据，以此为契机，实现"业财一体化、业务一体化"，通过数字化技术获得有效数据，赋能公司经营决策。

碧桂园推行财务共享服务中心的情况

为了让财务共享中心的运行更好落地，2016年1月起，我们邀请了包括普华永道在内的三家会计师事务所为我们提交构建财务共享中心的报告。

安永会计师事务所送来一份《技术变革驱动共享升级——2015安永财务共享服务调查报告》。此报告很有分量，很有参考价值，也为我们做出选择多做了一层背书。

近5年，财务共享服务中心的建设呈现快速增长的趋势。大型企业更倾向于或易于建立财务共享服务中心。

成本节约并不是财务共享服务中心的首要目标，"标准化、加强管控"才是财务共享服务中心建立的核心动机和价值体现。其中资金的自动划拨、资金凭证的自动生成、银企自动对账、未来的智能清分、依托票据管理的排款排票等功能的应用，对财务共享服务中心的资金业务具有重要的意义。

财务共享服务中心的管理者要说服自身接受云计算，必须要认识到云计算能够带来的价值。

经过比较，由于德勤完整地做过多家大型企业的财务共享中心咨询、构建和维护方面的工作，更具有实操性，我们最后选择了德勤作为服务支持商。

到了2016年6月，财务共享中心软件设计完成，开始在两个区域实行。7月1日起，在全部区域全面启用。

随着组织架构的落地，我们将要完成一项革命性的改革，它具有强大的前瞻性、扩充性、专业性及高效性的特点。

2020年年初，我们做了一次访谈调研，碧桂园的财务共享中心已经比较领先，在资金、费用、成本、收入、总账和报表六方面发挥着共享作用，大约配置1100人从事这一工作。

好经验在阳光集团的应用

阳光集团有13个一级职能中心。财务管理中心是13个重要职能中心的一员。按照我所构思的价值创造要求，集团内部的组织架构做了重大调整，下设三个部门：金融部，负责筹资和资金管理；并购税务部，代表部门参与投资部门的收并购及集团税务、跟投管理工作；综合部，负责预算、报表及会计核算工作。

组织架构很快搭建完成并按制度运行，但工作效率仍十分低下。而低下的主要原因是许多工作还在手工作业。手工作业的另外一个弊端是用工人数多，人均功效很低。在和信息及流程管理部、综合部沟通解决方案但缺少令人满意的解决思路后，我开始推动建立财务共享服务中心，以主动破解问题。

2017年7月，我把具体想法向董事局、总裁做了汇报，他们很支持我。于是，我们请了德勤做顾问，美云做供应商。挑选美云做供应商是一次破例之举。美云从来没有搞过财务共享服务系统，但它是美的集团下属的科技公司，既然敢前来投标，相信它派生于制造业，对解决共享服务一定有独到之处。

一开始，同事们都不明白财务共享是什么，只是听说过，谈到具体落实更不知道从哪里下手。因此，我首先在内部向大家讲解财务共享服务系统的知识，让信息及流程管理部做好周密计划，经过一年半的努力，我们完全实现了初衷。

在财务共享实施推进的过程中，我们坚持每月一次例会，集团 CFO 兼中心总经理陈霓、财务管理中心执行总经理黄晓华、信息及流程管理部总经理程彬、信息及流程管理部助理总经理林蔚、财务共享中心总经理胡文等领导全情投入。这是一个艰辛的过程，工作中大家一丝不苟地践行了工匠精神。

全部工作阶段性完成后，程彬、林蔚、胡文都分享了他们参与全过程的经历（详见本书附录）。而这项工作堪称行业创举，可永久载入公司史册。

财务共享中心的发展方向

2018 年 12 月 12 日，财务共享中心开启了公司化运营。运营公司名叫阳光云享咨询服务有限公司。

推动财务共享服务系统是一次创举，在过去一年半取得了巨大进展，完成了阶段性业绩，在行业里小有声望，但我们依然在前行的路上。一群充满激情的年轻人，正在打造新的标杆，实现"业财一体化"不再是一句口号。

接下来，财务共享中心需要进行下一步的发展：要竭尽全力提供优质服务，让客户满意。以服务至上为宗旨，使业务端、核算端、管理端、决策端均满意。此工作永远不能凌驾在业务之上，而要永远定位为公司最佳的合作伙伴。此系统要集大成，最终要走向全面智能化。

财务共享服务系统的使用发挥了倒逼作用：不仅倒逼了财务各方面改革，还倒逼了整体业务系统的提升；不仅倒逼了全面数据治理，还倒逼了整体数据的打通和流动；不仅倒逼了相关组织的进步，还倒逼了多方面的制度提升和完善。

倒逼要做许多协调，是一件自找苦吃却又快乐的事情。

阳光集团财务共享中心的建立和实践成果[1]

本节问题：

1. 如果你是财务负责人，你觉得建设财务共享系统有必要吗？如果有必要，会实施吗？

2. 有公司为了实现这套系统要花上亿元，你觉得有这个必要吗？值得吗？

上一节主要介绍了阳光财务共享建设的过程，本节将介绍阳光财务共享中心从成立到现在取得的成果。

阳光集团的财务共享中心

组织架构

在 2020 年之前，财务管理中心——上海办公处——下设金

---

[1] 本文主要的素材来自阳光云享服务部总经理胡文于 2021 年 5 月 25 日的 PPT 汇报文件——《财务云享服务部，建设实践与分享》。在此深表感谢。

融部、并购及税务部、财务管理部和基金部。财务共享中心设在财务管理部之下，办公地址设在福州。从2020年上半年开始，财务共享中心升格，升格为财务管理中心的一个部门，并改名为财务云享服务部。

财务云享服务部已经申请成为一家高科技公司，实施"一班人马，两块牌子"，对内称部门，对外称公司。在运行上，实施独立核算，自负盈亏，收支平衡。

财务云享服务部下设8个小组，分别是：总账资产小组，47人；资金结算组，33人；费用核算组，16人；应付核算组，18人；应收核算组，20人；运营管理组，10人；流程运维组，10人；人力及后勤组，5人。加上部门总经理1人，一共160人。阳光集团财务共享云的组织架构如图7-1所示。

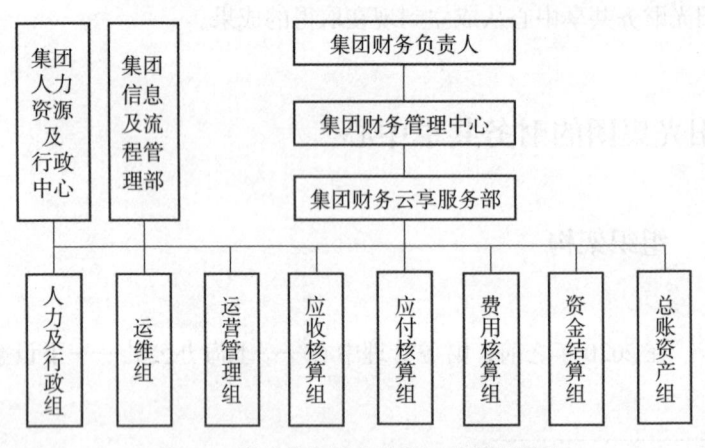

图7-1 阳光集团财务共享云的组织架构

部门定位及业务处理成果

云享服务部的定位是"服务＋管控＋运营"型组织。通过主动建立财务视角标准化、流程化、自动化的共享服务，开展财务核算、资金结算、报表编制等交易类事项，以管控企业风险，提高数据质量，提升处理效率，支持业务发展。

管控方面，要做到业务是规范的，数据是完整的，制度是完善的，基础是牢靠的。服务方面，主要强调专业服务要到位，实现"业财一体化"拉通，为各个层级的业务单元提供财务结果，从中加工数据并提炼出有价值的信息，达到多渠道服务。

简单来讲，财务共享就是企业财务口上的一个后台数据服务中心，与业务部门有近百个 ERP 系统的数据打通。以 2020 年为例，在数据库中，有 1292 个账套，5900 个银行账户；年处理 56.2 万笔业务，对外支付 35 万笔；会计凭证自动化率 90%；每月合并三张会计报表需耗时 3 天，经过人工调整，可于每月 20 日报出；归集资金达 95%，银企开通率达 96.2%。与此同时，我们还观察四大指标，一是业务处理及时率，二是业务处理准确率，三是资金支付准确率，四是客户满意度。2020 年，这四个指标分别达到 97.7%、99.3%、100%、78.9 分。

财务共享系统开发及上线时间轴

2017年11月,集团确定了软件供应商和咨询公司,召开了启动会。12月,组建了内部实施团队。财务共享先从地产板块开始。

2018年1—5月,进行业务梳理、标准统一、流程再造、系统开发、制度升级及功能测试。6月1日在福州区域率先上线了费用系统、收款系统及应付款系统。11月,应收款系统上线。12月,全部业务模块上线。

2019年1月,公司化运行施行。3月,机器人流程自动化(RPA)运行。6月,合并报表系统上线,开始了自动化合并报表。7月,物业板块上线。8月,商票业务系统上线。9月,保理业务系统上线。

2020年3月,用户信用评级智能开票系统上线。4月,筹资管理系统上线。6月,质检系统上线。7月,建筑板块上线。12月,凭证自动化率达90%。

2021年1月,获得了国家高新科技技术认证。同时,财务共享2.0发展方案审定。2月,支付工具线上管理获得突破。4月,智慧案场的电子收款、电子印章获得突破。

从以上的发展及实施时间轴来看,在总体规划指导下,集团财务管理中心一步一个脚印,步步为营,三年中取得了具大成效。

财务共享系统建设的几点体会

1. 必须本着"业财一体化"推进系统建设。财务共享的核心之一是会计核算，会计核算离不开业务单元。虽然很多公司早已经实行会计核算信息化，但是并没有摆脱传统的记账方式。财务共享就是要把业务数据流和财务数据流从源头打通。业务人员是财务的一部分，财务人员是业务的一部分。彼此相互融合，相互支持。

2. 过程中，数据治理是难点，必须投入巨大的精力进行数据治理。数据是财务共享的根本，数据乱、数据不标准、主数据不清楚，会导致数据流动性差，错误百出。我们需要从管理层入手，用强大的行政领导力主持推进此事。

3. 必须要有强大的决策和实施团队。财务共享是一个庞大的系统，因此很多时候要边干边选择。开始的一年里，我们每周开一次例会，每次例会都要检讨上一周完成的情况，讨论遇到的问题以及待决事项。这是实施团队要按时提交的作业。大家在会议上同策同力，做出下一步的选择。

4. 必须坚持标准化动作。财务共享就是要不断标准化。凡是能标准化的一定要标准化，不能标准化的动作也要努力做到标准化，因为没有标准化就不会有高质量的财务共享系统。财务共享标准化的动作可分解为审核标准化、附件标准化、制度标准化、数据标准化和核算标准化。有了标准化才会自动化、智能化，效率才会提高。

5. 必须实现智能化。我们一开始就把财务共享的目标提得很高，就是要实现智能化 90% 以上。也就是说，记账、付款、报销、银行资金调动、报表合并等这些过去需要人工操作的中间环节的工作，都要由电脑自动完成。如今，我们已经实现了重大飞跃。

6. 必须操作简单，易学。财务共享系统的底层设计可能很复杂，但落实到操作上面就一定要简单，要做到一看就会、就能上手，并能通过操作实现数据的及时、准确、全面和颗粒度十分精细。当然，这要基于从事财务共享操作的人员有会计知识、财务知识，还懂一些业务。

7. 必须节约巨额成本。财务共享系统从设计、开发、数据治理到后期运行都是要花钱的。虽然我们的系统设计和上线花了不到 500 万元，但后期的费用，例如，在构建财务共享运行方面，比如场地费、设备费、人员费及运维费，支出会很大。从我们提供的满意服务收取的服务费来看，能做到财务共享中心收支平衡。同时，各区域在原有基础上，均减少财务人员若干名；业务规模扩大不需要增加相应的财务人手。我们做了一个统计和测算，在销售规模 300 亿元的时候，我们配置的财务人员是 112 人；2020 年，我们销售规模达到 2200 亿元，理应配置 1160 人，而实际仅有 990 人，一年就可节省 3500 万元。

8. 必须是一个统一的服务平台，可对外服务，自负盈亏。

财务共享是一个平台，从设计开始，我们就是这个理念。此平台在内部与法务系统的股权管理业务拉通，与营销、成本和财务业务系统拉通，与区域所有项目成本拉通，与集团OA系统拉通，然后以法人为单位，独立记账，独立收付款，独立与银行往来，即时完成各类报表输出。这套系统从地产板块开始，我们现已经应用到物业、建筑、酒店等板块。下一步，可在兄弟单位应用。

9. 必须倒逼制度变革，倒逼组织进步。从我们推进财务共享系统以来，倒逼了方方面面的制度和组织提升和改变。这是不言而喻的。我们的经验是"逢山开路，遇水架桥"。这也是系统要达到预期效果所要做出的改变。

10. 必须每年都要推进系统升级、进步。财务共享系统从提出，到建设，到运行，只是万里长征走完的第一步。在共享系统的应用大大提升了效率、改变了认知的情况下，我们增加了若干系统，比如税务系统、资金管理系统、双赢系统、发票系统、商票业务系统、保理业务系统、管理会计系统、预算系统等，这些系统如果不是因为财务共享系统的实现，想都不敢想。跨入2021年，我们对财务共享提出了2.0目标，提出了五化原则，即标准化、自动化、智能化、可视化、生态化。

数字化时代催生财务管理改变

本节问题:

1. 什么是数字化?什么是数字化转型?什么是数字化管理?

2. 财务共享沉淀下来的数字资产是数字化转型的基础吗?如何理解?如何应用?

2020年以来,大家都在谈论房地产企业的数字化转型和管理。那什么是数字化转型?什么是数字化管理?数字化转型和管理能给财务管理带来什么?这是机遇又是挑战。作为财务和信息化负责人,对于如何时刻把握财务管理的未来,我开始了新的思考和实战。

什么是数字化?[①]

知名财经专家秦朔先生认为,在业界引用最多的数字化

---

① 本节资料来源于2021年7月12日"秦朔朋友圈"的文章——《告诉你一个真实的数字化》。

定义，均来自美国计算机信息咨询公司 Gartner，包括 Digital、Digitalization、Digital-business-transformation 三层含义，即数字式、数字化、数字业务转型。

秦朔先生采访了若干人，他们对数字化的解释和理解如下。

腾讯高级执行副总裁汤道生回答，数字化转型的核心概念是度量与优化。数字化意味着可度量。有度量，有连接，就能改进、激活、优化。

阿里钉钉的负责人叶军回答，数字化的作用是帮助企业和组织更敏捷地调整，以应对外部的变化。

国际商业机器公司（IBM）商业价值研究院的回答是，数字化的核心是决策应变，衡量标准是变化发生到有效对策的时间。一个组织的数字化转型目标，是决策权向前线人员转移，让离客户更近的人调配资源。要完成决策权转移，需要建立能够支撑实时感知变化、实时分析变化、实时制定最优决策，并能将决策自动执行的数字化平台。

汇付天下董事长兼首席执行官周晔说，数字化由四件事构成。一是要在线连接人、设备和流程等，采集关键节点数据后，能够秒级感知发生了什么；二是实时归因分析，迅速知道为什么会发生这些事；三是能够通过模型，预测会发生什么；四是能够自动采取应对或决策。

秦朔总结说，他的感觉是，未来没有哪一家企业不是数字化企业，未来的优秀企业一定是数字化能力卓越的企业。数字信号简单透明，它天生就是"穿越者"，穿越虚拟世界的层层阻滞，让信息对称，把要素激活，以迈向资源配置的最优之境。

有一位地产首席信息官认为，数字化的本质是通过信息的抽离，让信息在某种新的媒体上用不同的形式展示出来，用一种高效的计算去处理信息，形成可获取的价值。数字化可归结成六部曲：第一，获取信息；第二，表达信息；第三，存储信息；第四，传送信息；第五，处理信息，这是核心的核心，信息通过数学知识或者模型处理之后将产生新的价值；第六，传递信息，把已经处理完的信息传送给一个特定的终端，从而实现价值。

数字化的概念基本清楚之后，加快数字化转型在财务管理、企业运营管理、经营决策层面的深化应用就势在必行。只有加速这方面的应用，加速业务优化升级和创新转型，获取新价值，才是当下唯一正确的选择。

阳光集团的数字化建设之路

近三年来，阳光集团在信息化建设、数字化管理方面做了很多工作，例如，将原来比较单一的财务系统切分为5个部门，这些部门各自承担不同的职责，核心在于创造价值而非会计核算，关键在于推动企业融资做得更好，而非为了融资而融资。此外，人力、大运营、营销、工程、合约设计等也都在持续改进，各个方面得到了显著提升。

经过几年的梳理，阳光集团的信息及流程管理部门构造了一张"数字化建设规划图"，由纵横交错的13条线路组成，包含财务线、经营主线、经营专线、人力线、综合线、法务线、信息线、绿色智慧家线、建筑线、商业线、物业线、门户线和主数据线。我自己是财务出身，所有的业务又都与财务相挂钩，因此在打造"数字化建设规划图"的过程中，我负责出具理念，计算机信息团队负责落实。经过三年的时间，各线路得以全面贯通，这也意味着企业底层的数据实现了全面交圈和流通。

构建模型：财务共享系统倒逼业务系统提升，与各条线的业务系统打通

"数字化建设规划图"以财务共享平台为中心，倒逼每一个子系统，即每一个业务系统，也即各个业务线的ERP系统，实现提升。如何通过提升ERP系统满足最终的主数据，即财务共享数据的需要，是这一模型的难点。

"数字化建设规划图"包含70个子系统，每一个子系统都要提升，都要有方向、有标准，这个方向和标准就是财务共享系统最后输出数据的要求。比如财务线，涉及投融资系统、费用管理系统、预算管理系统、核算管理系统、资金管理系统、融资管理系统、增值税管理系统、保理系统和商票管理系统，

过去的财务口以核算为主，没有涵盖这么多系统，现在要在原来财务核算系统的基础上增加若干的系统，打通各业务线条。这样做不只是出于业务管理的需要，更重要的是最终实现企业目标的需要。在治理数据的过程中，比如从财务系统倒推到营销系统等，根据业务需要不断提升，从而满足财务共享系统最终输出数据的需要。

阶段性成果：实现"业财一体化"，打通底层业务数据，大幅提升业务效率

经过三年多的励精图治，阳光集团财务共享系统已经实现几个阶段性目标。

1.业务系统与财务系统打通，实现了"业财一体化"。财务数据只有输入端、输出端，没有中间端，业务系统中70%~80%的业务经过智能化，或称机器人运算，转化成会计凭证，直接输出财务最终需要的数据。

2.财务系统与70个子系统实现打通，数据可以自动运转、流动。过去，房地产企业往往采取典型的"烟囱式"建设，每个部门、每个职能中心分别构建各自的系统，各系统之间的数据存在壁垒，永远在"打架"。阳光集团通过信息化建设，使底层业务数据打通，可以流畅运转。

在信息化系统的基础上，企业也能够前瞻性地判断下一步如何推进数字化建设。数字化系统是信息化系统集成基础上的提升或者延伸，是与其平行或更高的一级。信息化永远存在，有了专业化和完整性并实现打通的底层数据作为基础，企业才有机会升级为数字化管理。

当前，阳光集团财务共享中心的运营团队约有160人，负责会计核算、收款付款、税收发票等各项事务。财务共享系统对外与总包、分包、银行连接在一起，如果员工想报销费用，直接在系统上进行操作，再把单据交由财务审核，通过后，钱就直接打入个人账户，全程没有现金交易。过去的出纳岗位、会计岗位都消失了，但业务效率得到大幅提升，企业每个业务板块需要出具的月度综合报表，在截止日后三五天就可以全部完成，大大节约了人力成本和时间成本。更关键的是，企业高层管理者之间实现了同频，保证语境是一致的、数据是一致的、决策是一致的。

整体而言，财务共享系统的构建，倒逼许多业务系统进行提升，之后又反过来推动财务共享系统的进一步完善。此外，与财务共享系统并行的经营管理系统亦得到了发展。经营管理系统就是大运营系统，它构成了企业的管理驾驶舱，在这一系统下，所有的项目从投资到销售、到交给物业管理的全流程，都能够通过数据完整呈现，企业高层管理者在办公室就可以动态监控整个项目的目标、成本、利润、效益、回款数据，且所有数据全部实现打通，精准赋能高层决策。

企业数字化基本设想：四大关键方向及三阶段转型升级

如果说信息化或数字化系统建设分两步走，阳光集团只是走完了第一步。企业要继续向前发展、管理组织要继续变革创新，还需要审视自己存在哪些不足，找到下一阶段的发展策略。

房地产行业事实上已经越来越像制造业，制造业所面临的成本怎么管控、效率怎么提高、如何在过程中让业务更加标准化专业化等问题，也都成了房地产行业亟需思考的问题。对地产企业而言，构建数字化管理模型已经势在必行。阳光集团在2020年上半年，咨询了9家国际数字化管理咨询公司，思路越来越清晰，总结出了拥抱数字化的四个关键方向。

第一，大方向上，研究构建六大业务板块的大会员体系，以客户为导向，重塑产品和服务；第二，研究数字化基础建设，全面打通企业所有内部数据，实现数字共享，对阳光集团而言，地产板块的数据要向教育、环保、金融等多元化板块延伸和打通；第三，研究提升数字化的计算能力，让信息技术赋能决策、评价、节点控制，数字化时代，如何利用计算机标准化、智能化的语言、工具和技术为企业赋能，成为关键；第四，研究内部管理和运营痛点，通过数字化管理针对痛点逐一找到解决方案，并付诸实施。数字化建设是慢功夫，需要时间，习惯了

"挣快钱"的地产企业要逐步转变思维。

基于上述四大方向，我认为企业的数字化建设可以划分为三个阶段：自动化、信息化、数字化。企业的信息化建设从二十世纪八九十年代开始，经过四五十年的发展，信息化建设已经基本宣告结束，但这并不意味着信息化建设就不做了，只是行业的关注重点已经转向企业沉淀的数字资产，如何基于数字资产来挖掘发展潜力成为企业数字化建设的关键。

信息化建设对提升企业管理发挥了巨大作用，沉淀了大量的产品数据和用户数据，这些数据作为资产若是在沉睡状态，无疑是一种浪费。未来的数字化建设就是以客户为导向，通过对企业内部沉睡的数据进行分类提炼、智能化分析，帮助企业进行精准的产品定位和精确营销，补足管理和运营的短板。

在数字化技术方面，核心是在原有的信息化的基础上，用好人工智能、区块链、大数据、云计算（简称ABCD），赋能整个业务链条，做到以客户、用户为中心，抓客户、分析客户、满足客户。

数字化建设规划：构建大会员体系是发展的大方向

面对未来，阳光集团也在积极规划今后三年的信息化技术应用，在目前"数字化建设规划图"的基础上，继续延伸到一些新的领域，并推动业务系统进一步升级。如果把过去三年阳光集团的信息化建设称为"1.0版",那么面向未来三年的就是"2.0版"。在推进数字化管理方面,主要有四个维度。

1. 进一步明确方向及具体目标。不仅财务人员、信息化管理人员、企业的个别高管要认识到数字化对企业的管理、营销等诸多方面有巨大的促进作用,企业的核心高层也要明确认识到。上下统一目标,心往一处想,力往一处使,才能切实推进数字化建设。

2. 搭建平台,准确设计数据业务场景。要搭建平台,底层的数据逻辑、业务场景非常重要,底层的数据是由若干的业务场景形成的,把所有的业务场景汇聚起来,就是一个完整的信息化蓝图,或者说是未来数字化赋能的蓝图。

3. 狠抓业务端,完成各业务板块自身的数字化转型及业务间的交叉赋能。长期以来,业务端对信息化或数字化的重要性认知严重欠缺,导致业务端信息化落地难度很大,所以高层管理者一定要大力推动业务部门提升对数字化的认知,狠抓各业务部门的数字化转型及各业务线条的交叉赋能。

4. 制订长远规划,基于规划逐步实施并产生新的效果。当前,阳光集团信息化2.0版本及数字化转型规划已经初步完成,基于新的规划,重新定义未来的推进方向。

阳光集团原有的"数字化建设规划图"继续延伸至房保系统、物业管理系统、物业运营系统、Homie在线系统,并进行打通,在此基础上形成一个新的以客户为中心的会员体系系统,或称大会员系统；而后再延伸至其他业务板块，如教育板块、环保板块等，这些板块同样归属于大会员系统。

大会员系统并行于财务共享系统、经营管理系统，三个系统作为整个信息化系统的最高级的平行分支，各自发挥不同的作用。在大会员系统里，所有楼盘的路线、虚拟现实（VR）介绍等都一目了然，谁来访问、访问的过程，在这个系统里都会有记录。阳光集团独创的 Homie 在线系统，服务于物业管理，社区的公告、报修、报建，以及物业相关的推广活动，都会以这个系统作为门户进入。

整体而言，构建大会员体系是发展的大方向，也是企业未来数字化建设系统的标配。如果企业能尽早启动建设，成本会更低，也能更早地占据市场，自行建设还能向外延伸。当然，过程中也会存在巨大的挑战——集中客户相对容易但房产交易低频的特点，使得转化率仍成难题。不过我们相信，秉承"以客户为中心"的思维方式，多汲取行业头部房地产企业的经验教训，可以少走弯路，最终找到解决方案。

阳光集团数字化转型和管理 2.0 规划

2021 年，我们提出了三年目标（2021—2023 年）的五化原则，分别是标准化、自动化、智能化、可视化、生态化。

标准化

将分散、重复、量大的财务交易处理业务进行集中处理，实现财务的标准化、专业化、流程化。应用场景：工作界面切分、流程优化、数据治理及拉通，以及财务共享平台2.0系统升级等。

自动化

在财务核算、资金结算、报表编制等日常操作业务中，梳理可自动化场景，通过信息技术手段实现转化，提升效率。应用场景：凭证自动化、银行流水下载及填报RPA、供应商审核RPA、资金自动支付等。

智能化

实现信息的自动流转、审核及核算工作的自动化。通过语音识别、图像识别、机器学习等技术的应用，实现智能审核和核算，引入"智慧"的数字化员工。应用场景：智能月度结账平台、智能收款一体机、智能审核等。

可视化

通过内部经营及财务数据的沉淀，借助模型与算法，采集、加工与展示企业经营管理过程中有价值的数据，提出管理建议。应用场景：上市公司的合并报表、管理报表、资金报表、运营看板等。

生态化

以客户需求为导向，通过业务与信息技术相融合，实现独立运营。工作目标：服务水平协议（SLA）优化、高新技术企业能力创新、税务及各种平台业务打通等。

2021年7月，我们把年初提的五化原则做了修正，订立了新五化：标准化、平台化、智能化、数字化和生态化。标准化是财务共享的前提，平台化是财务共享的基础，智能化是财务共享的必然，数字化是财务共享的价值，生态化是财务共享的进阶。

数字化转型需进一步赋能财务工作

为了更好地发挥信息化所沉淀下来的数据资产的作用，更大地赋能财务工作及集团经营活动，建议财务管理实务可朝数字化管理方面转型。转型可朝以下5个方面发力。

第一，会计凭证处理方面。由过去的多单据及集中单据处理，迈向标准化处理、多头分散处理，承担更多的"业财一体化"业务，与业务端融合并协作；从过去的以人工处理为主，RPA机器人处理为辅，迈向以RPA机器人处理为主，人工处理为辅的状态。

第二，报表处理方面。由过去的经营数据手工归集汇总，由于部门壁垒存在而导致数字差异较大，迈向以主数据为主航道流动、机器统一报表处理，绕开部门壁垒而进行的无任何差异且高效运营；从过去的管理报表以人工及机器处理为主，迈向管理报表线上处理及自动化处理和生成，不再进行人工干预。

第三，资金管理方面。由过去的资金计划与动态变化基本脱钩，还需人工汇集比对的状态，迈向资金计划与实际发生数永远保持一致的状态，把资金计划、收款、付款、筹资、税务资金、往来和银行余额管理进行无缝衔接。

第四，财务风险控制方面。由过去的事后处理为主、事前预警为辅，转变为事前预警为主、事后处置为辅；从过去的被动式的重大资金调度、商票到期、超付、异动等无法预警管理，变为主动管理重大资金调度、商票到期、超付和异动等预警管理。

第五，经营结果管理方面。由过去缺少经营管理抓手，对重大辎重项目跟踪不直接，迈向经营管理活动以经营管理系统为抓手，对重大辎重项目跟踪及时、责任到人，通过一个又一个管理视窗的全景式、无遮掩的呈现，将大小经营管理活动及状态装在心中。

数字化时代的财务管理思维转变

秦朔在前面提到的同一篇文章中说：截至 2020 年 12 月，中国网民规模已接近 10 亿人，互联网普及率超过 70%，社会消费品零售总额的 25% 在线完成，很多企业 60%~70% 的产品在线销售，网络支付用户规模达到 8.54 亿。大部分人已经无法离开在线状态而生活。由于越年轻的人和网络越接近，可以预言，下一个 10 年，中国数字化的普及程度将更高。而随着万物互联的推进，数字化将会覆盖一切人和物。微软首席执行官纳德拉说："我们的经济正在经历广泛的数字化，但还处于初级阶段，科技产业仍仅占 GDP 的 5%，它将会达到 10%。但问题是，其他 90% 的 GDP 用这些技术做什么？"

基于此，企业的组织形式将发生变化，组织内部的运作和管理将发生巨变，那么，企业的财务管理思维也必须变化。企业财务工作数字化转型的方向和目标如图 7-2 所示。

企业财务工作数字化转型的方向和目标：
- 确认数字化时代已经来临
- 不断完善财务共享系统
- 全面赋能价值创造这一根本目的
- 做到业业协同，业财一体化

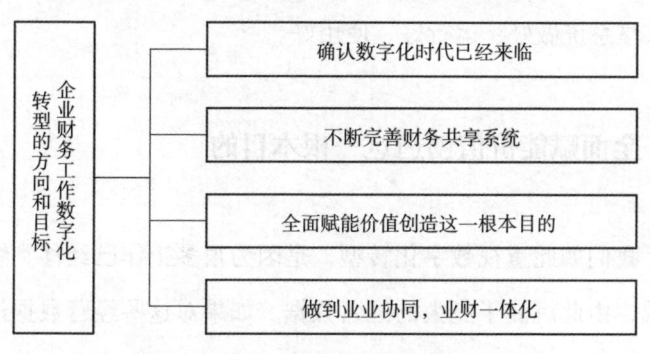

图 7-2　企业财务工作数字化转型的方向和目标

确认数字化时代已经来临

这一点很重要。近年来，随着人工智能、大数据、云计算、财务机器人新兴技术的发展和应用，企业财务需要以战略目标为引领，制订具有先进性、前瞻性的财务发展规划，准确规划企业财务管理体系未来5年的发展路径和重点工作任务，以新技术、新手段、新模式、新应用为企业战略目标的实现保驾护航。

不断完善财务共享系统

信息化是数字化的基础，没有优秀的信息化就不可能有优秀的数字化。财务共享系统的不断提升，就是信息化的不断提升，所产生的数据为数字化转型、管理创造了必要条件。在数字化转型过程中，信息化要沉淀大量的数据，称为数字化资产。基于此，在数字化转型被逐步提到议事日程上的同时，要把财务共享系统做好、运行好、使用好。

全面赋能价值创造这一根本目的

我们如此重视数字化转型，是因为很多工作已经移到线上完成，由此沉淀了庞大的经营数据。如果对这些经营数据进一步挖掘、进一步多视角分析，就能对决策赋能。未来，财务管理部门已经定义为价值创造型组织，那么，数字化转型和管理就要为这个组织的根本目的赋能。这也是数字化转型在财务管理领域存在的必要性。

数字化转型对提升财务管理非常有效

在内部和其他部门可协同，能实现管理效能最大化，还可能摒除"内卷"。由于财务共享系统与数十个业务系统打通，数据即时交换，通过数据抓取、分析，可一直挖下去。只有一直挖下去，才能找到影响数据结果的最有价值的原因。此原因可能是投资的某一个环节，也可能是某个销售区域，也可能是成本控制不佳，也可能是筹资结构设计不合理。当我们找到最根本的原因，从原因出发时，就能解决问题，提升管理效能。

财务数字化转型的一般框架

本节问题：

1. 很多房地产企业在财务数字化转型上花了不少钱，但没有达到预期效果，原因是什么？

2. 中外软件公司都在努力推动数字化转型，那什么样的解决方案更靠谱？

前文讲过数字化、数字化转型及数字化转型如何赋能财务工作，但总觉得问题还没有讲清楚，比如：如何实施？如何落地？有没有一个财务数字化转型的框架？接下来，让我们从为什么要搞财务数字化转型开始，去探索财务数字化转型的一般做法和大框架。

为什么要搞财务数字化转型

明源地产研究院曾统计，2019 年已经有 83% 的头部房地产企业把数字化规划作为战略升级的重要内容之一，其中 20% 已经明确发布了数字化规划，63% 正在加速进行数字化规划。

同时，行业对数字化转型的重视也体现在房地产企业对数字化平台建设的投资上，其中每年数字化建设投入过亿的头部房地产企业占总房地产企业的 11%，投入过千万的头部房地产企业占比 32%，投入 500 万以上的头部房地产企业占比 21%，足见当前房地产企业对数字化转型升级的重视程度。因此，我们需要对财务数字化转型建立以下认知。

1. 不是财务数字化转型不转型的问题，而是不得不转型的问题。我们已经进入数字化时代，国家在转型，行业在转型，企业在转型，那么财务工作也得转型。我们知道，财务是企业最天然的信息交汇点及数据聚集地。企业离不开财务，业务离不开财务。财务是企业最为重要的一部分。通过财务数字化，就可打通许多业务数据。因此，财务数字化转型若能实现，就可支撑企业商业模式的创新、产品服务的创新、经营管理的创新，以满足管理决策的需要。

2. 现代财务的存在，主要是因为价值创造的需要，转型也是为了更好地实现这一目的。如何才能做好财务价值创造这一根本诉求呢？传统做法可以见效，但面对易变性、不确定性、复杂性、模糊性的世界，传统做法明显不能胜任，就需要一个新型的财务能力，这就需要数字化转型来助力。

3. 需要真实实现各项业务、职能管理和财务一体化，实现大融合，从多个分散场景（比如孤岛、全国各地、同城不同地）变为一个场景，就是转型后的目标场景。这样的要求一点都不过分，在当下很容易实现。如此一来，数字化时代下的现代管理就能实现信息快、准、全的要求。若想实现这一目标，就需要大家在一个场景、一个虚拟空间、一个工作环境下作业。很清楚，只有朝数字化转型方面去努力，才有机会实现这一愿望。

4. 企业经营越来越复杂，竞争越来越激烈，决策者需要随时获得来自业务部门、职能管理部门、财务部门、自动画板等各方有效数据以便决策，如果数字不连通、不及时，就会影响决策。我们知道，决策的时候，差之毫厘，谬以千里。我们也知道，面对一项重大决策时，一旦信息错误，将会导致颠覆性的结果。数字化转型后可提供持续、敏捷、准确的财务数字，为高效的经营管理发挥管理支持作用。

5. 站在管理职能和条块管理的角度来看，平时就需要职能部门相互打通，从企业发展战略、管理策略、业务流程、风险控制、资源分配、资源优化、绩效考核等环节打通，实现数字交换，结果自动识别。其中，重要中枢就是财务数据。一家房地产企业是这样的，他们建立了"地铁图"式的数据交换站，让方方面面的数字流动起来。这有按照数字化转型需要所完成的系统才能实现的事半功倍的作用。

6. 由于企业组织变化倒逼，也需要转型。原来，所有工作都是以"人"为责任实体，建立了层层的专人负责机制，而在数字化时代环境下，责任实体就是数据。目前，在资产负债表中尚不能反映这块资产的价值，但事实是存在的。资产分类将来一定会多一项资产，即"数据资产"。数据资产成了新核心，成了重要价值的载体，成了相应的责任承担者。也因此，要倒逼企业早日谋划，不至于被时代抛弃。

财务数字化转型的一般做法

在市场竞争与技术发展的双重推动下，企业数字化转型已成大势，所以，财务数字化转型也是必需的选择。财务数字化转型是企业整个转型框架的一部分。在财务转型初期，各种尝试都在发生，各种说法似乎都有道理，但到目前为止，尚没有成功的案例，有些企业选择了大牌供应商，组建了庞大的团队，花费巨大，但效果依然很差，甚至令决策层怀疑继续推动下去的成功率到底有多高。在地产行业遇到前所未有的困难之下，我们可以从数字化转型方面入手，以寻求突破、破茧成蝶。

1.明确财务工作的重点不再是传统的做好管控、会计核算、报表、单一数据的提供及风险控制，而是要求财务为业务提供数据、咨询和诊断，成为企业价值的总构架师及推动者。这个观念一定要转变。如果不能转变，再谈数字化转型就是"鸡同鸭讲"，彼此不在一个频道上，不在一个语境上，不在一个时空上。

2. 要实现数字化转型，必须提高基础的信息化水平。不是一般性的高，而是超高。就像一家地产集团，让底层的主数据流动起来，业务要全覆盖，数据要全覆盖，产生的各类数据要关联。例如，营销数据与财务链接，与客户链接；财务数据与内部各方链接，与利益相关者链接。如果信息化达不到这个水平，就需要花更多的钱"弯道超车"。

3. 要构建财务数据中台。此中台是公司数据中台的一部分。此中台要应用RPA、人工智能、大数据分析、万物互联技术。在此基础上，打通业务之间的壁垒。目前，建立财务共享中心就是一个很好的抓手。由此实现数据交流无孤岛，数据交换自动化、无人化，为业务创新打下好基础。因此，没有财务数据中台，就不会实现数字转型。建立数据中台有两种方式，一种是自建，一种是租用。如果是租用方式，很多软件公司都会提供这方面的服务，但是要付出高昂的费用，同时，数据保密性问题也值得关注。

4. 要有意识地通过"大数据＋算法模型＋计算能力"的方式，重塑财务对营销、投资、采购、生产、交付、物业等实时感知。重塑就是规划，就是再造。所以，很多传统的做法会被丢弃，很多制度会被颠覆，很多工作岗位需要调换。在经营活动中，财务要发挥主导作用。财务是经营活动中最为重要的角色，这也是由它的职责决定的。如果财务不先行，很多数字化转型是无法进行的。只有财务先行，很多问题才会迎刃而解。

5.在实施财务数字转型的过程中,要积极引入一家和数家知名的软件供应商,如明源云、元年云、金蝶、用友、美云等科技公司,由他们拿解决方案并实施。有时,也可以探讨更为前瞻性的合作,如共同研究、共同投资,这样更有利于财务数字化转型的成功。

财务数字化转型的大框架

房地产企业要搞财务数字化转型,首先要沉淀数据。沉淀下来的数据叫数字资产。由于财务处于中枢地位,要积累的财务数据很多,比如来自营销、投资、客户、供应商、业务及业务板块,市场研究,诸如此类的数据。这些都与财务数字相关,都需要沉淀,沉淀得越多越好。为了沉淀数字资产就需要规划,需要管理,需要治理,于是就要求做事。如果不做事、不投入,财务数字资产就与企业无关。

但如何实现"规划+管理+治理+使用"四位一体的财务数字化转型模式的落地呢?

下述框架,就是一个转型的逻辑图(见图7-3)。

首先,要做出财务数字资产管理的规划。比如,企业财务数据沉淀涉及哪些方面,数据从哪里获得,获得后如何管理、如何加工,如何找出数据之间的逻辑关系。如果从决策端入手,要看其如何为决策赋能;从实现价值创造出发,看其如何为价值创造赋能。这就是规划。规划很重要，如果企业财务人员拿不出像样的数字管理规划，可借助外脑，而且最好和外脑一起来完成。

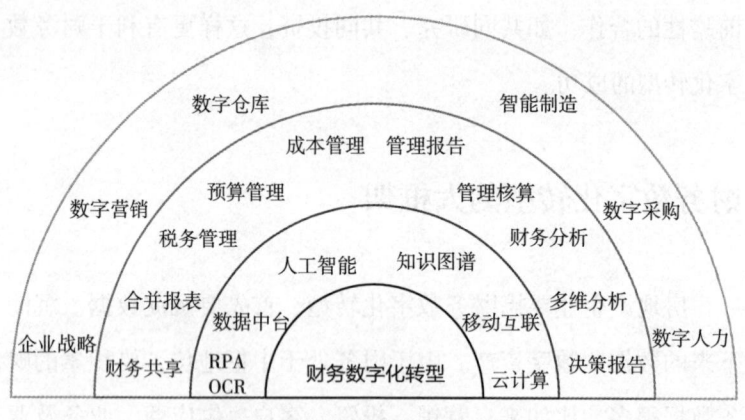

图7-3 财务数字化转型示意图

其次，围绕财务数字化转型工作，需要有强大的信息化和数字技术支撑。包括当下常见技术如RPA智能机器人、数据中台、人工智能、知识图谱、移动互联、云计算。随着科技进一步发展，也许还会涌现一些技术和工具，对其都要不失时机地应用。在这方面，企业要愿意投资。有时投资巨大，要做好思想准备。这也很关键。没有投入，一切都是空话。没有投入，就没有未来，新型财务的职能就难以实现。此外，如果不愿意自建，租用也行得通。

再次，围绕财务数字化转型工作，需要使业务沉淀下来的各类数据打通、交换、可计算。这些业务包括财务共享沉淀的数据、报表数据、税务数据、预算管理数据、成本数据、客户数据、收款数据、付款数据、投资数据、决策数据等。为此，要一边沉淀数据，一边治理数据，还要不断引入新数据。数据来源可说多渠道、多方法。当然，以公司而言，要更多围绕公司业务而梳理，围绕利益相关者而整理。另一个问题就是由谁打通。如果是由企业内部的数字化管理部门完成，那如何完成？如果由外面专业公司完成，那和哪家软件公司建立战略合作关系更为有效？

最后，在外层，围绕财务数字化转型，要构建更大的数字化管理体系，比如战略管理方面、数字营销方面、数字仓库、智能制造、数字采购、数字人力等。这需要更大的圈层解决方案。现实一点，就是买数据，买来后沉淀下来。但这个数据不全，更新不及时，可能需要长期花钱打通，与外部连接，随着外部数据变化，公司数据湖的数据也在变，这才有意义。例如，企业的城市地图数字就是这么实现的，发挥了很好的作用，但这是要花钱的。外部的数据是海量的，但同时带来了很多垃圾，到底需要哪些、如何才能满足需要，也是一个难题，令人望而却步。却步是现实，但还得向前走。

上面四点仅仅是一种概括，当前财务数字化转型只是刚刚开始，还面临着巨大挑战。无论软件公司还是企业都要充满热情地尝试，也许会走不少弯路。但大的目标方向是明确的。优秀的财务负责人能积极面对挑战，敢于推进和实践，当然会获得老板和管理层的支持。阳光集团的财务数字化转型已经完成，虽然工作量巨大，但很有意义，已经开始获得收益，财务管理助推企业发展也出现了崭新的局面。

我坚定地认为，只要重视了这方面的工作，财务管理就会出现崭新局面。

第八章

尾声：我的财务战略观

本书前七章讲了很多内容，有些是直接讲，有些是间接讲，有些是穿插讲，就像是讲了一个结构复杂的故事，而本章是整个故事的尾声。数十年来，我一直从事财务工作，其间有得有失，有成功的经验也有失败的教训。通过总结，我提炼出了成为优秀财务管理者的秘诀，对构建数字化时代的财务管理也做了前瞻思考，希望能对企业管理者、财务负责人及其他财务从业者有借鉴意义，为企业走向成功发挥重要作用。

成为优秀财务管理者的秘诀

本节问题：

1. 在财务战略观指导下，成为一名优秀的财务管理者有统一的要求吗？

2. 作者提出的成为优秀财务管理者的秘诀有十条，你认同吗？这对你今后的工作有什么启发？

常常有人向我讨教：如何成为一名优秀的财务管理者，有没有什么秘诀？我的回答是：有的。我结合前文的内容以及我数十年财务管理的经验和教训，站在财务战略的角度，总结出以下10个秘诀，建议有志者可从这些方面发力。

秘诀1：要有坚持财务"五性原则"的悟性

做好财务工作需坚持"五性原则"，即系统性、完整性、专业性、前瞻性、实战性。

系统性。即做好财务工作要用系统性思维处理各项业务，而不是"头痛医头，脚疼医脚"。拥有系统性思维，首先强调各要素之间要协作，其次强调各要素之间要平衡，最后强调要效率高。系统相当于一个生命体，效率就是系统的基因。在思考系统发展的时候，优先考虑的就是如何提升系统的效率。

完整性。财务涉及面广，单单资金流动一个要素就牵一发动全身。如果处理不好或协调不好，就会导致局部"死亡"或整体"死亡"。资金是企业的生命线，在考虑资金安排时，要全面考虑。当然，为了更好地生存和发展，也可以通过资金的投放或收缩来实现定下的目标。完整性就是要求考虑问题和行动时不能随心所欲、不能丢东落西，而是要全面铺排。

专业性。财务是一个专业性极强的领域，它的理论是成熟的，系统是成熟的，职责是明确的，作业范围和工具是清晰的。这一领域的从业者做事时，一定要凸显它的专业性。比如当谈到什么是资产的时候，从业者一定要习惯性地从专业语境出发，而不是像非财务从业人员一样还要从概念说起。专业性要求很高，要求一出手、一投足、一张口就表现出专业人员的气质，而不至于让人质疑你是不是财务人员。

前瞻性。前瞻性就是要以战略眼光审视大势和大局，从中认清机遇和挑战，准确分析判断有利因素和不利因素，未雨绸缪，做出决策，达到公司价值、组织效率最大化，赢得主动权和发展权。所以，财务负责人要和战略部门搞好关系，要有战略的眼光和谋略。没有前瞻性的视觉和要求，不可能做出前瞻性的决策和布局。否则，总是被动地被人牵着鼻子走，总是跟在别人后面在跑，在工作中总是受到指责，导致业绩平平，团队士气低落。

实战性。财务工作最终要通过实战来体现和实现组织目标。没有实战性的财务管理就是空谈，就是满嘴跑火车。再先进的财务管理理念，如果没有实战，没有在实战中得以证明及发挥作用，一切都等于零。因此，财务要有实战性，要有解决问题的超强能力，一旦偏离了这些基本要求，这样的财务组织就是形同虚设。

而更高一级，则是要在这方面有悟性。悟性，即每个人都具有的能够开悟的能力。悟性跟不上，功夫就上不去。如果对财务工作没有悟性，即使投入了巨大精力、掌握了五性原则，也会像有人一辈子是画匠却成不了大师一样。当然，我们既需要画匠，也需要大师。而作为财务负责人，就要将自己修炼成为大师。只有有了较高的追求，才能有机会成为一代名师。

秘诀2：要有坚实的会计财务基础

会计工作、财务工作是财务管理的基础。虽然这都是事务性工作，但对提升财务管理知识、能力帮助巨大。大多数财务管理负责人也都是从会计、财务职位逐步晋升上来的。

如果有这个机会，建议你在成为财务管理负责人之前将会计和财务工作的每一个环节都做一遍，哪怕有些工作看似不重要。当你做了，就有真实感，就接了"地气"，在与同事们交流时，就会心中有数，也充满了自信。一个人的大成功是由无数次自信累积而来的。

坚实的会计基本功是靠实践累积出来的，不是说出来的。书本上的知识固然重要，一看就明白，但离实操还有相当的距离，况且很多理论严重缺位和滞后。比如在现实中，会计准则、会计政策的尺度把握，会计数据的表达方式，资产关系的树形图梳理，以及将会计专业术语转化为管理者看得明白、听得懂的语言，这些都是书本不会告诉你的。能力来自认知，来自实践，来自悟性，更来自你为之付出的总结、努力和汗水。正所谓"不积跬步，无以至千里"。

秘诀3：要有丰富的跨界和跨圈层经验

有人常把做会计、财务工作的人比作中医。中医越老越吃香，从事会计、财务工作的人也是如此。这样的财会人员即使退休了，很多企业还抢着聘请。

一名优秀的中医，要有丰富的预防和治病能力，要博采中西文化之长，要有仁心，还要有良好的沟通能力。这些能力都需要长期的临床实践和学习来获取。一名出色的财务负责人也是要靠历练升华的。神话故事里的孙悟空本可以一两个跟头直接到达西天，取经成功，可依旧要经历八十一回磨难。经历多了，解决问题的方法就多了，能力就提高了。

从事具体的会计、财务工作是获取丰富经验的一个重要过程，但要管好财务、促进公司获得巨大发展，仅有会计、财务的经验是不够的，还要具备投资、金融、管理和战略方面的知识，若能再扩充到别的领域，如文学、艺术、信息化、数字化等领域，那就更棒了。

20世纪90年代初，我开始从事股票买卖和外汇投资业务，对于资本市场、金融工具和买卖操作的认识也就始于那时。不到一年的实战让我了解到：股票投资风险大，属于风险最高的业务；外汇属于全球市场的产品，亚洲市场下班时欧洲市场开市，因此我们要24小时关注行情的变化。其间，我尝试过杠杆投资，买了10万元的合约，10倍于杠杆，以小博大，浮盈时非常开心，浮亏时要么补仓、要么斩仓，那种起落煎熬就像上了战场，瞬间要面对生死抉择。正因为有了这方面的认知，公司决定从此不再想着通过投资股票和外汇获益，而是一心一意搞自己擅长的建筑和地产业务。

有人说我的业余爱好很丰富，其实不然。30年来，我业余只做两件事，一件是读书及写作，另一件是人文摄影。哲人说过，一个人花上十年工夫坚持做一件事，一定会成为专家。这句话在我身上应验了。我虽然未能达到著名作家和摄影家的水准，但也有了少许成就。而最主要的收获是在这两个领域认识了很多人，结交了很多朋友。这两项爱好对我认识和掌握财务管理技巧、提升做人做事格局、多视角看问题都有很好的帮助。

人们常说，经历是财富，经验来自经历。要做一名优秀的财务负责人，经历更为重要。人的经历虽有时不能自控，但更多是靠自己去创造、经营的。

秘诀4：要有清晰的财务线条、认知思维和做事逻辑

一个庞大的企业集团，事情纵横交错。表现在财务上，就是一个复杂的具有挑战性的工程。如果有人问我管好财务有哪些秘诀，那我首先想到的是财务负责人要有清晰的线条。

财务线条表现在哪些方面呢？我们可以从以下八个方面来梳理。

1. 这个集团到底有多少家公司？它们之间的产权关系是什么？如果没有树形图，就要尽快画出来，并且定期更新和完善。

2. 这家公司如果有上市和非上市公司，它们的范围各是什么？它们的实际控制人是谁？业务之间如何往来？

3. 如果上市和非上市公司之间进行业务交易，是否产生关联交易？若产生，用何种方式来处理为妥？

4. 公司内部的业务活动是否产生同业竞争？若产生，该如何处理，如何向投资人做出合理解释？

5. 不论集团有多少个公司，只要是正式注册的法人，也不

论公司注册地在哪里，都要有完整账目，要定期审计、定期进行财务检查。

6.以价值创造为原则，考虑：是否提前做好了集团内各公司之间的税务筹划计划？是否还有节约税务的方法和空间？

7.要分类处理各种成本、费用的归集，达到标准化、统一化，便于在信息系统上进行财务比较分析。

8.经营成果呈现时的会计报表是为报税用的，还是为内部管理用的，要分清楚，千万不能混淆。万一混淆，事情可能非常严重。

以上界定很重要，但未必全面，还要随着新问题的出现而厘定。财务负责人要养成一种好习惯，做事之前让自己静下来，想清楚再行动。工作忙是好事，但忙中出错、出乱就不是好事了。面对复杂的内外环境，经营人员往往会从经营出发，努力拓展市场，而不会在意集团内部的股权安排、关联交易、同业竞争、负债率、现金流等问题，他们只要认为能获得利益，几乎想怎么干就怎么干。如此一来，财务部门常常面临非常尴尬的事态，戏称要"帮人擦屁股"。要防止这种情况的发生，财务人员就要提早介入一些投资及经营活动。

但财务人员普遍有个毛病，能看到问题，也能勇敢地指出问题，但往往提不出解决问题的办法，久而久之，就和业务人员产生矛盾，然后，矛盾愈演愈烈。换位思考，财务人员要理解业务人员之所以乱是因为他们可能不清楚。投资和经营活动只要涉及财务问题，财务负责人就一定要说清楚，而不能简单地说不知道。如果遇到不知道的事情，要以诚恳的态度告知人家你要回去研究，并尽快回复。因此，只有清晰了财务线条，在遇到各类财务和复杂的会计业务处理问题时，才会又从容又高效，进而受到别人的尊敬。

切记，财务人员千万不要被业务部门和领导扣上一顶"一本糊涂账"的帽子。若真发生了这样的事情，那是最尴尬的，有可能给业务部门永远留下这种不良印象。所以，财务人员要把自己的事情做好，做得清清楚楚、明明白白。

秘诀5：要正视各种矛盾，并有解决矛盾的办法

说得偏激一点，财务永远处在公司矛盾的旋涡中。为了公司顺畅运行，财务人员要学会自救和破局。这是由财务的职责和特性所决定的。

首先，财务管着公司的钱。投资需要钱，费用开支需要钱……每个人都和钱有着难分难解的关系。生活中常有人为了钱，父子关系不要了，夫妻关系不要了，良心也不要了。在企业里，部门间、项目上，为了钱，同样可能撕破脸皮。

其次，企业快速发展和财务资源供给在很多时候是一对长期共存的矛盾。国有企业如此，民营企业也如此。业务领导不大会考虑公司财务资源的情况，因为他们认为财务资源是财务

人员应该解决的问题。从内部资源出发，财务人员只要提出让大家慎重投资的意见，或提出不同意的看法，就会立即被围攻，甚至会得到若干次"不然请让位"的威胁。

最后，在很多人眼里，包括部分业务领导，财务是一个不创造价值却拥有很大权力的部门。实际上，优秀的财务团队往往创造着巨大的价值。财务部门看上去有权力，其实权力只是公司制度赋予的职责。优秀的财务团队还要始终坚持按制度办事，坚持原则但保持一定的灵活性，只有这样，才能紧紧地保护财务这份职责的面子和道德底线，才能让所有人明白财务的一番苦心。

很明显，财务工作就像小说《围城》中讲的爱情，它就"像是一座围城，城外的人想冲进去，城里的人却想逃出来"。面对这一客观现实，关键是财务人员要抱着什么样的心态去应对。我认为，财务人员要积极地选择自救和破局。

财务人员一定要学会自救。当然，自救的方式很多。比如完善制度，加强沟通；再比如从自己身上找原因，学会换位思考。面对复杂多变的内外形势，财务人员一定要坚持学习，提高解决问题的能力，才能以"能"服人。2004年9月，我开始读博士，将公司治理、组织架构、战略、人力资源管理、投资、财务等知识全面更新了一次，收获匪浅，也的确让我明白了很多道理。当熟悉了一些技巧，再用高维视觉和知识解决一些问题时，就游刃有余了。

财务人员一定要学会破局。企业内部实际上存在多个层面的利益小团体，如大股东圈子、小股东圈子、总裁圈子、业务板块、同学、同批入职的同事、业务部门等。当出现冲突时，我们需要正视冲突和矛盾，用平常心看待一切。心若静，风奈何！心动，帆动！帆动，是因为心动。有时可能需要求大同存小异，不能纠缠在一些细节上。俗话说得好，退一步海阔天空。退一步不是消极地退，也许是以退为进。如果一个财务负责人能自如地驾驭一个企业，促进企业发展，让企业在矛盾中前进，那才是高手。

秘诀6：要有先进的财务价值创造的行动理念

很多人并不重视财务管理理念的更新。所谓财务管理理念，其实就是财务思维逻辑，是指从事财务工作的想法。人和人本来没有太大差异，但由于理念不同，走着走着，结果就完全不同了。

我管理过三个庞大的财务系统，上下都有上千名财务、会计从业人员。接手管理的初期，感觉每个系统都不一样。面对这样的情况，唯有尽快适应，然后变革。

一个团队若能同频共振，就能做点事，也就能做成点事。

全球经济一体化使得企业之间的竞争日趋激烈，每家企业都非常重视战略选择及全面预算管理的工作。这些工作，财务必须参与，且处于主导地位。换句话说，财务部门是企业运行和发展的龙头。做龙头可不是一件容易的事情。做龙头就要有超前性、预见性、牵引性。若要当好头，归根结底，就是要有价值创造的先进的财务管理理念，且其内涵和外延需不断拓展。若要很好地落实财务管理理念，就要从财务职责的设置入手。

在财务职责一节中，我们提到财务要积极参与和负责15项工作，但如何才能把这15项工作做好呢？如在企业财务管控模式方面，有的企业采用集中式管理模式，有的企业采用分权式管理模式。在国际上，一直比较流行的是集中式管理模式，理由很简单，这种模式可以把有限的现金资源集中起来。集中投资，可以干成若干大事，又能做好风险控制。然而，在中国房地产过去黄金的20年里，房地产企业遇到跑马圈地、野蛮生长的机会，分级授权管理的做法被广泛使用。在这种形势下，财务到底该如何选择公司的财务管理模式，其实就是一次大考。如果选择错了，将失去发展机会；如果选择对了，将赋能公司的未来健康发展。

另外，先进的财务理念是怎么获得的？一靠学习，二靠实战。

学习是最直接、最有效的方法。在管理日益同质化的年代，用抄袭的方法去学习人家的做法最简单，能立竿见影。如今，要学习的资料、信息很多，只要想学习，就能找到学习的对象。

实践是学习的重要途径。"实践出真知"，当你做过、感受过很多财务、会计工作，就会有一定的发言权，没有做过，心里就会发虚。

先进财务管理理念的形成是在不断学习、不断思考，以及解决无数个发展中遇到的问题中逐步形成的，不是凭空出现的。这一点，所有财务人员都要铭记于心。

秘诀 7：要有把有限财务资源配置到最有需要的项目上的主张

在企业做大、做强的路上，财务资源永远是有限的，是不够用的。如何把有限的财务资源用好，的确令人头疼。尽管企业构建了许多投资模型，但这些模型是死的，人是活的，内外因素的变化是活的。况且，在充分考虑投资因素的那一刻，本以为考虑得很周全，但毕竟未来没来。未来是什么样子，谁也说不清楚，也无法掌控。此时财务人员能做的，无非是三件事：第一，尽最大可能把有限的财务资源投到当下认为拥有最好的投资回报的项目或业务上；第二，把公司未来的现金流预算编排好、控制好，保持现金流的平稳流畅；第三，用中庸的思想控制好负债水平，使负债水平运行在一个相对安全、能把控的通道上。

这里更多强调的是要把有限的财务资源用好。就像我们知道好钢不多一样，一定要把仅有的好钢用在刀刃上。财务资源也是如此。

做好财务资源配置，不全是财务人员的责任，有可能是投资部门的工作，更多是投资委员会的事，当然，最终是老板的事。但财务人员的角色很重要。财务人员就是最后一个把关人，如果放弃了这一权力和责任，就像足球场上的守门员放弃了守门，后果可想而知了。

财务资源配置的根本目的是控制风险，还要增值。增值的具体体现是要求投资要有净的经营现金流，要有利润，最起码要能保值。若投资出现亏损、负现金流，此投资就是一次失败记录，严重的情况下，会导致公司出现颠覆性的错误。

如何把有限的财务资源投资到可以增值的项目上，前文已经讲过，财务人员在其中发挥的作用也讲过了，这里不再赘述。总而言之，这件事十分重要，重要到财务人员要花巨大的精力去学习、研究和把控，重要到每一笔投资财务人员都要瞪大眼睛看清楚，千万不可以因为草率、因为有别人负责而忽视自己应尽的职责。

秘诀8：要有站在全局谋发展的洞见能力

优秀的财务负责人要立足全局谋大篇，绝不能纠缠于鸡毛蒜皮的事。

财务负责人要时刻站在公司战略、公司财务战略的高度看问题、想问题，坚守财务纪律，大胆推动各项改革。若一任财务负责人在有限的任期内完成两三项大事，比如推动业务实现新布局、推动实现业务分拆上市、找到企业发展的另外一个赛道，那对公司的贡献是巨大的，价值创造也是有口皆碑的。如果在任期间，财务负责人仅仅中规中矩地完成日常工作，几无建树，那无论怎么说，他都是一个平庸的财务负责人。

财务负责人千万不能守株待兔式地等待工作，或只听命于领导的指示，而是要积极开拓、研究、发现，寻找创造未来的机会。若机会不成熟，要主动创造条件。总而言之，不能白白辜负承担这一职责的机会。

谋大局要多方面发力。可以围绕战略、投资、资本结构，也可以围绕经营活动开展。当思路和眼界打开时，我们就会变得很活跃，想法就很多，突破点也就很多。在一个庞大的企业集团，需要有这份力量的存在，并时不时地点燃一个个火把。财务负责人要当仁不让，永葆价值创造的本色；除此之外，还要深入研究国家政策的变化。国家政策是推进国家进步的重要举措。作为企业，一定要积极研究，敏锐捕捉，若能预知政策在未来一段时间的影响程度，就能做出必要变化。财务作为资源配置部门，要做好资源调度，必须适应这种变化。

当然，价值创造不能胡来，而要脚踏实地。每一位财务人员应该具备那么一股劲，把财务工作做得漂漂亮亮，最好做成一件艺术品，让它永远增值。

秘诀9：要有大力培养财务复合型人才的迫切愿望和行动

说到底，各行各业的竞争最终都是人才竞争。谁拥有了优秀人才，谁就能赢得未来。对企业而言，这个道理也是通的。一般而言，企业内部会有若干部门或若干业务板块，彼此形成竞赛格局。我们时常能看到有些部门、板块和业务单位的业绩很好，这一结果的出现，没有别的法宝，就是由人才决定的。

我们可以用以下几种思路和行动来培养所需要的人才。

1. 加强考核，给优秀人员机会和平台。我们每年都要进行考核，对于综合评分较高的骨干人员，只要有机会，就给他们，先是小平台，再是中平台、大平台，让他们一方面管业务，另一方面管上几个人，在平台上锻炼锻炼。

2. 如有可能，让他们在多平台轮岗。这一点也很重要。很多时候，如果一个人没有在某个领域工作过，他就没有实战经验。尽管他的认知很不错，但毕竟缺的是实战，可能导致缺乏内涵和自信。一个人经历越多，其实越自信。自信才是一个人成功的最大动力，也是一个组织成功的最大动力。

3. 每年都要到高校选拔应届毕业生加盟财务团队。这一方面是补充新鲜血液，另一方面是从中选拔有潜质的年轻人。未来还是要靠年轻人，只有源源不断地补充新鲜血液，补充有生力量，才既可给团队增加活力，又可给已经在位的"老人"一定压力，进而实现老中青、传帮带的传承。待他们加盟后，接受集团的系统培训、正规训练，早日进入实战岗位工作，效果一定会好。

4. 要不断发掘有潜质的人员，然后言传身教。发掘有潜质的人的方式很多，可以通过一件业务、一次活动、一次演讲、一次交谈……发掘后，就要给他们机会去做，去负责，并在结束后给他们中肯的评价，指出哪些方面做得不错，哪些方面还需要加强。与此同时，领导要言传身教，把有潜质的人带入正路。此心光明，亦复何言。

5. 除了考察一个人的专业，还要观察一个人的品德、格局、视野及情商。财务工作者的品德很重要，做财务领导者，格局、视野和情商也很重要。领导者要学伯乐，同时还要成为"新人"的人生导师，根据每个人的特点，让他们将优点发扬光大，将缺点和难以克服的弱点淡化。

6. 不能放弃任何一个人。我很反对一些人成为领导后，就把自己的权力用得很足，耀武扬威，动不动就打击报复，动不动解雇人，动不动就令下属难堪。这些都是自卑在作祟。作为领导者，你要对团队的每一个人因材施教，让他们成长，这才是应有的品格。当然，如果有员工屡教不改，那该处理还得处理。带队伍要有菩萨心肠、霹雳手段。

7. 每个部门都要有几员"大将"，万一某领导的位子空出，要能有人立即补上。我们要相信青出于蓝而胜于蓝。这方面不能停留在嘴上，而要落实在平时的行动上。若是这样，不仅对公司、对老板是幸事，对个体也是幸事。既然是多赢的幸事，就要把好事做好。

8.鼓励和考核并行，让团队把学习变成习惯。一个学习型组织，由于长期坚持学习，团队的战斗力自然就提高了，团队的气质、涵养和把控能力也能得到提升。为此，要鼓励团队学习，并考核团队的学习成果，与此同时，领导还要亲自给团队上课，有时，还要就某件事进行公开辩论。这些都是有效的学习途径。

总而言之，重视人才队伍建设永远是一项非常重要的工作，一点都不能含糊，或者藏有私心。如果一个财务负责人在任期间，没能培养出几位或几十位能独立作战的"大将"，那么我认为他是严重失职，也许他的业务建设可圈可点，但因为没有培养出新人来，业绩就会大打折扣了。

秘诀10：要有超强的推动信息化、数字化建设的能力

信息化是财务、会计工作必须提早选用的工具。

当下的问题是，懂财务的人不懂信息化，懂信息化的人不懂财务。因此，对数字化了解的人就更少了。如果我们找到的人既懂财务又懂信息化、数字化，就知道如何推动财务信息化、

数字化工作了。

财务、会计工作信息化已经是财会工作的标配，所有从事财务、会计工作的人，不仅仅要懂信息化的皮毛，还要深一层地了解，要利用信息化技术大踏步地推进战略财务、业务财务、共享财务和业务工作、税务工作、资金管理工作一体化。把许多原来的财务事项交给业务部门去做，业务部门的一部分工作就是财务工作的一部分，形成你中有我、我中有你、相互依存、相互交织的伙伴关系，将原来强调的专业化分工逐渐模糊。此外，随着智能化及物联网的广泛应用，大量的财务、会计工作都将被机器取代，此趋势越来越明显。

财务负责人要看到这种趋势，积极迎接这种变化，然后通过信息化来实现。另外，要将财务及会计工作断然分离，让财务更偏向资金管理、绩效管理、战略管理，而会计更趋向于后台工作。这样，后台工作可以做得更严谨、更坚实，与方方面面形成数据交换及数据流通。后台这部分可以当成科技公司运行，通过提供服务而收费。

具体而言，推进财务共享中心建设势在必行，推进数字化转型也势在必行。因此，财务负责人要有巨大的想象空间和巨大的发展空间。

推动财务战略管理上新台阶的前瞻思考

本节问题：

1. 本书内容即将结束，作为老板、总裁、财务负责人、财务从业者，你有何感想？

2. 作者认为财务战略观很重要，涉及多个方面，你认同吗？

本书中的很多看法并不是唯一答案，只是给了一个思路或想法。

老板、总裁及全体管理团队要学会借力打力，和财务团队携手，完成一次又一次漂亮的飞跃。有鉴于此，结合本书前面的介绍，我做了进一步总结，要做好财务工作可从以下七方面去思考、去设计、去实施：

第一，视野上，建立高瞻远瞩的财务战略观思维；

第二，抓手上，以实现经营性现金流为指挥棒；

第三，组织上，建立创新和财务价值创造型组织；

第四，技术上，借财务共享中心开展大数字管理；

第五，赋能上，用好数字资产为管理及决策赋能；

第六，运作上，发挥财务专业和管理技能的作用；

第七，结果上，积极推动企业进步和可持续发展。

财务战略观之于企业管理就像价值观之于每个人，很重要，很必要。财务战略观是一个很有趣的话题，思考得越深越有意义，可以让我们不断地拨开迷雾见晴天，既能成就组织，又能成就自己的人生。思维对了，方法对了，很多看似棘手的问题就会迎刃而解。

最后，我要强调的是，财务管理的本质不是简单意义上的财务会计工作，也不是事无巨细地记录、分析和反映，而是辨析公司在运营过程中遇到的重大财务问题，以及拥有有效解决这些重大问题的能力、方法和工具。比如，资金从哪里来？用什么方法来？用到哪里去？这是公司决策者和财务部门每天都要面对和回答的问题。

换个角度来讲，企业管理的核心是财务管理，而财务管理的核心又包括三个方面：一是现金流管理，其核心是经营性现金流和可动用资金的管理，目的是把公司永远置于一个稳健发展的通道；二是价值创造管理，关键点是创造溢价、提高效率，让收入最大化，使成本最小化；三是主动赋能实现公司发展战略需要的管理，每一个志存高远、目光远大的企业，都要有把企业做大、做强、使企业基业长青的愿望，财务管理就是要赋能这一需要。

参考文献

[1] [英]卢斯·班德,凯斯·沃德.公司财务战略[M].北京:人民邮电出版社,2003.

[2] 杨淑娥.公司财务管理[M].北京:中国财政经济出版社,2004.

[3] [英]菲利普·赛德勒.持续竞争力[M].北京:北京大学出版社,2004.

[4] 吴建斌,陆守兵.会计电算化——理论与实务[M].北京:中国商业出版社,1995.

[5] 吴建斌.财务智慧[M].上海:上海文艺出版社,2009.

[6] 吴建斌.我在碧桂园的1000天:以财务之眼看杨国强和他的地产王国[M].北京:中信出版社,2017.

[7] [法]托马斯·皮凯蒂.21世纪资本论[M].北京:中信出版社,2014.

［8］宫玉振.善战者说：孙子兵法与取胜法则十二讲［M］.北京：中信出版社，2020.

［9］明源地产研究院.房产战略破局［M］.北京：中信出版社，2019.

［10］肖勇，李咏涛.地产领导者：一个城市和他的地产领导者［M］.深圳：海天出版社，2005.

［11］何绍茂.华为战略财务讲义［M］.北京：中信出版社，2020.

［12］张磊.价值：我对投资的思考［M］.杭州：浙江教育出版社，2020.

［13］［美］苏世民.我的经验与教训［M］.北京：中信出版社，2020.

［14］［日］稻盛和夫.稻盛和夫的实学：创造高收益［M］.北京：东方出版社，2013.

［15］吴晓波.激荡三十年［M］.北京：中信出版社，2008.

［16］王东岳.知鱼之乐［M］.北京：中信出版社，2015.

［17］吴晓波.大败局Ⅰ［M］.北京：浙江人民出版社，2019.

［18］陈新宇，罗家鹰，邓通，等.中台战略：中台战略与数字商业［M］.北京：机械工业出版社，2019.

［19］［美］瑞·达利欧.原则［M］.北京：中信出版社，2018.

附 录

阳光集团建立财务共享中心的工作纪实

地产板块的信息化在2014年启动，到2016年，每年投入超过5000万元，搭建了大大小小几十套系统。相对当年300亿的销售业绩而言，5000万已属大投入了。虽投入不小，但是信息化系统并没有给业务很好的支撑，业务反被系统拖入泥淖，信息化的负面效应日趋严重。原因有三：第一，缺乏信息化整体规划，系统被业务带着走；第二，团队构成不合理，缺少架构、研发、设计核心人员；第三，合作方依赖严重，费用被用户授权、日常运维低价值事项严重拖垮。

2017年11月，我向集团提交了《地产板块信息化整体规划方案》。此方案是我们部门用了6个月时间，参照行业多个标杆拟定的自认为合理的路径，但被分管领导在15分钟内断然否决了。分管领导提出了新的思路和路线图，要求我们在2018

年 5 月 30 日将财务共享建成，建成后，用一年半时间倒逼基础、核心系统完善；2020 年要全面实现数字化、共享化，然后再次倒逼运营和管理前行。

财务共享在"上刀山"一样的倒逼中前行，按照分管领导指示，项目按照主线分解，每月都有主攻专题。本该流水作业的业务梳理、流程设计、系统开发、数据治理、功能验证，全部被打散后重新组织，并行推动；本该优先解决业务系统缺陷再进行业财对接，变成了先明确共享控制需求再考虑业务系统改造……这种倒逼模式，文字叙述起来似乎风平浪静，但亲历的人都知道这会引发项目管理、研发模式和系统架构的翻天覆地的调整。更具挑战的是，与常规费用共享为主不同，地产板块财务共享明确提出费用、应收、应付、资金和数据 5 类共享，倒逼流程再造和数据治理。财务共享的背后，是财务管理体系和制度的重新确立；涉及流程、销售、成本、费用、核算、资金 6 个核心业务的重构，资产、电商、资金、总账等 10 个关键业务的健全，供应商、客户、合同、项目、楼栋等 20 多类 100 万级的数据治理。我从业 15 年来，所经历的时间之紧、难度之大、挑战之烈的工作莫过于此——团队完全新建，共享经验空白，技术力量薄弱，迫使业务分析、流程设计、系统开发、数据治理、现场建设、组织构建等工作每天都在"硝烟弥漫"的辩证中并行推动，摸索前行。但出乎意料的是，尽管艰难如此，推进过程却像设计好的一样分毫不差。2018 年 5 月 30 日共享如期揭牌，2018 年 11 月完成集团总部、地产板块 31 个区域公司业务接管，日均单据量超过1000笔，20多个业务系统得到升级、健全，地产板块"业财一体化、管理标准化、制度流程化"基本达成。

2018年12月，我们启动了全集团业务拉通的工作，仍然是倒逼。

倒逼是手段，也是推进数字统一、管理提效的法宝。

原来由于业财信息和场景分离，即使想到倒逼，也没有产生革命性的变化，如今只要一认真倒逼，立马产生了积极效果。

信息及流程管理部总经理程彬

2017年5—7月，随着行政总裁、分管领导加盟，公司有了新气象，对财务系统升级一事就摆在我们计算机信息部门的面前。财务系统升级有两种选择：第一种，在原有基础上修修补补；第二种，建设一个全新系统。我们倾向于第一种。因为第一种选择我们有把握，虽提升不大，但不至于影响热火朝天的现有工作。

那时，分管领导听了我们的汇报很不满意，当场对许多问题提出了质疑，我们难以回答，也不知道如何回答。毕竟财务业务不是我们的专长，未来财务管理趋势是什么我们也说不清楚。但是，我们知道财务类主数据已经到了必须治理的阶段，否则将严重影响全局工作，可治理财务主数据涉及面很广。我们给分管领导罗列了大量影响主数据的因素，主要包括：

1. 地产板块、建筑板块、商业板块、物业板块等各有一套数据，各是各的；

2. 在地产板块中，长期存在成本中心、供应商、项目、合同、客户、单元等数据严重割裂，相互不交圈；

3. 财务、项目、客户、成本对同一件事情的命名及编码不统一。

分管领导要求我们三个月内完成，我们都觉得不可能，时间太短了。但面对挑战，办法总比困难多，由于任务明确，压力变成了动力。结果我们用了两个月的时间，如期完成了相关工作。

2017年8—9月，在分管领导的主持下，我们又进行两次工作汇报。那时，就明确要推进财务共享一事。与此同时，财务共享工作小组成立，开始紧锣密鼓地投入工作。我们候选了四家软件供应商，其中美云是美的孵化的科技公司。我们还特意到顺德考察了美云，美的内部实施的共享理念深深地吸引了我们。

2017年10月18日下午，分管领导邀请了董事局成员听取我们的立项汇报，最后同意我们立项。

又经过几轮筛选和比较，我们选择了美云做软件供应商，选择了德勤做财务顾问。美云科技的技术不错，但对房地产企业的业务不熟。说实话，选择美云我们是冒了很大风险的。

确定了德勤和美云后，我们召开了一个阵仗超大的启动会。

除了两位领导,各中心领导都被邀请参加了本次启动会议。启动会上,分管领导提出了具体要求:"财务共享是地产板块必须推动的事情,各职能中心、各区域都要给予全力支持。"那个时候,各职能中心负责人、各区域并不了解什么是财务共享,说心里话,我们也解释得不是很清楚。随着工作的推进,大家才逐渐明白了,财务共享服务系统是一个巨大的集约的后台服务平台。通过承载企业业务数据、固化流程,实现企业经营数据的标准化采集、加工、处理和报送,同时将收款、付款、结算嵌入流程,尽可能实现"业财一体化"的智能化。通过信息技术的创新和应用,打通各业务职能数据,将这些信息连续、系统、全面、综合地反映出来,为公司管理和经营决策提供重要、准确、及时、多维度的数据支持。

2017年11月—2018年1月,是项目最为关键的调研和方案设计阶段。在这个过程中,落地方一般是不会参加的,而是直到咨询方案确定再进行进一步论证。这是一般企业建设财务共享的思路。可在地产板块启动咨询的同时,美云的项目经理也一并参加咨询方案的讨论,以弥补他们对房地产企业不了解的短板。另外,分管领导每周二雷打不动地参加共享的周例会。这是我们工作十几年来的第一次由这么高级别的领导亲自挂帅指挥的项目。每一次例会我们都会对上一周的工作进行回顾总结和反思,并指定下周的工作安排。

分管领导会耐心地听我们介绍。几乎每周都会有一到两个待决事宜，整个项目组会做出对比分析。对于所有待解事宜，分管领导都会最后给予明确决定。这样高效的决策过程，加速了整个项目的推进。比如单据扫描，是员工自行扫描还是采用财务支持岗来进行？分管领导明确表示：财务共享的根本定位是为员工服务，发票的验真已经由员工自行完成，单据扫描就应该由每个区域专职，或财务支持岗来协助完成。这一点，影响整体的流程设计和员工的满意度，就现在看来，设定财务支持岗是非常正确的决定。

初期，全职推进财务共享的人员仅有两个，因此调研基本是通过区域远程参加来完成的。其间，我们走访了几个重点区域。同时，曾在碧桂园做过财务共享的刘翠加入项目组。刘翠的加入在费用报销部分给了很多有建设性的建议。

在项目开始的前两个月，几乎每周例会都会提到财务人员缺岗的问题。那段日子，每天都要开早会。在早会上，负责人员分线条汇报上一天的进展，对于延时的任务要有补救方案，同时布置当天的任务。

经过两个多月的调研和需求制定，我们开始准备业务解决方案的撰写。从应收、应付、费用、资金到总账，每个模块的流程都找到了初步解决方案。美云知道日后的开发压力巨大，也在需求没有完全确定的情况下就开始开发，这样"抢跑道"的做法，为整个项目按时上线"抢"出了时间。

2018年1月8日，我们给分管领导和直属领导准备了很厚的调研汇报材料。德勤项目经理主汇报，汇报内容极翔实、充分，用了两小时。美云的高层也一起听取了汇报。分管领导对于汇报的内容给予了高度肯定，并明确指示："要把咨询结果的90%以上都落地。如此，战场从德勤转到美云，而且必须在预定时间内，地产全模块上线。"

从2018年2月开始，财务共享进入开发期。

开发过程最主要的问题是人手不够。人力资源中心虽然一早就开始招聘懂业务的人，但因各种原因人员没能及时到岗，于是紧急从区域调用8名区域核算负责人到上海组成了"突击队"。

最关键时刻，胡文带着华夏地产的财务共享经验加入了我们这个团队。

信息及流程管理部助理总经理林蔚

2018年3月2日，是元宵佳节，我告别北京，来到了上海，还来不及欣赏这座大都市的美景就投身新工作中。

3月5日，我办理了入职手续后，就随人力资源同事来到了一个大会议室，第一次见到了我们团队：陈志远、杨凡、丁肇宇、高迎、何慧、何琳珺等业务骨干，还有信息及流程管理部项目组经理金涛、谢赠英、林群等人。也见到了德勤、美云的负责人。随后每日，德勤、美云、信息与共享中心团队之间都有晨会。

3月22日，共享中心专题汇报如期而至，多位领导参加了会议，德勤也安排专人参加会议。分管领导在会上对共享中心提出了更高的期望，要求我们用5个月时间完成地产板块上线及推广工作。这是我没有想到的。目前，地产板块的业务系统还比较薄弱，财务报表都是通过电子表格（EXCEL）线下编制，共享项目进度也处于业务设计阶段，系统实施方美云还没有地产行业系统开发的经验，而且本次最先上线的费用模块系统需要由美云来全新开发，对于这个陌生实施方的开发能力，我也是持怀疑态度的。会后，我冷静思考，时间压力极大是真的，但既然领导提出了要求，我需要做的就是有效地利用现有的资源去完成目标。

开发组、推广组为了"不辱使命"，大多数人每天也就休息五六个小时。为了项目能顺利准时完成，我们整个团队花费了巨大心血。

我们体会最深的是越向前走，困难越大。困难不是在系统开发上，也不是在系统推广上，而是在数据治理及重塑财务观念上。原有系统的数据混乱、前后不一、共享性差，我们不得不把数据治理摆到最为重要的位置上来处理。什么是数据治理？华为信息官陶景文说："数据治理是数字化转型的基础。数据找不到、看不懂、不准确、不及时，都会成为企业数字化转型路上的重大阻碍。数据治理，就是用统一的数据管理规则，确保数据质量，让企业的数据清洁、完整、一致。"基于这一理解，信息及流程管理部确定了27类主数据管理内容，包括组织主数据、财务主数据、采购主数据、运营主数据、基础主数据5类。启用项目360供应商管理入口，通过人事自助平台管理员工银行账户信息等。

数据治理不仅仅是计算机信息问题，更是业务问题。再难也得向前走，因为我们没退路。

进入7月，付款模块陆续上线。上线意味着进入攻坚阶段。虽然前期做了精心准备，但测试不通过的案例非常之多，有些卡在历史数据上，有些卡在供应商资料不准，为此我们不得不把相关业务软件系统纳入当务之急的升级日程。

围绕数据治理，我们苦不堪言。

在上线应付模块的同时，还在推进应收系统。应收组一共有21名成员，建立了5个小组的三级管理架构，分管东、西、南、北、直辖5个区域。在推广过程中，应收模块遇到的困难一样艰巨。

"逆风的方向，更适合飞翔。"

截至2018年10月底，我们完成了地产板块所有区域、全模块共享上线工作，管理了577个账套、3061个账户，实现了年初设定的目标，不仅做到了业务平稳过渡，还完全应用了共享系统。

2018年11月，财务共享服务中心拉开了年度回访、满意度调查的序幕，选取了20个区域——包括老区域和重点问题区域，再一次主动了解区域需求与意见，全力提升体验与满意度。结果是：参与满意度调查人员一共1542人，满意度达83分；收集了478个问题，已解决340项，待解决138项。

财务共享中心总经理胡文

后记一

做一个敢于"跨界"的财会人[①]

做一个敢于"跨界"做事的人,是我很早就对自己进行的定位,这就意味着,我不仅要把财会工作努力做好,还要在摄影和文学创作上有所建树。理论上讲,同时做好没有关联的三件事一定很不容易,但真正做起来我发现并没有想象的那么难。如何才能三者兼顾,我认为既要管理好自己的时间也要管理好自己的心情。时间和心情本属两个空间,但有心去安排的话,是可以融合的。

---

① 该文发表于《财务与会计》2016 年第 19 期,并于 2021 年入选中国财政杂志社财务与会计编辑中心出版的《新时代会计人系列丛书·会计先生》。

工作靠业绩获得认可

转眼间,我从事财会及相关工作已32年。回想这些年,快乐的时光远多于不快乐的日子。因为我有较好的数学功底,逻辑思维较强,所以对数字有极高的敏感度,能够透过一堆数字看到数字背后的故事。因为喜欢,所以总会在工作中发现不少乐趣,总是热情饱满。

选择了从事财会职业,工作就得做到极致,最好能成为这一领域的佼佼者或者专家,这不仅仅是一份责任的体现,也是改善自我生活水平的重要途径。

我在工作中接触过的不少人觉得做财会工作很枯燥,认为"账房先生"没太大出息。对此,我的体会是,工作态度很关键。20世纪80年代末,集团北京总部在选拔优秀人员派驻香港工作时,我是百里挑一被选中的。理由很简单,我做事认真、朴实、好学,领导交给的工作都能出色完成。还记得在香港工作初期,电脑的应用还不普及,由于我在大学期间当过计算机课代表,我比同事多了解了一点计算机知识,于是主动请缨推动信息化建设。这一管就是27年,为集团日后财会工作实现全面信息化及提高功效、节约成本发挥了重要作用。这一业绩也获得了国家科技进步二等奖。

同一时期,我开始从事证券和外汇买卖,很快了解到资本市场的一些工具和特性。1992年,公司在香港主板上市,我是参与此事的核心成员之一，对上市全过程有所掌握。上市之后，由我一路进行市值管理，与投资银行、商业银行建立了良好关系。到2001年，由于我过往业绩佳，公司决定吸收我加入最高决策层，分管财务、资本运作和信息化建设。由此，我有了创新机会和运作平台，工作更是如鱼得水。

总结而言，我出生在一个普通家庭，工作后从小出纳做起，历经数十年的摸爬滚打，成为公司主要高管之一，靠的无非是四点：用心思考、勤奋做事、不断学习、用业绩证明自己。

善于总结是进步和成长的阶梯

从事财会工作多年的人都能明白，这份职业时常会遇到巨大压力、挑战及困惑。这都是"管钱"惹的祸。在很多人眼里，"管钱"的人权力大，其实不然，"管钱"的人责任更大。

多年来，我一直努力以勤补拙。大学毕业后，我也从来没有间断过学习，不仅获得了硕士和博士学位，还发表过不少文章，让自己永远站在新知识的前沿而不至落伍。扎实的专业基础为我的实际工作提供了有力支持，也使我工作中遇到的诸多问题迎刃而解。

经验要靠日积月累，所以，我时常对工作进行总结。经历过后，如果能静心总结记录下来，可达到一举两得的效果，这也是一个再提高的过程。2007年我读完博士之后，又花了半年时间把论文要点结合对财务管理的感想汇集成《财务智慧》一书。由此，我不仅系统梳理了相关理论，也对自己的财务认识和感悟做了一次全面整理，非常有意义。

找到适合自己身心健康的爱好

我写过五部长篇小说，出版过四部摄影集，举行过数十次摄影展。这些都是工作之余完成的。有人问，你做了那么多事，哪来那么多时间？我的回答是，我想在同样的时间做更多想做的事情。常言道，你不能决定太阳几点升起，但能决定自己几点起床。在哪方面分配的时间多，哪方面给你带来的收获就大。关键还是你的兴趣点在哪里，以及你愿不愿为此付出，付出了就会有收获。

我写小说是为了抒发情怀和对人生、社会的感悟，同时把在工作中遇到的矛盾转由小说人物去解决，这样不仅能使压力得到释放，还能正确地看待一些问题。在复杂环境里，一定要找到适合自己的有效减压、抗压的方式。

我开始摄影，初心只是为了锻炼身体。在香港，高楼林立，我常年在冷气下和密不透风的环境里工作，既享受不到明媚的阳光，也呼吸不到新鲜空气。由于要摄影，我在假期会跋山涉水，起早贪黑，不仅使身体得到充分放松，心情也能得到陶冶。人放松了，才会正确看待很多事情。

"跨界"可与主业发挥相辅相成的作用

文学、摄影和财会分属三个不同范畴，而"跨界"让我实现了三方面的融通和平衡。文学在讲故事，要讲好故事就要有框架、情节、冲突、感情等；摄影也是这样，每一张照片都要有故事、构图、焦点、情感渲染、光影表达等；财会工作似乎也不例外，需要设计、实施、流程再造、重点突出、解决问题等。由此可知，摄影是艺术，文学是艺术，做好财会工作也是一门艺术。做好这三件事，需要不断平衡。

其实，人生也是一个不断平衡的过程，包括工作、生活、家庭等。长期而言，每一个方面都不能偏颇，若发现偏颇了，应及时修正过来。我很推崇中庸思想，即做任何事都不能偏激，要在人生过程中有意识地去平衡所有自己定义的重要事情。世界之大，人生之短，唯有不断平衡，做好时间和心情管理，身心才能真正健康。

"跨界"代表着一种新锐的生活态度，是知识和经验的再次或多次融合。通过"跨界"，我们可以走进不同的圈子，汲取不同的养分，建立丰富的人脉，同时创新多元做事理念。做一个敢于"跨界"的财会人，多视角看待世界，多渠道获取资源，人生才会更加丰富多彩！

后记二

期待本书对您真的有用

　　本书凝聚了我近 40 年的由读书、工作、管理所沉淀下来的经验、教训和智慧，是一部心血之作，也是一部使命之作。

　　在本书的写作中，财务视角的选择很重要。我选择了财务如何赋能，把企业做大、做强及保持基业长青。此角度既是老板需要的、总裁需要的，也是财务负责人和财务从业人员需要的。简而言之，这是公司发展最需要的角度。在公司中，老板必须管战略，战略是方向，是目标，是选择；总裁及高管必须管执行，包括战略的落地、目标的实施、选择之后的行动；业务单元、项目组、操作层是执行的延伸。执行时，要不打折扣地攻克每一个节点。财务体系就是要融入公司战略层、职能层、业务层的方方面面，并发挥现代财务应有的作用。

一

撰写本书的愿望已有多年。写作时,我尽可能用直白的方式,直截了当地陈述自己的观点。书中每一个观点都是我的肺腑之言,或美好的愿望。还是序言中说的那句话,写作本书是使命使然。

正因为如此,我花了大半年时间一口气写完了本书。

和过去一样,初稿完成之后,我将它分别发给我认为在这方面颇有建树的朋友请他们提意见,谈看法。事实上,他们很乐意,也很支持我,很快就把意见、看法和疑问反馈给我,我又一次调整结构、补充内容、澄清观点以及推敲润色。

写作本书,我满怀感激之情。我是在中国改革开放之初大学毕业并走上社会的,可以说是随着中国的改革开放成长起来的人。我深深地知道,也感受到,包括中央企业中海集团在内的所有企业,过去40年走过来的路不平坦,每一步都不易。企业不易,企业家不易。面对未来不确定的外部环境和市场竞争的加剧,企业发展必须走高质量发展之路。在任何情况下,我都很敬佩勇于挑战的中国企业家,无论他们当下是成功还是失败,或者还在路上。真正的企业家仍然是稀缺资源,他们是国家实力的象征,是中国走向世界的带头人。所以,我带着真切的情感写完本书,也期待把我认为正确的财务战略观分享给大家。

写作本书是对自己的一个"划时代"的交代。2021年阴历九月，是我59岁生日，也是我人生第二阶段应该画上句号的时候。在我近40年的工作经历中，有欢乐，当然也有沮丧的时候，有成功的案例，也有失败的教训，但我一直激情满满地战斗在财务工作战线上。在风云激荡改革开放的40多年里，我服务于地产行业40年，工作中沉淀了很多的预防和"治病"的良方，"江湖"上给我的绰号是地产界的"老中医"。在本书中，我把症状一一分解，对症开方，对症下药，也算是对所从事的职业有一个交代。书中的文字、案例，若能为行业、为企业发展解决难题，扶危救困，也算是我尽了一份责任，我由衷地高兴。

二

步入2021年，房地产行业经历着前所未有的政策调控，房地产企业的日子举步维艰，销售难，融资难，综合筹资成本飙升，导致一部分房地产企业被直接肢解，被迫"躺平"的企业也比比皆是，数家头部房地产企业资金周转也遇到了这样或那样的困难。最坏的日子终将过去，期待陷入困境的房地产企业勇敢面对，抓紧回笼资金，走出困境，迎接更加美好的明天。期待企业老板、总裁、财务负责人能"吃一堑，长一智"。

写完本书后我回想了一下，本书似乎没有给出让老板、总裁和财务负责人解决当下问题的满意的药方。我在此要持公正立场，提出两个很严肃的问题。问题一，正在陷入困境的房地产企业的老板、总裁请扪心自问，你们到底懂财务吗？重视过财务吗？认真听过财务部门的意见吗？如果回答是没有，那我建议你们立即纠正以前愚蠢的做法。问题二，我也想问一下财务负责人，你们真的能胜任这份工作吗？你们给老板、总裁认认真真地提过建设性建议吗？你们真心爱过你所在的企业吗？发表过独立见解吗？如果没有，说明你们不称职，干脆辞职算了。之所以这么说，是我觉得陷入泥坑的企业是真惨，每天度日如年，既要面对刚性兑付的各项开支，还要勉强地营造轻松的气氛。当然，万事万物都有因果关系。困境中的企业，你们今天的果就是昨日种的因。希望这次的切肤之痛能让房地产企业的老板、总裁、财务负责人等从自身找原因，不要让企业在下次行业危机来临时再吞苦果。

我在本书前言中说过，财务工作最为大家看重的关键任务有两个，其一是业务、财务、资金、税务工作一体化，其二是管理过程要价值创造。我还提出，更多强调财务工作坚持的"五性原则"是系统性、完整性、专业性、前瞻性、实战性。如何才能实现这些要求，就是要双向重视、双向反思、双向交圈，只有这样，才能找到企业进步的共同理念，这是本书期望达到的最重要的目的之一。

三

自2018年以来，随着房地产调控政策的不断加码，房地产行业迅速从增量市场向存量市场过渡，结束了长达20多年的野蛮生长。对财务而言，也就是结束了过去高周转、高回款、高利润的时代。这种转变，对很多房地产企业来说是致命的。这一变化的信号，在2021年变得更加不容置疑。面对这样的形势，房地产企业只有坚持"现金为王"的经营理念才能活下来。

"现金为王"的道理每个老板都懂，但原来更多依赖筹资活动。当筹资大门逐渐关上或继续收紧时，企业主动关注经营性现金流的表现以及可动用的现金流表现就显得十分重要。如果房地产企业不能很快调整打法，使可动用资金大幅增加及有息负债率真实降下来，必然是站在悬崖边上等死。

本书多次强调，企业管理的核心是财务管理，财务管理的核心之一是现金流管理，现金流管理的核心是经营性现金流管理，而最后，可以动用的现金流则是核心的核心。老板和总裁懂不懂财务不重要，重要的是必须要有现金流管理的意识和感觉，以及随着外围市场的变化对现金流构成的关注重点也要变化。如果老板和总裁没有这个感觉，那就要求财务负责人有这个感觉，并要听财务负责人的苦口婆心的建议。

除此之外，本书建议房地产企业要不遗余力地推动企业高质量增长和建立可持续发展模式，为此就要建立"中庸"、稳健的财务管控模式，就要用量化指标管控企业运行，坚守财务纪律，严肃对待每一次投资选择。

改革开放40年过去，激情而且激进的岁月该结束了，企业应该从浮躁的青少年成长为一个成熟大人，做事有愿景、有计划、有目标、有美感，要优雅地追求卓越，做到游刃有余。在这个过程中，财务要以价值创造为驱动力，以战略管理为手段，以数字化革命为赋能，既发挥职能作用，又积极参与公司决策，还可以发挥指挥棒的效用。这也是本书期望达到的最为重要的第二个目的。

四

数字化时代暴风雨般的来临，急速改变着企业的方方面面。我在写本书的过程中查阅了若干资料，结合企业情况，和多家软件公司、国际咨询公司一起探讨财务信息化和数字化的当下和未来。这些对我触动极大。

面对这一紧迫的形势，企业一定要有应对举措。

信息化对于财务工作冲击最大的，是很多标准化工作、算法工作、重复工作、收付款工作、费用报销工作、发票工作、核算工作等，都将被机器取代；很多数据分析、数据研究、数据深挖呈现及决策支持将被人工智能技术取代。运用数字化技术后，企业可以清楚及时地掌握同行的情况，可以深挖内部管理动作，可以真正了解客户需要，可以为内部决策赋能。所以，颠覆性应用信息化、数字化技术是企业的不二选择，行动还要快，越早行动，越能快速降低成本，早日享用成果。若推后使用，不仅投入多，还会落后于同行。

正因为如此，本书多次且大力提倡积极应用信息化、数字化技术，这也成为本书期望达到的第三个最为重要的目的。

五

当然，本书只能起到抛砖引玉的作用。

我们今天看到的问题及解决办法，也许再过一段日子就不存在了，即使存在，解决的办法也变了。变是不变的真理。阅读本书之后，建议举一反三，找出变与不变的核心要素，用辩证思想应对未来的不确定性，这才是本书所提倡的最有价值的观点。

财务从业者分成两类：一类是普通员工，他们对信息化时代下的财务信息的处理是惯性的、概念化的、表面的；另一类是优秀员工，他们会思考藏在信息背后的逻辑及逻辑之下的看法。想必老板一定喜欢后者。对于财务从业者如何成为优秀员工，本书也给了很多建议，应有一定的参考价值。

本书必定也有很多不足，最大的不足还是我的学识、视野、格局、价值观还没有达到一个顶级管理者的水平，因此所呈现出来的内容有极大的局限性、随意性。若能站得更高，看得更远，那才是更好的自己。本书探讨的财务战略问题实在有限，很明显，比如公司治理结构、公司利益分配、绩效考核机制等话题都没有进行深入探讨。

但我郑重声明，这是一本真诚的书，几乎把我当下想表达的有关做好财务工作的全部思想展现了出来。此时此刻，我的脑海里已空空如洗，似乎再也没有什么要表达的了。

在本书出版之际，我要衷心感谢支持和关心我这本书的朋友，他们是明源云地产研究院徐颖院长、明源地产研究院赵亦楠主编、西安交大李婉丽教授、《中国监察》杂志社柳莉涛女士、公司助理周政女士、西安交大田高良教授、安永大中华区战略与发展主管合伙人谢佳扬女士、MBA老师黄宝玮教授、大学同学陈晓峰先生，也一并感谢中信出版集团的各位编辑。

希望本书对您真的有用。

吴建斌

二〇二一年十月十四日，重阳节